Nenning
Gott ist verrückt

Günther Nenning

Gott ist verrückt

Die Zukunft der Religion

Patmos Verlag Düsseldorf

Die Deutsche Bibliothek – CIP-Einheitsaufnahme

Nenning, Günther:
Gott ist verrückt : die Zukunft der Religion / Günther Nenning.
– 1. Aufl. – Düsseldorf : Patmos-Verl., 1997
ISBN 3-491-72371-X

1. Auflage 1997
Umschlagbild: René Magritte, Die unendliche Besichtigung,
© VG Bild-Kunst, Bonn 1997
Satz: Utesch, Hamburg
Druck und Bindung: Freiburger Grafische Betriebe, Freiburg
ISBN 3-491-72371-X

Inhalt

Gott ist verrückt

I. MANIFEST FÜR DIE ZUKUNFT DER RELIGION

Ein Gespenst geht um in Europa. Das Gespenst der Religion. Die illiberal gewordenen Liberalen aller Länder jagen es. Ein neues Zeitalter der Religionsfeindschaft bricht an, weil ein neues Zeitalter der Religionsfreundschaft anbricht.
Die Jahrtausendwende ist die Epoche der Zuspitzung. Gott weiß warum. »Denn die göttliche Torheit ist weiser als die Menschen« (1 Korinther 1,23). Das Prinzip Religion: gar nicht beachten, was die ratlosen Befürworter der Ratio dagegenhalten. Sie klammern sich an die arme, aidskranke Vernunft. Demnächst verraten sie sie und werden selber religiös. Irrational sein heißt, an die Zukunft glauben. FreundInnen der Religion! Die Religion hat Zukunft!
Her meine Dichter, helft mir dichten. Seid meine Eidhelfer und Schwurzeugen. Nur ihr, nur ihr. Der Bankrott der Vernunft ist die Sternstunde der Literatur. Ihr habt alles vorausgewußt.
Gotteslästerung ist das Gebet des neuen Jahrtausends. Alle richtigen Annäherungsformen sind ausprobiert. Uns bleibt nur noch die falsche. Antigottes-Verse. »Vater unser, der du bist in der Hölle. Geheiliget werde kein Name« (Thomas Bernhard).
Die Epilepsie der Medien können wir nur überwinden durch die Epilepsie der Religion. Ganz einfach: Christen müssen die besseren Epileptiker werden. Paulus fiel vom Pferde, wie gemütlich. Wir brauchen den größten anzunehmenden Unfall, den frontalen Zusammenstoß mit Gott. Gottes-GAU.
Das ist die Zukunft der Religion: daß die Religion Zukunft hat. Zu-

kunft, Zukunft. Auf jedes gutes Wort stürzt sich die Medien-Meute und vögelt es zu Tode. Es bleibt ein übelriechender Wortkadaver, um welchen der Mensch von Geschmack einen weiten Bogen macht.

2000, 2000, 2000. Je näher die Jahrtausendwende, desto weiter hängt sie uns beim Hals heraus. Das Gloubal Willitsch wird der Jahrtausendflop. Alles ändert sich: Alles wird immer rascher noch mehr so, wie es schon ist.

2000, 2000, 2000. Ein unstillbarer Durchfall. Wer verstopft uns hilfreich die Zukunft? Die fortschrittliche Zukunfts-Diarrhöe dörrt uns aus, wir brauchen eine gesunde wertkonservative Hartleibigkeit. Wenn der Fortschritt dumm wird, muß die Fantasie an die Macht.

Das ist die Zukunft der Religion: daß die Religion die Mutter aller Religionen ist. Die Religion sind alle Religionen der Erde. Das ist die Zukunft des Christentums: alle Religionen gut zu finden auf der Basis, daß die eigene die bessere ist.

Gott ist unbegreiflich. Noch unbegreiflicher sind Theologen. Die Theologen haben Gott nur verschieden interpretiert, es kommt aber darauf an, ihn zu treffen. Wir brauchen:

Eine Theologie der Gotteslästerung. Gotteslästerung ist die Gebetsform des neuen Jahrtausends.

Eine Theologie des außerehelichen Geschlechtsverkehrs. Sinnlichkeit und Heiligkeit müssen identisch sein, sonst wird aus beiden nichts. Christus hält wenig von der Ehe, alles von der Liebe. Wahre Liebe ist Geschlechtsverkehr ohne Geschlechtsorgane. Sex ist nix, Seele alles.

Eine Theologie der Gewalt. Über die berühmte Schwelle zum neuen Jahrtausend stolpert triumphal die Gewalt. Gott, ein Gewalttäter. Ein Sympathisant der Gewalt zwecks Frieden. Ohne Gewalt kein Frieden. Der Herr der Heerscharen ist ein NATO-Gott. Der Friedensgott macht militärisches Peace Enforcing.

Eine Theologie des Populismus. Gott ist kein Theologoumenon, sondern ein Gott der tausend Bilder und tausend Geschichten. Ein Gott der Volksfeste, des Musikantenstadels und der Operette.

Eine Theologie des Wahnsinns. »Gott ist verrückt. Ich weiß es. Ich bin Gott« (Georges Bataille). »Christentum ist die groteskeste aller Religionen« (Friedrich Schlegel).

Selbst ein so maßvoller Theologe wie der Autor des neuen »Stuttgarter Kleinen Kommentars« Bd. 7 (Katholisches Bibelwerk 1993) versteigt sich zum sehr wahren Urteil, Christentum sei »wie eine grandiose Verrücktheit«.
Gott ist nicht tot, Gott ist verrückt. Gottes Wesen ist, daß er verrückt ist ins Ganzanderswo. Dorthin kommen wir nur, indem wir auch ver-rückt werden. Werden wir also verrückt. Nur so können wir wieder normale Menschen werden.

II. KEHR ZURÜCK, VERRÜCKTER GOTT

Bruchlandung. Soeben erst begann ich mit einem Manifest für die Zukunft der Religion, und gelandet bin ich bei gleich drei Absätzen (in einem Manifest ist das viel) über Theologie des Wahnsinns.
Ein Wahnsinn. Aber so steht es. Gott, Du bist verrückt. Zunächst heißt das wohl einfach, ich zu mir: *du* bist ja verrückt. Schon wieder ist Gott mein Thema, das darf ja nicht wahr sein. Und mich entschuldigend schiebe ich's gleich auf Gott selber. Gott ist verrückt. Ich freilich auch.
Verboten ist beides nicht. Siehe die sub I schon zitierten Kronzeugen; der Apostel Paulus fehlt noch, kommt aber gleich.
Die *Welt* ist verrückt: Statt mühsamer Analyse können wir mit diesem Befund bequem leben, heute erst recht. Tiefgründige Kabarettisten und flachgängige Philosophen waren gemeinsam dieser Ansicht, schon immer.
Die Welt ist verrückt: Unnötig nach Ursachen zu forschen; unsinnig, sie zur Vernunft zu bringen; das funktioniert nie.
Die Welt ist verrückt; aber diese Welt ist Gottes Welt; also ist Gott verrückt.
Gott und seine Schöpfung, Gott und die Menschen umarmen einander in einer *Unio mystica stultitiae* (Vereinigung, geheimnisvolle, der Torheit).
Gott ist der, der mir in allem unendlich überlegen ist. Also ist er der verrücktere von uns beiden. Wir Menschen versuchen ja, wenngleich vergeblich, Gott läßt uns nicht – *klug* zu sein, schlau, weise,

vernünftig. Nichts davon hat Gott nötig. Er ist der Tor aller Toren. Gott sei unser Vorbild.
Demgemäß ist auch die folgende Schlauheit vergeblich: Wir können mittels einfachem Bindestrich die Anstößigkeit beseitigen, daß Gott verrückt ist. Gott ist ver-rückt – ins Ganzanderswo, und wir müssen ihm nach, indem wir gleichfalls ver-rückt werden.
Alles ganz glatt. Aber die Beseitigung von Anstößigkeit ist immer auch ein Verlust. Es bleibt bei dieser Bindestrich-Verrücktheit ungewiß, wer zu wem rücken soll oder muß. Gängigerweise sollen wir Gott nachfolgen, *wir* zu Gott kommen. Doch Gott so auf den Pelz rücken ist unehrerbietig, klebrig distanzlos.
Das Rücken in umgekehrter Richtung ist genauso christlich: Gott ist es, der uns nachfolgt, verfolgt, nicht locker läßt. Er beunruhigt und belästigt uns.
Wer kommt zu wem; wer verläßt wen?
Wir haben Gott verlassen, daher kommt unser Unheil. Kehren wir zu ihm zurück, und alles stimmt wieder. Wenn's aber umgekehrt ist? *Kehr zurück, lieber Gott,* sei da und nicht ver-rückt. Das ist ein frommer Wunsch. Kehr zurück, verrückter Gott.
Aber wir können nicht sicher sein. Gott kommt und geht. Auf ihn ist verläßlich kein Verlaß; und doch einer, weil er wieder geht, wenn er gekommen ist (Jesus), und wieder kommt, wenn er gegangen ist (der Paraklet, der heilige Geist).
»Warum willst du für immer uns verlassen und vergessen? Kehre zu uns, auf daß auch wir uns kehren zu dir. Mach unsre Tage wie einst. Oder hast du uns völlig verworfen, zürnst unerbittlich?« (Klagelieder 5,20).
Gottes Antwort lautet: »Du selbst hast mich verlassen, du selbst gingst weg von mir. So strecke ich denn meine Hand aus und werde dich vernichten« (Jeremia 15,6).
Gott meint es ernst, und doch: »Nur eine kleine Weile verlasse ich dich, dann hole ich dich wieder heim, mit großer Liebe. Wenn sich mein Zorn ergießt, verberge ich auf kurze Zeit mein Angesicht vor dir; doch gleich erbarme ich mich deiner mit ewiger Huld, spricht Gott, dein Erlöser« (Jesaja 54,7).
Also was jetzt?
Quer durch die Bibel, insbesondere Propheten und Psalmen, versi-

chert Gott den Menschen, daß *er* sie nicht verläßt. Und sie versichern ihm immer wieder, daß *sie* ihn nicht verlassen. Und beschweren sich dann, immer wieder, daß *er* sie verlassen hat. Und versichern anschließend an ihre Klage, daß *sie* ihm dennoch restlos vertrauen. Um sich dann trotzdem immer wieder zu beklagen, daß er sie... usw. usf. da capo sino al fine.

Es ist ein rechtes Kreuz. Das ist der richtige Ausdruck, denn tatsächlich beschwert sich ja auch der Sohn am Kreuz, daß sein Vater ihn verlassen hat.

Um dann wieder einzulenken in Gottvertrauen – gemäß der geistvollen Annahme Ethelbert Stauffers (»Jesus«, Bern 1957): Jesus habe am Kreuz in seiner menschlichen Todesnot die fürs Sterben vorgesehenen Psalmen 22 und 31 gebetet. Der eine beginnt mit »Mein Gott, mein Gott, warum hast du mich verlassen«, der andere mündet nach verzweiflungsvollen Vertrauensausbrüchen beim Ausruf »In deine Hände befehle ich meinen Geist«.

Die beim Kreuz Umstehenden hätten von den Todesgebeten Jesu gerade nur die beiden obzitierten Sätze gehört, der eine steht bei Matthäus und Markus, der andere bei Lukas. Womit sehr elegant auch der Widerspruch erklärt wäre, warum von den Evangelisten zwei ganz verschiedene, ja gegensätzliche Abschiedssätze Jesu überliefert werden.

Man kann der Bibel vertrauen. Sie bietet uns einen Gott der Widersprüche, und genau das ist ein realistischer Beweis ihrer Glaubwürdigkeit. Ein Lügengott wäre schön widerspruchsfrei. Der wahre Gott ist zweideutig.

III. PAULUS, KABARETTIST GOTTES

Bindestrich-Philosophie. Philosophen, denen nichts mehr einfällt, machen Bindestriche.

Unser Zeitalter ist ver-rückt. Herausgerückt aus allen bisherigen Bindungen. Abgerückt von aller Vernunft.

Wir merken es deutlich. Aber es kratzt uns nicht. Das Närrische an der Weltgeschichte sind wir, das Volk, längst gewöhnt.

Gott ist verrückt. Er ist hinausgerückt ins Ganzanderswo, wo wir ihn nicht finden, hineingerückt in uns selber, wo wir ihn nicht suchen. Wir müssen ebendorthin. Wir müssen ver-rückt werden, um den verrückten Gott in den Griff zu kriegen. In den Griff kriegen – als ob das ginge! Wer kriegt wen in den Griff?

Woran die Christen glauben, ist Blödsinn. Sie merken es nicht, sie sind betriebsblind. Sie glauben, es ist normal, zu glauben. Wenn die Leute nur merkten, wie verrückt die Christen sind. Statt dessen halten sie die Christen für langweilig.

Wenn einer noch an einen -ismus glaubt, glaubt er unverrückt. Einen -ismus muß man ernst nehmen, sonst wird der -ist echt böse. Der -ist ist humorlos, spaßen darf man über seinen -ismus nicht. Der Glaube ist kein -ismus. Man kann ihn blöd finden. Über ihn kann man sich lustig machen. Das macht ihm nichts.

Paulus, der Ernsthafte, Glühende hält Glauben für Blödsinn (Torheit, stultitia, moría).

Paulus hat eine Kühnheit, die eben nicht die des Ideologen ist; er hat einen närrischen Ernst. Man muß den griechischen Urtext (1 Korinther 1,18 ff.) radikal treu übersetzen, stammelnd, nicht glatt.

»Das Wort aber vom Kreuz
Denen die verloren gehen werden
Ist's eine Torheit
Denen aber die gerettet werden:
Uns
Ist es die Kraft Gottes.«

Im weiteren Text kommt »Torheit« ein gutes halbes Dutzend Mal vor.

Gott ist der große Ver-rückte. Paulus zitiert den Propheten Jesaja (29,14):

»Umbringen (ja, so heißt es original bei Luther) werde ich die Weisheit der Weisen, und den Verstand der Verständigen will ich vernichten.«

Welch prächtig genaue Beschreibung unseres Zeitalters! Paulus (1 Korinther 1,20):

»Wo sind die Klugen, wo sind die Schriftsteller, wo sind die Diskutierer dieses Zeitalters?« (conquisitor, syzetetés, in der englischen King-James-Bibel: *disputer!* Roundtabler, Talkshower!)

Gott ist verrückt, und recht hat er.

Politiker, Wirtschafter, Wissenschafter, Techniker, Kolumnisten – alle sagen uns, daß alles lösbar ist. Sie beschwindeln uns und sich. Hier ist einer, der baut auf dem Felsengrund der Verrücktheit. Paulus, Kabarettist Gottes. Gott, die unerschöpfliche Lach-Nummer.

IV. WER GOTT BELEIDIGT, LIEBT IHN

»Ich glaube, es wäre interessant, die Theologen in ihrem Ameisen-Eifer so viel wie möglich zu stören, ihnen alles zu erschweren, sie aus jedem Ausfluchtswinkel herauszupeitschen, bis sie keinen mehr fänden und sie ihre Blöße dem Tageslicht ganz zeigen müßten« (Hegel, Briefstelle, 1795, 25jährig).
Am schönsten peitscht man Theologen mit Gotteslästerung. Diese ist eigentlich keine, sondern Theologenlästerung. Diese Dummköpfe, die mir Gott nicht erklären können, so daß ich ihn lästern muß, um ihn zu treffen.
»Bayerisches Straf-Gesetzbuch anno 1751, I. Theil, 7. Kapitel: Von denen Ketzereyen, Zauberey, Hexerey und Lästerung Gottes oder Seiner Heyligen fürnehmlich der seeligsten Jungfrauen Mariä und Crist-Katholischen Glaubens…«
Die Strafen waren relativ christlich: beim ersten Mal Geldbuße; beim zweiten Mal Auspeitschung; beim dritten Mal Enthauptung.
Je südlicher, desto frömmer, je frömmer, desto lästerlicher. Bei jedem »Porca Madonna«, »Porco Dio« (Saumadonna, Saugott) erschauern wir. Während im außerbayerischen Europa die Todesstrafe für Blasphemie nur bis ins 15. Jahrhundert galt, war deren genereller Vollzug im Königreich Sizilien seit je unmöglich. »Wegen der Häufigkeit des Deliktes«, berichtet ein neapolitanischer Jurist, mußte man sich mit dem Ausreißen der Zunge bescheiden.
Bis in unsere glorreiche Zeit gibt es den kriminalgesetzlichen Schutz für Gott. Ihre Zunge behielten, aber angezeigt wurden quer durchs Literaturlexikon Heinrich Heine, Wilhelm Busch, Bertolt Brecht, Kurt Tucholsky, Erich Kästner, Arno Schmidt, Herbert Achternbusch, F. X. Kroetz und natürlich der unvermeidliche Karlheinz Deschner.
Soviel berühmte Leut', da muß ja was nicht stimmen, bedenken wir

respektvoll. Sire, geben Sie Lästerfreiheit. In den stromlinienförmigen Chor der Aufgeklärten stimmt die moderne Theologie beflissen ein:

»Beschimpfung und Verhöhnung der Gottheit sind nicht ungewöhnlich, vielmehr natürlicher Ausfluß der naiven Beziehungen zur Gottheit«, schreibt Professor Kurt Goldhammer, eminenter Theologe zu Marburg, im maßgeblichen Großlexikon »Religion in Geschichte und Gegenwart«. Also was die Naivität betrifft, bin ich mir nicht so sicher bei den ausgefuchsten Typen aus Literatur, Film, TV. Martin Scorsese filmt, wie Jesus am Kreuz von einer Nacht mit Maria Magdalena träumt (»Die letzte Versuchung«, 1988). Das ist Gotteslästerung und verletzt guten Geschmack.

Wir vernichten Gottes Natur, lassen Kriege, Hunger, Armut wachsen auf Gottes Globus. Das ist keine Gotteslästerung und verletzt guten Geschmack nicht.

Gotteslästerung gibt es, und schlechten Geschmack gibt es. Aber sie lassen sich nicht gesetzlich festlegen und bestrafen. Die Annahme, daß Gott durch Paragraphen geschützt werden muß – das ist Gotteslästerung.

»Gott bedarf nicht des strafrechtlichen Schutzes«, sagte Gustav Heinemann, weiland deutscher Justizminister, sodann Bundespräsident; er war Sozialdemokrat und frommer Christ.

Ich bin sicher, wenn Gott was nicht paßt, wird er sich schon selber bemerkbar machen. Er macht sich schon bemerkbar. Gott weht mit der Wolke von Tschernobyl. Gottes Zeigefinger wackelt aus dem Ozonloch. Gottes Mund spricht aus den blutigen Mäulern der erschlagenen Robbenkinder. Gottes Herz schlägt in den vom Brutalkapitalismus kaputtgemachten Arbeitslosen.

»Gegrüßt seist du Maria voller Scheiße«, betet eine Engelmacherin, bevor sie 1943 von den Nazis hingerichtet wird: Szene aus dem Film »Eine Frauensache« von Claude Chabrol (1988). Ich bin sicher, Maria war nicht beleidigt und hat geholfen.

Gotteslästerung ist eine alte Tradition der Christen und Juden, so ungefähr von Hiob aufwärts. Die Geheimnisse des lieben Gottes und des bösen Gottes sind so gewaltig, daß wir uns nur durch Lästern helfen können. Gottesglaube und Gotteslästerung gehören zusammen.

Das ist unlogisch: *nicht* an Gott glauben, aber ihn lästern. Aber so sind die Atheisten. Die wirklichen Gotteslästerer sind Christen. Blasphemie ist die Kehrseite starker Frömmigkeit. Es ist aber auch in Ordnung, wenn Christen sich *aufregen* über Blasphemie. Es läßt sich trefflich darüber streiten, und Gott ist jedenfalls ein viel würdigerer Diskussions-Gegenstand als fast alles, was in der Medienmaschinerie endlos beschwatzt wird.

Gotteslästerung ist ein Stellvertreterkrieg. Die Moralapostel tun so, als müßten sie Gott schützen, in Wahrheit schützen sie sich selbst. Die Blasphemiker tun so, als würden sie Gott attackieren, in Wahrheit reiben sie sich an den großen und kleinen Menschengöttern.

Ein junger Aggressor Gottes erklärte mir: »Die ganze linke, alternative, autonome Wir-werden's-euch-schon-zeigen-Bewegung baut doch auf dem Prinzip der Gotteslästerung auf. Unser Problem ist nur, daß wir Atheisten von der Gotteslästerung viel abhängiger sind als die christlichen Moralapostel von Gott.«

Philosophisch sehr gewandt schloß er: »Gott ist uns Atheisten unentbehrlich. Wir brauchen ihn zum Lästern. Die Gotteslästerung ist eine harte Droge. Dauernd willst du Götter stürzen, aber nie ganz. Denn wenn sie ganz stürzen, verlieren wir die Ursache unseres Protestes. Auf diese Weise wird die Blasphemie für meine Generation zu einem lebenserhaltenden Sysiphus-Prinzip. Du lästerst und lästerst, aber die Gelästerten bleiben, und die Lästerer auch.«

Der Gelästerte und die Lästerer stehen in einem Dauerverhältnis der besonderen Intimität. Es könnte sein: Wer Gott liebt, beleidigt ihn. Es könnte sein: Wer Gott beleidigt, liebt ihn.

Das sicherste Kennzeichen der Lust ist, daß sie unwiderstehlich ist. Die Lust, Gott zu lästern, ist unwiderstehlich. Gott fordert unseren Fluch heraus, weil er so unbegreiflich ist. Der Gleichgültige flucht nicht, der *Fromme* flucht.

Nach jeder Lästerung habe ich ein gesundes Schamgefühl. Ich komme ohne Lästerung nicht aus, ohne Scham auch nicht.

Jedoch möchte ich Maria ausgenommen wissen von der Lästerung. Gott, eine Lästerung. Maria, eine Liebeserklärung.

Lästerung ist immer ein vorletztes Wort. Das letzte Wort hat immer die Liebe. Gotteslästerung ist der Kokon, in welchem die Gottesliebe ruht, wartend auf ihre weitere Entwicklung.

Es besteht eine hochmoderne Untrennbarkeit von Gotteslästerung und Gottesliebe. Eine Gleichung Liebe ist Lästerung ist Liebe. Wer liebt, lästert. Wer lästert, liebt.
Für unser Zeitalter gilt: Die postkaputten Postmodernen können nicht lieben, ohne zu lästern. Ein ironischer, humoriger Zusammenhang. Heiliger Filippo Neri, Patron der Humoristen, bitte für mich.
Der volle, pompös geplusterte Ernst ist für uns nicht mehr erhältlich. Der Schrei nach Liebe ist für uns verknüpft mit Satire, welche nämlich »der Aufschrei des gequälten Herzens« ist (nach der schönen Definition von Mechthilde Lichnowsky).
Blasphemie ist die heute erhältliche intensivste Annäherung an Gott. Gotteslästerung ist schlecht kostümierte Gottesliebe.
Ich brauche Ironie, Satire, Witz. Was soll's. Sie werden ohnehin sämtlich zuschanden vor Gott.
Freilich klingt mir dies alles zu glatt, kokett, selbstgerecht. Ja, ja, es stimmt schon, Gott braucht unseren Schutz nicht vor Beleidigung. Wenn er sich beleidigt fühlt, wird er sich schon melden; stimmt. Aber wenn er sich meldet: wie wird unsere Strafe ausfallen?

I. WACHSENDE SEHNSUCHT, SCHRUMPFENDE KIRCHE

Seinerzeit, als ich zu schreiben begonnen hatte, es werde eine »Wiederkehr der Religion« geben, sagte mir ein ehrlich empörter Freund: »Nenning, jetzt wirst du alt«. – Seither ist geraume Zeit vergangen; wir haben beide recht bekommen.

Auf der jüngsten Tagung des Wiener Pastoral-Institutes wurde eine Studie präsentiert: Bei jungen Menschen wächst tatsächlich der Trend zum Religiösen, zugleich aber der Horror vor Bindung an Autorität und Dogma. Genau das habe ich behauptet (»Mehr Opium, Herr. Rückwege zur Religion«, Patmos 1995).

Freilich ist Kirche keine *»Religion light«*. Sie muß auf höchsten Ansprüchen bestehen, weil sie Höchstes anzubieten hat. Das ist die Theorie, und die ist richtig. Die Praxis ist: bei wachsender Sehnsucht nach Religion schrumpft die Kirche. Die diversen religiösen Sehnsüchte laufen an der Kirche vorbei und landen anderswo.

Kein Anlaß zur Panik; die Pforten der Hölle werden sie nicht überwältigen, und Konkurrenz anderer Formen von Religion ist gar nichts Höllisches. Daß irgendein Rama Swama Durchananda beliebter ist als der eine und andere konservative Bischof, ist auszuhalten. Die Kirche ist kein Konzern, der alle Jahre Umsatz-Plus machen muß.

Dennoch ärgert mich, daß die Kirche ihre sehr aktuelle Chance verplempert, die Chance der wachsenden Sehnsucht.

Zu Weihnachten bekam ich ein schmales Heft geschenkt, eine Art Samizdat des steirischen Katholischen Akademikerverbandes:

die maschinschriftliche Wiedergabe von Tonbändern einiger Predigten und Vorträge des Monsignore Otto Mauer, verstorben 1973.
Mauer war ein religiöses und österreichisches Genie, eine Doppelgabe, die den Inhaber zur Vorsicht veranlaßte, bei Lebzeiten fast nichts in Druck zu geben. Im erwähnten Heft fand ich den Mauerschen Zornes-Satz, mir noch in guter persönlicher Erinnerung:
»Wenn die Kirche nicht mehr aggressiv ist, dann ist sie überflüssig geworden, dann kann man mit dem traurigen Psalm aus der Makkabäer-Zeit sagen: *Iam non est propheta,* es gibt keinen Propheten mehr, es gibt nur noch Dogmatik- und Moralprofessoren.«
Iam non est propheta: Der Streit zwischen »Konservativen« und »Progressiven« geht um wichtige Nebensachen. Ich unterschreibe ja alles, was die »Progressiven« fordern, mache nur den Vorbehalt, daß vielleicht auch Bischöfe Christen sein könnten, und den Hauptvorbehalt:
Vom Wesentlichsten des Christentums reden in ihrem Streit, der jetzt »Dialog« heißt, beide kaum: von der offensiv anzubietenden Botschaft der Erlösung und Befreiung. Mir fehlen die christkatholischen Harekrishnas in allen Gassen.
»Konservative« wie »Progressive« treiben in seltener Gemeinsamkeit die Sehnsüchtigen weg von der Kirche und hin zu den Sekten, Esoterik, Buddhismus, Islam; volkstümlich gesagt und gleich beim Wort genommen: sie treiben die Sehnsüchtigen *weiß Gott* wo hin.
Kirche ist immer reformabel. Zu wesentlich Neuem in der Welt (die kommt ja von Gott) findet sich immer, meist mit Verspätung, eine wesentlich neue Theologie (die ja von Gott als Geschichtsherrn handelt). Not tut also eine Theologie für potentiell Kirchennahe, die sich vor aktueller Kirchenstarre schrecken. Eine Theologie der Teil-Identität von Christentum und sonstiger Religion. Eine Theologie der Sexualität außerhalb der Ehe usw. Mehrere Otto Mauers werden gebraucht.
Außerhalb der Kirche kein Heil. Wo also Heil, dort auch Kirche: bei anderen Religionen und beim ernsthaften Unglauben. Gläubige, Halbgläubige und Ungläubige sind sowieso beisammen im Zweifeln und Sehnen.

Rund um Kirche gibt es ein wachsendes Umfeld von potentiellen und aktuellen Sympathisanten. Vielleicht sollten Freundinnen und Freunde von Kirche, denen der strenge Stallgeruch der »Konservativen« wie »Progressiven« in die Nase steigt, *von sich aus* tätig werden, der Kirche zu helfen.

Evangelisation von außen – ein seltsamer Gedanke; aber der Geist weht, wo er will. Ein Brausen wird's schon nicht werden, aber vielleicht ein Freundschaftsdienst.

Johann Weber, Vorsitzender der österreichischen Bischofskonferenz, das steirische Kirchenhaupt, sehr bescheiden und sehr gescheit, vermutet: »Vielleicht gibt es heute viele treue Kirchenferne.« Er hat ganz recht. Diese Treuen könnten und sollten selber was tun, für sich und für die Kirche, daß aus Kirchenferne Kirchennähe wird.

»Die Zeit ist ein seltsam Ding« (Hofmannsthal). Wir sind immer tapfer für Reform und Reformation in Einzahl und Mehrzahl. Aber in diesem Sturzflug des Jahrhunderts kommt ja kein Überflieger mit, beim Reform-Denken nicht, beim Reform-Machen schon gar nicht. Die Reformen, die man heute will, sind immer schon die Reformen von gestern.

Wir gelangen zu dem Paradoxon, daß die Reformer seltsam altmodisch zerknittert aussehen und die Konservativen immer frisch gebügelt auf der Höhe der Zeit; denn je schneller die Zeit stürzt, desto schneller ist die vorgängige Ablehnung dieser Zeit. So wird der Konservative zum Fundamental-Kritiker dieser Zeit und der Reformer zur Schnecke, die mutig hintendrein schleimt.

Wie in einer Zeit steilsten Absturzes Fortschritt denk- und tatmöglich sei, wissen wir alle nicht. Im Rahmen des Unmöglichen müssen wir unsere Sache machen.

FreundInnen! Wir müssen doch nur wissen, was wir *wollen*; was wir *können*, zeigt sich von selber, sobald die Stunde da ist. Ich bin für eine Heilsarmee aus tätigen Christen. Onward, Christian Soldiers!

Nicht nur werden uns die Pforten der Hölle nicht überwältigen, sondern auch kleine Stücke vom Paradies sind machbar. Wenn's soweit ist, kriegen wir die neu zu stiftende päpstliche Medaille mit der Inschrift: »Für kritische Mitwirkung am Reich Gottes«.

II. VERFOLGT DIE SEKTEN!

»Die Frage ist: Wann wird Religion gefährlich?« Ganz falsch, oh Gott. Die richtige Frage lautet: »Wann wird Religion endlich wieder gefährlich?« Ich wünsch mir doch (zum Teufel hinein, hätt ich fast gesagt) eine Religion, die gefährlich ist; die die Welt neu macht, die Menschen neu macht.

Sekten sind gefährlich. Aber sie bieten doch viel weniger als das volle Christentum. Wovor haben wir Angst?

Wo landen wir? Der Fortschritt, er lebe hoch, hatte immer schon was Dummes und Dumpfes an sich. Derzeit besonders. Der Fortschritt führt zurück. Neue konstantinische Wende. Wir wollen ein Oligopol ges. gesch. Staatsreligionen. Der Rest sind Sekten, und die gehören verfolgt.

Wenn schon das schale Sektenwesen als gefährlich empfunden wird – wenn schon jeder Guru Rama Swama Durchananda als unlauterer Wettbewerb für den kirchenamtlich patentierten Jesus Christus gilt – wenn schon der Staat herbeigerufen wird, mit seinem Schwert zu fuchteln über den Scientologen – wo sind wir da hingeraten?

Ich *wünsche* mir, daß Religion gefährlich ist, ich *wünsche* mir, daß Christentum gefährlich ist. Ein ungefährliches Christentum ist für gar nichts; wo das Salz dumm wird, womit soll man salzen?

Der Mensch ist ein Phantasiewesen; wenn seine Seele nicht die richtige Nahrung bekommt, nimmt er lieber die falsche als gar keine.

An den Sekten sind nicht die Sekten schuld, sondern die Christen.

Wann endlich werden die Christen verfolgt statt diese lächerlichen Scientologen?

Sekten, Sekten. Weiß man denn, wovon man redet? Wir waren doch auch einmal eine Sekte, eine jüdische Sekte, die Sekte des Rabbi Jesus. Aus einer Sekte kann was werden oder auch nicht, je nachdem, ob sie dumm ist oder gesalzen.

Zum Wesen der Religion gehört die Konkurrenz der Religionen. Darin gleicht das Christentum der »freien Wirtschaft«, daß es am schönsten blüht, wenn viel Konkurrenz ist. Nicht die Zeiten der Einheit brachten die üppigste Ausbreitung des Christentums, sondern die Zeiten, da tausend Blumen blühten.

Wenn schon Verfolgung, dann sollen gefälligst die Christen verfolgt

werden und nicht selber Verfolger sein mittels ihres weltlichen Arms CDU/CSU. Auf Suche nach einem geeigneten Ersatz für den Antikommunismus wird der Antiscientologismus ausgerufen. Scientology ist ein peinlicher Mix aus Bigotterie und Wissenschaftsgläubigkeit (eine herabgekommene Spätform der Gnosis). Aber man kann nicht alles verbieten, was einem nicht paßt. Wir haben eine verblüffend illiberale liberale Gesellschaft. Immer muß wer verfolgt werden, und seien es die Scientologen oder die Raucher.
Jeder Aufruf zur staatlichen Verfolgung der Sekten ist eine Bankrott-Erklärung des Christentums. Überdies die dümmste Art, diversen brustschwachen Religiönchen zur ständigen, kostenlosen Medienpräsenz zu verhelfen.
Die diversen Sektenreferate der Kirche(n) sollten, statt auf der Gefährlichkeit der Sekten herumzureiten, lieber mit der offensiven Verbreitung des wahren Christentums sich befassen. Mir fehlen die christlichen Harekrishnas in allen Gassen.
Es macht mich wütend, daß die Christen so lau sind. Sie haben zu wenig Liebe, ja, aber sie haben auch zu wenig Wut im Bauch.
Pfui, die Sekten sind Menschenfänger. Aber genau das sollen die Christen doch auch sein (verdammt noch mal, hätte ich fast gesagt). Menschenfischer. Und ursprünglich, mit Verlaub, gar nicht familienfreundlich. Vater und Mutter und die ganze Familie verlassen und hassen, und Mutter und Brüder stehen dann draußen und wollen ihr Kind wieder – das ist ein religiöser, ein biblischer Vorgang. Jetzt ist er heruntergekommen zu einem Fall, wo die Familie, wenn sie sich's leisten kann, teure Spezialisten mietet, die das verführte, unerzogene Kind aufs neue entführen und anschließend umerziehen.
Was Jesus gelang, gelingt jetzt abscheulichen Irrlehrern. Ein Gegenstand zum Nachdenken.
Alles haben wir für unser Kind getan, und jetzt das; der undankbare Fratz. Aber Kindesweggang ist ein normales, biologisches, soziales, religiöses Kapitel in jeglicher Biographie. Ein bißchen neu ist nur: die Sehnsucht fliegt vorbei am Christentum, und crash-landet anderswo. Auf neudeutsch ist das eine Tschellentsch. Wenn den Institutionen, einschließlich Kirche(n), dazu nichts einfällt, sind sie selber schuld. Liebe Christen, das Angebot auf Befreiung und Erlösung kann durch nichts ersetzt werden, auch nicht durch eifriges Wehklagen.

III. LAUBFROSCH UND PROPHET

Geburtstage soll man nicht besonders feiern, außer bei uns; der Österreicher nämlich braucht die Rührung des Feierns, damit er über seinen Austronabel hinausdenkt. 1997 wäre Monsignore Otto Mauer 90; Wiener, Theologe, Prediger, Förderer der katholischen Reformation, der modernen Kunst und überhaupt der Erneuerung von Religion und Welt.

Mauer, gestorben 1973, war der Jahrtausendwende schon weit voraus. Der wildgewordenen Technik fluchte er mit weisem Witz (Vortrag, 1951):

»Wer unter euch, meine Freunde, hat den Mut zu sagen: *Oh das verfluchte Geschlecht!* Was nützt uns die vollkommene Technik? Wie sagt das Sprüchlein: Messer, Feuer, Scher und Licht sind für kleine Kinder nicht.«

Vom Jahrtausend-Ende wußte er genau: »Wird man im Menschen einen Gott sehen, der keinen Gott über sich dulden will, dann wird eine *Blamage* über das aufgeblähte Fleisch hereinbrechen.«

Ja, das aufgeblähte Fleisch. Otto Mauer, brennender Christ, war arrogant gegen Wissenschaft und Aufklärung, Kapitalismus und Sozialismus.

Der Sozialismus, als es ihn noch gab, hat die Religion verachtet. Jetzt verachtet jedermann den Sozialismus, den es gar nicht mehr gibt. An die Stelle der weiland sozialistischen Revolution trat die windelweiche postmoderne »soziale Kompetenz«.

Schon sind die Christen die letzten Sozialdemokraten. Jeder Caritas-Chef eine Evita, die für die Armen eintritt. Früher dachte ich: Mein Gott, sozial ist ohnehin jeder. Sozial ist auch ein Generaldirektor. Jetzt aber ist »sozial« ein hochgestochenes Wort. Jetzt ist keiner mehr sozial, kein Generaldirektor, kein Sozialdemokrat, kein Christlichsozialer. Das ist ungerecht formuliert, aber nicht sehr.

Die Sozialdemokratie entwickelt sich von der Unsozialdemokratie zur Unsozialundemokratie. Die Christlichsozialen von Christlichunsozialen zu Unchristlichunsozialen.

Welch Zeitalter! Otto Mauer war solider Antikommunist, aber er nahm sich die Mühe, die Revolution so gründlich zu revolutionieren, bis daraus – nach mehreren Umdrehungen vom Kopf auf die Füße und wieder retour – christliche Revolution hervorging.

Der brennende Christ Mauer ist darin einig mit dem brennenden Atheisten Nietzsche, welcher schrieb: »Christentum ist Revolution in Permanenz.«

Höchst originell ist bei Mauers Revolution das Wegwälzen *(revolutio)* des Steines vom Grab Christi. »Die Revolution heißt Jesus von Nazareth... Als der Engel den Stein vom Grab wegwälzte, war die Revolutionierung des Menschen geschehen. Ein neuer Mensch stieg empor...«

Revolutio, das Wegwälzen des Grabsteins Jesu: So was muß einem einfallen. Es ist kein geistreiches Wortspiel, mehrmals kommt Mauer, durchaus ein »Konservativer«, auf die Revolution zurück (Predigt, 1952):

»Die Revolution ist verraten. Aber es gibt sie im Christentum... Die christliche Revolution ist nicht fiktiv... Die Revolution des christlichen Glaubens, der Hoffnung, der Liebe sprengt den geistigen Kerker...«

Der österreichische Kirchenkritiker Robert Schediwy, in einer Würdigung Mauers (1993, zu dessen 20. Todestag), assoziierte zu Mauer, was er dessen »späten Flirt mit dem Linkskatholikentum Günther Nennings und Trautl Brandstallers« nennt. Aber Mauer meint keine »linkskatholische«, sondern eine »konservative Revolution«.

Sie ist in seiner Biographie tief und früh verankert: Mauer begann seine intellektuelle und religiöse Karriere im »Bund Neuland« einer katholischen Jugend- und Erweckungsbewegung rechts von der Mitte, christlicher Ableger der deutschen Jugendbewegung.

Immerhin, ein anderer führender »Neuländer«, der Wiener Theologe Michael Pfliegler, gehörte zu den ersten, die aus dem Inneren der Kirche Kontakt mit der kleinen Schar »Religiöser Sozialisten« suchten und mit den Sozialisten überhaupt.

»Oh furchtbar selige Freiheit des Menschen«, schwärmt Mauer 1935, 28jährig. »Der Christ will nicht die Vernichtung alles Leiblichen... Jauchze, jauchze... Wage Mensch zu sein! Leidenschaftlich Mensch zu sein! Das ist der Wille Gottes...«

Die Gottlosigkeit ist der Webfehler im zerfetzten Purpurmantel des

Sozialismus. Sollte es je wieder einen neuen geben (es wird ihn geben, der Brutal- statt Sozialkapitalismus wird ihn produzieren) – so wird er revolutionär sein im Sinne Mauers.
Neue Sozialdemokraten werden zugleich neue Christlichsoziale sein müssen, eine Große Koalition mit sich selber.
Mauer wäre überrascht, hätte aber Platz dafür dank seiner großen Bandbreite.
Er sagte von sich: »Ich bin kein Laubfrosch und kein Prophet« (Vortrag 1951). Ganz falsch. Mauer war Laubfrosch und Prophet. Heute ist das richtige Wetter für ihn. Er hat Leuchtturmqualität bei starkem Wellengang. Wir brauchen ein, zwei, drei, viele Mauers. Und haben keine.

IV. WIR MÜSSEN HANDELN

»Das 21. Jahrhundert wird religiös sein oder gar nichts«, verkündete André Malraux, Dichter und Kulturminister de Gaulles. Seine sterblichen Reste wurden soeben (1997) ins Pariser Panthéon überführt, wo Frankreichs Große ruhen.
Ich komme gerade aus München zurück, der Deutsche Gewerkschaftsbund wollte von mir einen Vortrag »Die Zukunft von Politik und Religion«. Ich sagte halt, was ich immer sage: Ohne religiösen Anker ist der Mensch ein sehr unvollständiges Wesen. (Und auch *mit* Religion ist er schrecklich fehlbar.)
Politik landet im Nichts ohne feste Grundlage, und Religion ist die festeste.
Mit der »freien Wirtschaft« habe ich keine Probleme, die soll so frei sein, wie sie will. Wenn aber immer mehr Menschen arbeitslos werden, immer mehr Natur zerstört wird – dann hört sich der Spaß auf. Da dürfen sich Politiker nicht wegstehlen. Sie dürfen sich dem Diktat einer falschen Ökonomie nicht fügen. Politik darf nicht bloß Begleitmusik sein zu einer Ökonomie, der sie rat- und hilflos gegenübersteht.
Das Münchner Alte Rathaus, mit der Säule davor, auf welcher die Muttergottes steht, war ein sehr geeigneter Ort für eine solche Diskussion. Sehr bald ging es nicht mehr um den theoretischen Zusam-

menhang von Religion und Politik, sondern um den praktischen. *Wir müssen handeln!* Wo sind die Antriebskräfte?
Die alten -ismen haben keine Kraft mehr. Es hilft nur noch der Antrieb aller Antriebe: Religion.
»Die Zukunft von Politik und Religion« – daß ein solches Thema den großen Münchner Rathaussaal füllte, hat mich verblüfft. Der parteipolitische Streit wird immer ärger und leerer. Zugleich zeigen sich neue Gemeinsamkeiten »unter der Oberfläche«. Veranstalter war der Deutsche Gewerkschaftsbund gemeinsam mit der katholischen und evangelischen Kirche.
Und gemeinsam war auch, bei sonstiger lebhafter Kontroverse, die Überzeugung: Religion wird wieder und immer mehr zum Motor für grundsätzliche Politik.
Es war für mich neu, daß im katholischen Bayern in kirchlichen Institutionen reihenweise Sozialdemokraten sitzen. Und daß der einst so mächtige Vorsitzende der SPD, Hans Jochen Vogel, ein feuriger Diskussionspartner, seit Jahren praktizierender Katholik ist.
In Deutschland wie in Österreich und überhaupt in EU-Europa stehen in dieser Zeit, da die Wirtschaft Arbeitsplätze und Umwelt ratzekahl »wegrationalisiert«, katholische wie evangelische Christen in der vordersten Reihe des Widerstandes, auf dem sozialen wie grünen Feld.
Die schöne Holzdecke des alten Rathaussaales dämpfte streitende Stimmen. Rathaus in ratloser Zeit: Da sind alleinseligmachende Überzeugungen, die *alles* Gegnerische verdammen, nicht gefragt.
In unserer sehr pessimistisch stimmenden Zeit gibt es manchmal auch Anlässe zu neuem Optimismus.
Der realistische Optimist ist nicht so optimistisch, daß er nix tut, weil sich die Welt ohnehin von selber zum Guten wenden wird. Schade um diesen ganzen, vollen Optimismus; aber jetzt gilt er leider nicht. Optimist ist, wer Pessimist ist und *deswegen* handelt. Eine große Unbequemlichkeit und die Quelle sicherer Enttäuschungen.
Menschliches Handeln, vor allem soziales, und Ergebung in Gott sind vereinbar. Ob sie theoretisch vereinbar sind, interessiert mich nicht; mir reicht, daß sie praktisch vorfindbar sind in der Geschichte. Derzeit ist hierfür der Islam ein anrüchiges Beispiel, vielleicht ein besseres als das träge Christentum. Ergebung in Gott (arabisch:

»Islam«) und praktische Sozialarbeit sind das Erfolgsgeheimnis des Fundamentalismus. Merk's, Westen.

Hierzu notiert der unentbehrliche Prophet Nietzsche (»Zarathustra« IV):

»Wunder über Wunder! Was mußte Zarathustra da mit seinen eigenen Augen sehen! ›Sie sind wieder fromm geworden, sie beten, sie sind toll!‹ – sprach er und verwunderte sich über die Maßen... Sie liegen alle gleich Kindern und alten Weibchen auf den Knien und beten den Esel an.«

Wunder über Wunder, die Welt wird wieder religiös, und der Atheist aller Atheisten hat's vorausgesehen.

Getrost laß' ich offen, wer in diesem großen Schauspiel der Esel ist.

Das religiöse Tier

I. ALLE RELIGION IST CHRISTENTUM

»Dort, mitten im Himalaya, erinnert mich vieles an zu Hause. Besonders haben es mir die Klöster angetan. Ich fotografierte das Kloster Marienberg bei uns in Südtirol und das Kloster Tikse in Ladakh. Vieles ist gleich, und vieles ist verschieden.«
Auf der Frankfurter Buchmesse traf ich den Bozener Fotografen Udo Bernhart, der mir dies erzählte. Inzwischen ist sein großartiger Fotoband fertig, mit Texten seines Landsmannes Jul Bruno Laner. Die Bilder beweisen, wieder einmal: Die Religionen der Erde ähneln einander.
Eigentlich gibt es nur eine Religion. »Die Wirklichkeit, die jetzt Christentum genannt wird, gab es schon bei den Alten. Sie fehlte nicht seit Anbeginn der Menschheit, bis Christus im Fleisch erschien. Von da ab begann die wahre Religion, die schon da war, die christliche zu heißen.«
So der heilige Augustinus (gest. 430), und der war doch gewiß ein »Konservativer«. Kürzer sagt es der große deutsche Romantiker Novalis: »Es gibt keine Religion, die nicht Christentum wäre.«
Die Christen sollen nur nicht so arrogant sein. Jede Religion hat ihre eigene Würde. Die eigene Religion für Glauben halten, die fremde für Aberglauben – ist irreligiös.
Sehr g'spassig, und, wie so oft bei Nestroy, sehr tief, heißt's in dessen Komödie »Höllenangst«:
»Aberglauben ist immer noch was Besseres als gar kein Unglauben, und ich glaub nun einmal auf'n Aberglauben...«
Christen müssen sich mehr befassen mit den Religionen der ganzen

Erde, sagte kürzlich Kardinal König, eine große Gestalt für Gläubige wie Nichtgläubige. In unserer Zeit der Rat- und Hilflosigkeit wird Religion als Ankergrund immer interessanter. Die diversen -ismen haben ihre wegweisende Kraft verloren. Die Religion kommt wieder!

Franz König, 91, befaßte sich lebenslang mit Gespräch und Versöhnung der Religionen, inklusive »Ersatzreligion« Sozialismus. Schon 1955 publizierte er drei dicke Bände, »Christus und die Religionen der Erde«, bis heute ein Standardwerk.

Damals war König noch nicht Erzbischof von Wien (1956–1985), sondern Universitätsdozent für Religionswissenschaft. Unter seiner Herausgeberschaft vereinigten sich die Fachleute aus Europa, China und Japan. König kurz und einfach:

»Religion begleitet den Menschen vom Beginn seiner Geschichte. Der Mensch hat sie nicht erfunden, sie gehört zu seinem innersten Wesen. Homo est animal religiosum. Der Mensch ist ein religiöses Tier. Erst auf diesem Hintergrund tritt das Christentum in seiner Einmaligkeit wirkungsvoll in Erscheinung.«

»Es gibt nichts Interessanteres auf der Erde als die Religionen.« – »Ich interessiere mich eigentlich nur für die religiösen Ideen.« – Sätze von Baudelaire und Heine. Beide waren große Dichter und erklärten sich für Atheisten. Man sieht: das ist nicht wahr.

Die wahren Atheisten erkennt man an ihrem leidenschaftlichen Interesse für Gott. Deswegen sind sie so wichtig für uns Christen. Ich erinnere mich an einen der alten »Freidenker«, als diese noch eine eigene Organisation innerhalb der SPÖ waren. Er hielt mich immer auf der Straße beim Sakko-Knopf fest und sagte: »Genosse Nenning, ich werde Dir jetzt 47 Gründe nennen, warum es Gott nicht gibt.« – Und los ging's.

Karl Marx, wie alle Großen, hatte für Religion mehr übrig als bloß Spott und Hohn. Lenin sagte »Religion ist eine Art Fusel«. Marx aber verdanken wir nicht nur den allberühmten Satz »Religion ist das Opium des Volkes« (auch nicht ganz negativ; Opium war eine Droge der Sehnsucht) – auch die gar nicht dumme, sehr poetische Beschreibung, Religion sei »der Seufzer der bedrängten Kreatur«, »das Gemüt einer herzlosen Welt«, »der Geist geistloser Zustände«.

»Religion« ist ein Wort, daß aus dem Lateinischen in fast alle Weltsprachen gelangte. Was heißt »Religion« eigentlich? Ungelöst ist der Streit, wer recht hat: der römische Philosoph Cicero (gest. 43 n. Chr.) oder der Kirchenvater Lactantius (gest. 317 n. Chr.).
Cicero meinte, das Wort käme von »religere«, »Ehrfurcht haben, Respekt zeigen«. Laktanz verknüpfte Religion mit »religare«: »binden«. Religion heißt Respekt. Religion heißt Bindung. Franz König, der spätere Kardinal, sah keinen Widerspruch: Respekt sei das Äußere der Religion, Bindung an Gott das Innere.
Weder Respekt noch Bindung meinte Marx, wenn er von Religion sprach. Aber die Poesie ist mit ihm durchgegangen. Sein Bild, Religion sei »der Seufzer der bedrängten Kreatur«, ist, egal wie er's meinte, authentisch biblisch. »Denn wir wissen, daß alle Kreatur seufzt und miteinander gebären will in Schmerz und Angst« (Paulus an die Römer, 8,22).
Womit geht die Kreatur schwanger? Mit der »herrlichen Freiheit der Kinder Gottes«, sagt Paulus (Römer 8,21). Es ist eine andere Freiheit als die von Marx geforderte, aber Freiheit ist es, Befreiung aus herzlosen, geistlosen Zuständen. Der Unterschied ist einzig, daß die christliche Freiheit tiefer gründet und dauerhafter ist.
Freiheit ist die gemeinsame Essenz von Marxismus und Christentum. Nur daß der Drang der Kinder Gottes zur herrlichen Freiheit marxistisch nicht stillbar war, sondern im Gegenteil.
»Ich will allem Seufzen ein Ende machen«, verkündete Gott dem Propheten Jesaja (21,2).
Längst ehe Marx die Menschen seufzen hörte, hat Jesaja sie gehört. (Marx, aus rabbinischer Familie und selber Bibel-Kenner, kannte wohl beide, Jesaja und Paulus.)
Und während der Gott des Karl Marx, nämlich der Mensch als Gott des Menschen (eine Karikatur, außer man meint damit Christus) – längst schon tot ist, lebt der richtige Gott.
Ja, Marx ist ein toter Hund. Wartet nur, wenn er wieder aufsteht und bellt.

II. KOMISCHE LAIENTHEOLOGIE

»Allmählich mache ich mir Notizen zu etwas, was ich eine Laien-Theologie nennen möchte, wenn es fertig werden sollte.« Schrieb Musil am Weihnachtsabend 1941. Es wurde nicht fertig. Vier Monate drauf starb er.

Man kann aber gar nicht solang leben, daß eine Theologie fertig wird, schon gar eine Laien-Theologie. Hobby-Theologie ist das Unfertige schlechthin. Gerade als Fragment gewinnt sie ihre Würde. Adorno, der einige tausend Seiten Fragmentarisches schrieb: »Das Fragment ist der Eingriff des Todes ins Werk. Indem er es zerstört, nimmt er den Makel des Scheins von ihm.«

Alle offizielle Theologie ist Schein-Theologie. Sie tut, als wäre sie komplett. Laien-Theologie ist Wut auf Experten-Theologie, die komplett, rund und fugenlos ist und der gerade darum das Wesentliche fehlt.

In Tirol gibt es mehrere Marienheiligtümer, die entstanden, weil im dortigen Bache Maria die Windeln des kleinen Jesus wusch. Und im Burgenland gibt es eine Gnadenstätte, auf deren Marienbild die Madonna sechs Finger hat (»Unsere liebe Frau mit den sechs Fingern«). Und ein anderes wundertätiges Bild wurde von den streunenden Schweinen eines Bauern aus der Erde gegraben. Und der heiligen Brigitte vertraute Jesus an, er habe 4058 Geißelhiebe empfangen und 30000 Blutstropfen geblutet. Und wer 13 Jahre lang täglich 7 Vaterunser und 7 Ave Maria betet, der bewahrt sich und 7 Anverwandte sicher vor dem Höllenfeuer. Und, und, und... Das ist Laien-Theologie, die ständig unkomplett bleibt, tausend Bilder und Geschichten, fesselnder als alle offizielle Theologie.

»Der Aberglaube ist ein Urgrund aller Religion« (Baudelaire). Ich will kein aufgeklärter Christ sein, der an den Volksglauben nicht glaubt, sondern an die feine, die wahre Religion, und der sich solange das Feinste vom Feinen, das Wahrste vom Wahren aussucht, bis er zuletzt dasteht mit gar keiner Religion.

Religion ist zum Naserümpfen. Religion ist zum Ärgern. Religion ist zum Aufgeben. »Fanatismus der Demut. Nicht einmal danach trachten, die Religion zu begreifen« (nochmals Baudelaire).

Religion sind genau jene tausend Bilder und tausend Geschichten,

die kein vernünftiger Mensch glauben kann. Wenn du die tausend Bilder und tausend Geschichten in deinen PC eingibst, stürzt er ab. Daran erkennst du, daß sie bestürzend wichtig sind.
Religion ist eine umfassend sinnliche Wirklichkeit, die eine Teilwirklichkeit, wie unsere Moderne, zum Platzen bringt, wie das Rumpelstilzchen, dem du seinen Namen zurufst.
Von dieser umfassenden Wirklichkeit »Religion« darfst du kein Teilchen wegamputieren, insbesondere kein absurdes, unvernünftiges.
Durch diese umfassende Religion, in der alle Teilwirklichkeiten, Teilwahrheiten aufgehoben sind, bekommt die Welt einen Sinn.
Einen dunklen. »Die Welt«, lehrt Karl Jaspers, »ist die Handschrift einer anderen, niemals völlig lesbaren Welt; allein die Existenz entziffert sie.«
Unsere Existenz ist eine Helligkeit vor dunklem Hintergrund. Augustinus nannte, was wir davon zu sehen kriegen, eine »cognitio vespertina«, »abenddämmernde Erkenntnis«. Hegel läßt die »Eule der Minerva«, angeblich die Göttin der Vernunft, ihren Flug erst beginnen »mit einbrechender Dämmerung«.
Feige, wenn ich sie wegen Dunkelheit nicht fliegen ließe, meine kleine Eule.
Meine kleine Eule kann nicht ernsthaft bleiben. Komisch findet sie den alten Spötter Heinrich Heine, der gegen Lebensende fromm wurde. Komischer noch seinen Ausleger Georg Lukács, der Heines Altersfrommheit ganz unbegreiflich findet, und noch unbegreiflicher Heines fortdauernden Spott über sich selbst, den frommgewordenen. Lukács hat, wie viele Atheisten, eine verborgen hohe Meinung von Religion. Der Marxist ist dagegen, daß über Religion gespottet wird. Er hält sie für eine Art Marxismus, und da herrscht Lachverbot.

»O Herr! Ich glaub, es wäre das Beste,
Du ließest mich in dieser Welt;
Heil nur zuvor das Leibgebreste,
Und sorge auch für etwas Geld.
Gesundheit nur und Geldzulage
Verlang ich, Herr! O laß mich froh
Hinleben noch viel schöne Tage
Bei meiner Frau im status quo.«

Lukács meint, Heines fröhlich-tiefes Gedicht habe »sehr wenig religiösen Inhalt«. Aber es stimmt eigentlich überein mit dem Vater unser (»unser tägliches Brot gibt uns heute ...«), nur ist es lustiger. Dem Anhänger des marxistischen Materialismus ist solcher christlicher Materialismus zu materialistisch, unter Religion subsumiert er Leiden und Tod, Heulen und Zähneknirschen. Auch das kriegt Lukács bei Heine, und auch das paßt ihm nicht:
»Ich bin nur ein armer Mensch, der obendrein nicht mehr ganz gesund und sogar sehr krank ist. In diesem Zustand ist es eine wahre Wohltat für mich, daß es jemand im Himmel gibt, dem ich beständig die Litanei meiner Leiden vorwimmern kann, besonders nach Mitternacht, wenn Mathilde sich zur Ruhe begeben, die sie oft sehr nötig hat. Gottlob, in solchen Stunden bin ich nicht allein, und ich kann beten und flennen, soviel ich will, ohne mich zu genieren, und ich kann ganz mein Herz ausschütten vor dem Allerhöchsten und ihm manches anvertrauen, was wir sogar unserer eigenen Frau zu verschweigen pflegen.«
»Zynisch« nennt der marxistische Philister Lukács diese Prosa Heines. Sie ist das offenste, heiterste Gottesbekenntnis in der ganzen deutschen Literatur.
Wer von Gott ergriffen wird, wie es dem alten kranken Heine passierte, aber weiterhin auf guten modernen Geschmack hält, der kann sich nur retten durch Spott. Daß Heine Religion sowohl hat wie auch, weil er sie hat, sich über Religion lustig macht, kann ausgerechnet der professionelle Dialektiker Lukács nicht verstehen.
Er meint, für Heine sei »die Religion nicht etwas weltanschaulich Ernstes, sondern... Opium für seine Schmerzen«. Aber Religion ist nichts »weltanschaulich Ernstes«, sondern eine umwerfend komische Sehnsucht. An sein Mißverständnis schließt Lukács unvermeidlich ein Marx-Zitat:
»Der religiöse Widerschein der wirklichen Welt kann überhaupt nur verschwinden, sobald die Verhältnisse des Werkeltaglebens den Menschen tagtäglich durchsichtig vernünftige Beziehungen zueinander und zur Natur darstellen.«
Marx hat recht. Lieber Gott, unsere täglich durchsichtig vernünftigen Beziehungen zueinander und zur Natur gib uns heute. In Zeiten

wie diesen, da Kapitalismus und Sozialismus uns gemeinsam wetteifernd die Seele und die Umwelt ruiniert haben, gibt's dazu nur einen antimarxistischen Kommentar: hihi.

III. DIE AUSROTTUNG DER SCHMETTERLINGE

Als er noch Pfarrer im kleinen Kahlenbergerdorf bei Wien war und Professor für Moraltheologie an der Uni in Wien, stritten wir beim Heurigen (über Waffen; ob der Christ zu ihnen ja sagen darf, soll, muß). Jetzt ist Andreas Laun Weihbischof von Salzburg.

Er schrieb mir einen Brief zu meinen diversen Veröffentlichungen über Religion: er könne nicht mit jedem Satz einverstanden sein, wohl aber mit dem, was ich damit wolle.

So was freut einen natürlich.

Beigelegt war ein langer Text des Bischofs über Christentum und Tierliebe. Mit Fotos, wo man den Bischof mit allerhand Hunden sieht. Er hat Tiere offenbar gern.

Derzeit ist ja die Meinung vorherrschend, das Christentum habe mit Tieren so seine Probleme. Der heilige Franziskus liebte die Tiere, aber sonst?

Bischof Laun holt sich als Zeugen den Kirchenlehrer Thomas von Aquin; das Tier, schrieb dieser, hat eine »fühlende Seele« (»anima sensitiva«).

Daß der Mensch laut Bibel Herrscher sei »über alles Getier«, sei nicht als Diktatur zu verstehen, erklärt der Bischof. »Die Bibel lehrt, daß Gott die Tiere liebt«, und hält Tierliebe für selbstverständlich.

Laun beruft sich auf die schöne Bibelgeschichte vom Propheten Bileam und seiner Eselin, die gescheiter ist als ihr Herr. Die Eselin sieht einen Engel auf dem Weg stehen und weicht ihm aus. Bileam sieht nichts und mißhandelt das Tier. Der Engel fragt: »Warum hast du deine Eselin nun schon dreimal geschlagen?« – ein christliches Motto für Tierschutz.

Der Engel ist sehr streng.

»Beinahe«, sagt er zu Bileam, »hätte ich dich umgebracht, sie aber am Leben lassen.«

Bischof Laun geht weit. »Willkürliche Tötung von Tieren oder gar deren Ausrottung« nennt er »Sünde analog der Blasphemie« (Gotteslästerung). Und zu den Menschenrechten fügt er hinzu: »Es gibt Tierrechte in einem analogen Sinn.«

»Tierliebe ist ein Zeichen, daß Gottes Gnade in einem Menschen am Werk ist.« In Zukunft könnten solche Menschen wie Dian Fossey mit ihrem heroischen Kampf für die afrikanischen Berg-Gorillas »möglicherweise von der Kirche heiliggesprochen werden«, schlägt der Bischof vor. Und: »Kirchliche Würdenträger sollten auch Tierheime besuchen.«

Einen Militärbischof gibt's, einen Sportbischof, einen Medienbischof. Ein Frauenbischof wäre nicht schlecht; aber da denke ich zu früh und zu kühn. Doch einen Tierbischof könnte es eigentlich schon geben.

Die Tierquäler sind unterwegs. Die Tierversucher sind unterwegs. Die Massentiertransporter; die Gen-Frankensteine, lächerliche und lebensgefährliche Ersatz-Götter. Ein Tier- und Pflanzenbischof hätte viel zu tun.

Wie wär's, Bischof Laun? Aber wirklich aufpassen müßten Sie schon, wenn Sie in so einer Gen-Ethik-Kommission drinsitzen. Die Gen-Frankensteine triefen nur so von Ethik. Fallen Sie ihnen nicht herein!

Wir sind alle religiös. Leugnen hat keinen Zweck. Auch im modernsten Leben gibt es altmodische Augenblicke. Dann zweifeln wir, ob es nicht doch etwas gibt, das von Dummköpfen »Gott« genannt wird.

Wir sind alle Atheisten. Leugnen hat keinen Zweck. Auch wenn wir tapfer sagen: »Gott gibt es«, kriegen wir gleich Angst vor unserem Mut. Vielleicht haben doch die Dummköpfe recht, die sagen, Gott gibt es nicht, oder es ist alles wurscht.

Gotteszweifel hat immer zwei Seiten. Ich zweifle an Gott, und ich zweifle, ob es Gott nicht doch gibt. Im Gotteszweifel begegnen einander die Ungläubigen und die Gläubigen und werden komisch identisch.

Meine Zweifel beseitigt jeder Schmetterling, so oft ich einem begegne, also leider selten. Wer einen Schmetterling sieht und nicht an Gott glaubt, ist wirklich ein Vollidiot.

Vielleicht ist das der Grund, warum die herrschende Kirche der Wissenschaft und Technik die Schmetterlinge ausrottet, desgleichen möglichst viele sonstige Tiere, die Gottesglauben verbreiten.
Das gegenwärtige Zeitalter ist das dümmste und gemeinste der Menschheitsgeschichte. Schuld daran sind zwei Religionen, aus denen unser Zeitalter hervorgegangen ist: Christentum und Atheismus. Sie waren es, die die Gleichung Gott = Mensch aufgebracht haben. Die richtige Lesart, daß Gott Mensch wurde, wich verräterisch schnell der verkehrten, daß der Mensch Gott wurde – dieser Gott des Atheismus ist der unintelligenteste Gott aller Religionen, ein Gott, der alles kaputtmacht.
Das deutet auf eine hintergründige Identität von Christentum und Atheismus. Sie ist schon in der Antike aufgefallen; man nannte damals die ersten Christen »Atheisten«. Das ist scharf gesehen; wenn der Christengott Mensch ist, fährt sogleich die Retourkutsche: Für die Christen ist der einzige Gott ein Mensch, für die Atheisten ist der Mensch der einzige Gott. Wenn Gott Mensch ist, kann auch der Mensch Gott sein. Der moderne Atheismus ist der Schmetterling aus dem christlichen Kokon.
Aus dem Christentum wuchs unser mörderisches Zeitalter, in dem der Mensch als Gott seiner selbst alles kann, darf, muß.
Dem richtigen Heiden ist beides unvorstellbar, Christentum wie Atheismus; umgeben und eingeschlossen vom gewaltigen, übermächtigen Geheimnis der Welt ist ihm die Vorstellung, daß Gott ein Mensch sei, so lächerlich, wie daß der Mensch ein Gott sei.
Heiden sind fromm.
Die Einteilung der Religionsgeschichte: hie die Religionen – hie der Atheismus, ist falsch. Die Trennlinie ist: hie die heidnischen Religionen – hie Christentum und Atheismus; hie Demut vor der Welt – hie Überheblichkeit.
Für Heiden ist die Bewältigung, Beherrschung, Zerstörung der Welt – denkunmöglich, eine irrwitzige Idee. Für Christen und Atheisten ist sie selbstverständlich möglich.
So kam, was wir jetzt betreiben: die Vernichtung des Globus.
Professor Martin Luther sagte in einer seiner häufigen schweren Depressionen nach reichlichem Essen und Trinken, »und seine Stu-

denten schrieben eifrig mit«, bemerkt Erik Erikson, Psychoanalytiker (»Der junge Mann Luther«, 1975, S. 277):
»ich bin der reiffe dreck, so ist di welt das weite arschloch; drumb sein wir wol zu scheiden.«

Macht Gott glücklich?

I. HERR UND FRAU GOTT

Als es in einem meiner Vorträge wieder einmal um Gott ging, fragte mich in der Diskussion ein sympathischer, boshafter Atheist: *»Wer ist Gott?«*

Im ersten Schrecken antwortete ich mit Wiener Schmäh: »Fragen S' mich was Leichteres!«

Die Antwort war gar nicht so blöd.

Eigentlich ist jede dogmatische Antwort der gelernten Theologen aller Religionen eine Tautologie (griech. unnütze Wiederholung ein und desselben). Das aber kann der liebe Gott selber besser; er definiert sich: *»Ich bin, der ich bin«* (2. Buch Mose 3,14).

Luther übersetzt, und das ist ebenso richtig, weil im Hebräischen die Zeitwortformen eher unbestimmt sind: *»Ich werde sein, der ich sein werde.«*

Was heißt das? Es ist, als ob uns Gott zum Narrren halten wollte. Aber dazu ist er berechtigt, denn wir begreifen ihn ja doch nicht. Den radikalen Schluß daraus hat der Buddhismus gezogen:

Buddha benennt Gott nicht als Person, sondern als Geheimnis: als »Ungeborenes, Ungewordenes, Ungeschaffenes«, als »Einziges, Sicheres, Vollkommenes, Höchstes«.

Auch in der ältesten indischen Religion, in den heiligen Texten der »Veden« und »Upanishaden«, wird das höchste Wesen nicht als Person erfaßt, sondern als Urprinzip, genannt »Brahma«. Seine Definition ähnelt jener des biblischen Jahwe. Der Gott namens »Ich bin, der ich bin« heißt hier *»das Seiende des Seienden«* (satyasya satyam).

Ein unpersönliches Ur-Prinzip, genannt »Tao«, gehört auch zur alten chinesischen Religion.
Das unbegreifliche Geheimnis gar nicht erst in eine Person fassen, sondern bestehen lassen als Ur-Prinzip: das ist konsequent, aber kalt. Es läßt unser Gemüt hungrig. In allen drei großen »unpersönlichen« Religionen: Buddhismus, indische und chinesische Religion – wird das »Unpersönliche« im Laufe ihrer Geschichte ergänzt oder ersetzt durch eine Vielfalt persönlicher Gottheiten und Geister.
Der strenge frühe Buddhismus z.B. macht Platz für Spätformen, in denen die »Bodhisattvas« auftreten, liebende, hilfreich sich erbarmende Gottheiten, die Jesus Christus ähneln.
Der grandiose strenge Glauben an den einen und einzigen Gott der Juden, Christen, Muslime wird im Christentum aufgelockert durch sonstige Gestalten minderen oder auch gleichhohen Ranges. Daß es Jesus gibt, Maria und etwa fünftausend Heilige, an die man sich wenden kann, ist für mich ein unvergleichlicher Vorzug des katholischen Christentums.
Gott wird dadurch nicht weniger, sondern mehr. Er gewinnt an Herzenswärme. Keine monotheistische Religion kommt in der Praxis ihrer Gläubigen mit einem einzigen Gott aus. Und andrerseits haben polytheistische Religionen über der Vielfalt ihrer Götter einen Göttervater, einen Zeus, Jupiter, Wodan, der Züge des »höchsten Wesens« von Eingottreligionen zeigt.
Wir Christen sollen nicht arrogant sein. Statt an anderen Religionen herumzukritisieren, sollten wir sie hochachten. Sie kennen- und schätzenlernen ist der Weg zur Freude am eigenen Christentum.
Ist Gott männlich oder weiblich? Im ältesten Deutschen ist das Wort »Gott« in allen drei Geschlechtern verwendbar. Ähnlich steht es mit griechisch »theos« und lateinisch »deus«; diese Worte sind ursprünglich männlich *und* weiblich. Die chinesische Religion verwendet für die Einheit und Gleichheit der Geschlechter des Göttlichen das heute schon altbekannte schwarz-weiße Yin-Yang-Symbol.
In sehr alten Religionen sind die höchsten Gestalten nicht Männer, sondern Frauen, Mütter und zugleich, weil auf keinen Mann angewiesen, Jungfrauen. Längst gibt es eine »feministische Theologie«, die sich damit intensiv befaßt.

Auch im Christentum ist Vater unser ebensosehr Mutter unser. Der Herrgott ist ebenso eine Fraugott. Es stimmt schon, daß der christliche Gott, modern gesagt, »patriarchalische«, »machistische« Züge hat. Beim Gott der Juden und des Islam sind sie noch stärker. Dort fehlt das Gegengewicht, das mir im Christentum so angenehm ist. Ein doppeltes Gegengewicht:
Christus ist sanft und frauenfreundlich. Und Maria ist eine »Frauengöttin«, wie sie mit gleichem Reichtum keine der »großen« Religionen hat, sicher nicht die jüdische und islamische.
Maria – eine Karriere. Aus spärlicher Erwähnung in der Bibel wächst sie zu einer Gestalt, die in der frommen Praxis der Katholiken ebenso wichtig ist wie Gott und Christus. Das nenn' ich Emanzipation.
Warum ist die Beschäftigung mit Herrn und Frau Gott so interessant? Ich weiß keine Antwort. Da ist es immer gut, wenn man einen Dichter zur Hand hat. Charles Baudelaire schrieb in sein intimes Tagebuch (1860):
»Selbst wenn es keinen Gott gäbe, wäre Religion immer noch heilig und göttlich. Gott ist das einzige Wesen, das, um zu herrschen, nicht einmal der Existenz bedarf.«

II. BÖSER LIEBER GOTT

Hermann Leopoldi, der größte und sicherlich dickste aller Wiener Kabarettisten, er schwitzte immer das Klavier voll beim Singen, sang:

»Ja, ja, der Weg zum Glück ist weit.
Man braucht dabei Geduld und Zeit.
Und wenn man nicht ein Taxi hätt',
Dann kommert' ma zu spät.«

»Kommert« ist wienerisch (und gotisch) für den Konjunktiv »käme«.
Unsere irdische Glücksjagd färbt ab auf Gott. Er soll gefälligst lieb sein, »edel, hilfreich und gut«, wie der Mensch gemäß Goethe. Aber Gott ist kein Mensch. Er denkt gar nicht daran. Statt daß er uns glücklich macht, punktum, verwirrt er uns ständig.

Gott ist zweideutig. Lateinisch »religio« heißt mysteriös sowohl »Ehrfurcht« wie auch »Fluch«. Gott ist gut und böse; dem guten Gott gilt unser Dank, dem bösen unser Fluch. Der Rest ist Unbegreiflichkeit.

In der Bibel, wo immer alles Nötige zu finden ist, steht das Buch Hiob; Gott straft Hiob, und man erfährt nicht, warum – erst verehrt er Gott, dann flucht er Gott. Schließlich verehrt er ihn wieder, und man weiß wieder nicht, warum er vom Fluch zurückwechselt zur Verehrung.

Sicher, die Theologen können alles erklären, aber sie überzeugen uns nicht. Was überzeugt, ist der unerklärliche, faszinierende Roman Hiob. Erklärung zerstört alles, den Fluch und die Ehrfurcht.

Emil Cioran, rumänischer Philosoph der Verzweiflung, in Paris berühmt geworden und 1995 verstorben, definiert mustergültig: »Gotteslästerung und Gebet sind gleichermaßen berechtigt. Wer sie gemeinsam vorbringt, nähert sich dem höchsten Vertreter des Zweideutigen.«

Lieber Gott, böser Gott, böser lieber Gott. Der Wiener, als Schlawiner, sagt gar nie »Gott«, sondern immer »lieber Gott«. Es ist Sympathiezauber. Nennt man Gott »lieb«, *ist* er vielleicht lieb. Natürlich funktioniert das nicht. Gott ist immer wieder auch böse.

Die modernen Indienfahrer kommen heim mit dem esoterischen Wissen, daß der große Gott Shiva sowohl der Gute, Milde ist wie auch der Böse, Schreckliche. Gott der Liebe und Gott des Schreckens.

Christen können dies auch wissen ohne Rekurs auf Shiva. Mit gewaltiger Deutlichkeit steht's in der Bibel. Aber moderne Christen wollen sich der Welt beliebt machen mit dem Gott der Liebe. Den Gott des Schreckens verschweigen sie, so ersparen sie sich hochgezogene Brauen in superhumanistischen Gesichtern. Sie sagen lieber gleich, konfrontiert mit den Schreckenstaten Gottes (sie sind heute offenkundiger denn je): »Was soll denn das! Das ist ja menschenverachtend!«

»Menschenverachtend«: eine einzige zu Tode gerittene Vokabel reicht, und das Problem des Bösen, das Nachdenken, der Schrecken, die Änderung – alles ist weggeschoben. Es reicht die korrekte Vokabel. »Menschenverachtend« und basta.

Ich kann's nicht mehr hören. Ich will das Nachdenken, das Erschrecken, die Änderung.
»Kommt und schauet die Werke Gottes! Er verbreitet Entsetzen auf Erden!« (Psalm 46,9)
»Ist auch nur *ein* Unglück in der Stadt, und Gott hätte es nicht getan?« (Amos 3,6)
»Ich bin Gott, und sonst ist keiner, der Licht macht und Finsternis macht, der Heil macht und Unheil macht. Ich bin Gott, der all dies macht!« (Jesaja 45,8)
Gott ist die Ursache von Licht *und* Finsternis, Heil *und* Unheil. Es ist läppisch, ihn zu entschuldigen und alles dem Menschen aufzuladen. Hiob, der Fromme, tut dies auch nicht. Es ist alles logisch: Der Mensch, Ebenbild Gottes, ist gut und böse, aus dem einfachen Grund, daß eben auch Gott, Urbild des Menschen, gut und böse ist. Der Rest ist theologischer Firlefanz.
Wir haben eben nur einen Gott, also müssen wir ihm das Gute wie das Böse zuschieben. Die »dualistischen« Religionen haben's leichter. Sie haben einen guten Gott und einen bösen. Die Gnostiker lassen den Liebesgott reinen Geist sein, und den Schöpfergott einen bösen Dämon, der eine böse Welt schuf.
Irgendwo verborgen haben auch die »Dualisten« das Wissen, daß Gutgott und Bösgott derselbe sind. Im Persischen (Awestischen) kommt zutage, daß beide dieselbe Wurzel haben. Altindisch *»devah«*, lateinisch *»deus«* ist »Gott«. Awestisch *»daeva«* (dasselbe Wort) ist »Dämon, Teufel«. Gott ist Gott, und Gott ist Teufel.
Die Etymologie gibt geheimnisvolle Fingerzeige, Lösungen keine. Wir müssen uns weiter unsre Zähnchen ausbeißen.
In »Bibel und Kirche«, Nr. 3/96, gibt es das überaus lesenswerte Generalthema »Ein Gott der Gewalt?« Statt des Fragezeichens gehört ein Rufzeichen. »Gott war mit ihm«, heißt es immer wieder von David, dem Eroberer Jerusalems, der doch ein Schlächter war. Der Theologe Manfred Görg sieht bei David, und zu Recht, »menschenverachtende Gewalt«, »Perversion des Humanen«. Er fragt: »Verbrüdert sich Gott mit dem Gewalttäter? Ist Gott der klassische Sympathisant des Terrors?«
»Da bleibt dem Bibelleser schon mal das ›Wort des lebendigen Gottes‹ im Halse stecken«, bekennt der Theologe, sehr mutig. Im übri-

gen hilft sich Görg mit dem Satz, daß die Bibel »vor keinem Exzeß und keiner Perversion in der Wirklichkeit zurückweicht«. Sie sei in diesem Sinn ein »Buch der Aufklärung... Gewalttat ist ein gehöriges und unausrottbares Stück Lebenswirklichkeit«.
Wohl wahr. Aber die Frage nach dem lieben bösen Gott bleibt gerade darum weit offen.
Görg geht weiter: »Auch der Jesus der Evangelien ist keineswegs jener gewaltfreie Softie.« Noch ein kühner Theologe, Klaus Berger, nimmt sich dann den »brutalen Jesus« her. Es »wäre erst zu beweisen, daß Jesus ein prinzipieller Pazifist gewesen sein soll«.
Folgt die Liste jesuanischer Gewaltsamkeiten in Wort und Tat: Jesus verflucht den Feigenbaum. Er peitscht die Banker aus dem Tempel. Er läßt Schwerter kaufen (wenngleich nur zwei). Er droht mit der Hölle. Er wird, sagt er, eigenhändig den Tempel zerstören (und binnen drei Tagen wieder aufbauen). Den Petrus, auf welchen er doch die Kirche bauen will, nennt er wörtlich einen Satan, den ersten Papst also – so böse kann Jesus sein.
Mit dem progressiv behübschten Christentum: nix als Liebe, Gewaltlosigkeit, Toleranz – kommen wir nicht durch. Das funktioniert nur mittels Manipulation der Texte, Verschweigen des Unkorrekten, Emporloben des Korrekten. Damit machen wir aus dem Christentum einen Ismus, aus dem Geheimnis eine Sekten-Nummer. Dann können wir gleich aufs Christentum pfeifen.
Oh Gott, der liebe Gott ist ein Gewalttäter. Ein Kriegsgott gar, »Jahwe Zebaoth«, der »Herr der Heerscharen«, ein »Herr namens Heer«. Moses singt: »Gott ist ein Kriegsheld... Deine Rechte, Gott, zerschmettert den Feind.« David singt: »Zerschmettert hast du die Kinnbacken all meiner Feinde, ausgeschlagen die Zähne den Frevlern.«
Ja, es nützt nichts, dieser Gott ist auch ein Kriegsgott, für eine gerechte Sache natürlich. Aber nicht einmal das ist sicher: die Eroberung eines fremden Landes, die Invasion in Kanaan, mit Gott an der Spitze, ist das eine gerechte Sache? Ist Gott, der Herr der Heerscharen, auch der UNPROFOR-Herr, der NATO-Herr?
»Jener Gott, der uns unter seinen Wolken zum Leben erweckt, ist verrückt. Ich weiß es, ich bin Gott.«
Die beiden Sätze sind aus Georges Bataille, »Das obszöne Werk«. Das

ist gar nicht obszön. Bataille, großer Dichter und Pornograph, war ein frommer Mann. Ein strenger Logiker: Verrückt ist der Mensch, Ebenbild Gottes. Also ist Gott, Urbild des Menschen, verrückt.
Gott ist ein gefährlicher Bursche.

III. CHRISTENTUM, EINE VIERTAUSENDVIERGÖTTEREI

Der Weg führt über eine weite Wiese, auf der immer Wind weht, den Hügel hinauf, da steht die Kapelle. Inschrift: »Gepriesen sei in Leid und Freud die Heilige Dreifaltigkeit«. Besonders im Winter ist der Weg saukalt, aber wir gehen ihn immer wieder, wenn wir in Mariazell sind.
Für Kapellen und Kirchen ist der Name Marias und aller möglichen Heiligen viel beliebter als die Dreifaltigkeit und der Heilige Geist. Maria und die Heiligen sind aus Fleisch und Blut, die Dreifaltigkeit und der Heilige Geist sind Gespenster der Theologen.
Dem autoritativen »Lexikon für Theologie und Kirche« entnehme ich: »Principium quod ist der Vater und der Sohn... weil zwischen der Relation des Gezeugtseins und der des aktiven Hauchens kein Gegensatz besteht... und so der Gezeugte auch der aktiv Hauchende sein muß bzw. wenn er es nicht wäre, der Geist und der Sohn als nicht relativ gegen-ständig identisch sein müßten.«
Oh Gott, da hilft kein Zeugen und kein Hauchen, sondern nur die rasche Flucht vom Dreigott der Theologen zum Eingott der Liebe.
»Gepriesen sei in Freud und Leid die Heilige Dreifaltigkeit«: es geht auch ganz konkret: An einem Tisch sitzen drei Typen mit Flügeln und Lilienstäben. Der Tisch ist gedeckt. Sie essen.
Das ist die Dreifaltigkeit in der Ostkirche, die immer Rat und Hilfe bietet, wenn mir die Westkirche zu abstrakt wird.
Die obige Dreiergruppe malte Andrej Rubljew um 1410. Die Ikone hängt in der Moskauer Tretjakow-Galerie. Die Geschichte steht in der Bibel (Genesis 1,18):
»Jahwe erschien Abraham bei den Eichen von Mamre, als er um die heiße Tageszeit am Eingang des Zeltes saß. Er hob seine Augen, und siehe, da standen die Männer vor ihm. « Er weiß offenbar, daß diese

drei Jahwe sind, denn er »verneigt sich bis zur Erde« und spricht sie in der *Einzahl* an: »Mein Herr, wenn ich in deinen Augen Gnade gefunden habe, dann gehe an deinem Knecht nicht vorüber.«

Jahwe, der dreifaltige, kriegt wunderbar zu essen: Kalbsbraten, frisches Brot, Butter und Milch. Nach dem Essen brechen die drei nach dem benachbarten Sodom auf. Dort kommen nur zwei an. Ausleger vermuten, Jahwe habe sich empfohlen und die übrigen zwei sind seine Begleitengel. Die Männer von Sodom wollen sie gemäß dortiger Homo-Sitte vernaschen, aber, weil es Engel sind, bleiben sie heil.

Viele Kirchenväter und nach ihnen die Ostkirche sahen in den drei Besuchern Abrahams die Dreifaltigkeit. Die frühesten Darstellungen finden sich in Rom, Santa Maria Maggiore (4. Jh.), und Ravenna, San Vitale (6. Jh.).

In der Westkirche wird die Darstellung der Dreifaltigkeit als drei gleiche Männer, meist mit Bart, vom Papst verboten (1745). Nur Gottvater und Gottsohn dürfen menschliche Gestalt haben, der heilige Geist muß eine Taube sein. Auch das hat seine Schönheit. Auf meinem Fensterbrett sitzen die Tauben täglich. Vielleicht ist ab und zu die Heilig-Geist-Taube dabei.

Gott ist gesellig. Er tritt einfach gern zu dritt auf. Das hindert nicht, daß er trotzdem einer ist. Die Dreifaltigkeit ist nicht nur christlich, sie ist in durchaus diversen Religionen der Welt zu Hause. Drei Buddhas sitzen in einem Mangobaum (bei Boisselier, Buddha, S. 90). Es sind seine drei »Leiber«, ein jenseitiger, ein feinmaterieller und ein geistiger. Gottvater, Jesus Christus, der heilige Geist; wenn man's so sehen will.

Im Mahayana-Buddhismus gibt es dafür das Fachwort »Trikaya«, »Dreileibigkeit«; »Dreifaltigkeit«, wenn man's so übersetzen will.

Im Hinduismus gibt es die Dreiheit der Götter Brahma-Vishnu-Shiva. Sie heißt »Trimurti«, »Dreigestaltigkeit«.

Im alten Ägypten hat die Dreifaltigkeit ein weibliches Mitglied: Vater Osiris, Mutter Isis, Sohn Horus. In Babylonien gibt es die Götterdreiheit Sin (Mond), Schamasch (Sonne), Ischtar (Venus-Stern). Im noch älteren Sumer: Anu (Himmel), Ellil (Erde), Ea (Wasser).

Juden und Muslime, die sich aktuell über sehr wenig einigen können, stimmen seit alters überein, daß die Christen eigentlich Vielgötterei betreiben. Der christliche Eingott ist ein Dreigott, auf mysteriöse Weise besteht er aus drei Personen, die sie deutlich voneinander getrennt haben wollen. Andrerseits sind Vater, Sohn und heiliger Geist trotzdem untrennbar eins.

Das versteh, wer mag. Ich mag. Die Unbegreiflichkeit ist ein weites Feld für Gefühle und Gedanken, drauf tummle ich mich im Ernst und Humor. Ich halt mich ans Mysteriöse. Die Theologen sind in diesem Punkt sehr einsichtig, sie definieren die Dreifaltigkeit in allem Ernst als Mysterium, als tiefstes Geheimnis des Christentums. Ich bin für Geheimnis, je tiefer, desto besser.

Der christliche Eingottglaube ist ein Vielgottglaube: zu den drei göttlichen Personen kommt noch die hochheilige Jungfrau Maria, bei den glücklichen Katholiken auch noch ein Hilfscorps von viertausend Heiligen. Der katholische Eingottglaube ist eine Viertausendviergötterei.

Angesichts ihrer eigenen Vielgötterei haben die Christen gar keinen Grund, den diversen sonstigen Religionen Vielgötterei vorzuwerfen.

Das gottheuchelnde 19. Jahrhundert hat seinen Imperialismus, Kolonialismus, illiberalen Liberalismus etc. auch darin voll ausgelebt, daß es sein intolerantes Missionars-Christentum ganz automatisch für höherwertig hielt als die Religionen sämtlicher Eingeborener sämtlicher fremden Erdteile.

Ein grotesker Religions-Darwinismus machte sich breit unter dem akademischen Titel-Schwindel »Religionswissenschaft«. Am unteren Ende der Entwicklungs-Leiter sind Magie, Animismus, Polytheismus; Gipfel des Fortschritts ist der Monotheismus, sprich: das Christentum. (Daß es von vielerlei Missionaren vielerlei, einander widersprechender Kirchen streitbar verbreitet wird, blieb außer Betracht.)

Die intelligentesten Missionare waren freilich zugleich jene, die den Wert und die Würde der zur Ausrottung bestimmten eingeborenen Religionen merkten und deren Inhalt uns überlieferten, mehr oder minder getreu. Ein besonderer Platz gebührt hier dem Pater Wilhelm Schmidt; er war Ordensgeistlicher der »Steyler Mission« im holländischen Limburg (»Societas Verbi Dei«), Ethnologe, Universitätsprofessor in Wien.

In monumentalen zwölf Bänden »Ursprung der Gottesidee« (1926ff.) stellte Pater Schmidt die damalige Religionswissenschaft auf den Kopf oder vielmehr auf die Füße. Am Anfang der Geschichte stehen nämlich nicht die »niederen« Religionen, Polytheismus etc., sondern der Monotheismus, der Glaube an einen Hoch- und Himmelsgott, zu finden gerade bei den urtümlichsten Völkerstämmen, z.B. den Pygmäen Afrikas und den Feuerland-Indianern.
In einem Streit, der bis heute dauert, warf der fromme Pater Schmidt, Begründer der Wiener Schule der Völkerkunde, seinen Gegnern Darwinismus, Atheismus und sonst noch einiges vor, sie hingegen höhnten ihn als einen Kirchenkriecher, der alle Religionen aufs Christentum hinbiegen will.
Soviel wurde unterdessen klar: die bunte Fülle der nichtchristlichen Religionen ist nicht »primitiv«, sondern enthält Reichtümer, denen höchster Respekt gebührt. Angebracht ist weder wissenschaftlich-aufgeklärte Arroganz noch christliche Arroganz.
Sechs Jahre lang lebte der Schmidt-Schüler Paul Schebsta unter den Pygmäen, die Schmidt-Schüler Martin Gusinde und Wilhelm Koppers unter den Feuerland-Indianern. Sie kamen heim mit dem starken Glauben, dort den »Urmonotheismus« gefunden zu haben.
»Am Anfang war Mugasa«, erzählen die Pygmäen. »Er schuf die Menschen und lebte mit ihnen im Paradies. Die Menschen hatten alles, sie kannten keine Not und brauchten den Tod nicht zu fürchten. Gott war unter ihnen, er redete mit ihnen wie ein Vater mit seinen Kindern.«
Das ist doch echt schön, daß die gottesfürchtigen Wiener Patres und Professoren zum Monotheismus des Christentums und der sonstigen Hochreligionen auch noch den Monotheismus der Urvölker fanden. Grund, den Polytheismus zu mißachten (wie sie das taten), ist das keiner:
Wie im christlichen Monotheismus verkappt die Vielgötterei steckt (die Dreifaltigkeit; die Göttin Maria; alle die Heiligen), so steckt im Polytheismus verkappt der Ein- und Hochgottglaube (die Schmidt-Schule hat das schön herausgearbeitet).
Der Weg vom urtümlichen Monotheismus zum Polytheismus der vielen bunten Heidentümer geht quer durch die Geschichte, die ja der liebe Gott macht. Wenn sich Völker über andere Völker drüber-

legen – und ein Großteil der Geschichte handelt von solchen gewaltsamen Überschichtungen –, dann gibt es nach erster Massakrierung der Unterworfenen gleich darauf Mischung der Menschen, Mischung der Kulturen, Mischung der Religionen. Nach der Gewalttat die Toleranz.

Die siegreichen eigenen Götter multiplizieren sich mit den unterlegenen Göttern. Völker kann man besiegen, Götter nicht. So wächst und wuchert der Polytheismus, ein historisches Produkt, eine wunderbare Aufbewahrung verschollener Religionen.

Modernen Christen kann man's auch so sagen: bist du multi-kulti, mußt du auch multi-deo sein.

Entgegen obiger Faustregel, daß unterworfene Götter aufgenommen werden in die Religionen der Sieger, war das Christentum in seiner blutigen Geschichte ein Hort der religiösen Intoleranz.

Nur verborgen, da aber nachhaltig, unterwandern die unterworfenen Götter das Christentum (Isis, Astarte, Kybele etc. stecken in Maria; und in vielen beliebten Heiligen stecken abgeschaffte heidnische Götter und Göttinnen).

In der Vielheit der Götter der eine Gott; im einen Gott die Vielheit der Götter. In der christlichen Dreifaltigkeit vollendet sich die kühnste, die verborgenste, die offenbarste Aufhebung der Vielgötterei. In der Dreifaltigkeit ist die Vielgötterei dreimal aufgehoben: abgeschafft als heidnische; hinaufgehoben ins Christliche; aufbewahrt, wenn das Christentum die Religion aller Religionen sein will.

IV. LACHT GOTT?

Liebe läuft doch nicht ohne Lachen. Lacht Gott? Lacht Christus? Gar der heilige Geist? Die Muttergottes kann man sich gut vorstellen, wie sie zumindest lächelt; sie tut das auf unzählbaren Bildnissen. Aber sonst?

»Der im Himmel thront, lacht«, heißt es im Psalm 2, Vers 4. Ja, aber es ist ein grimmiges Lachen. Aus dem Zusammenhang geht klar hervor, daß der Herr einen Zorn hat. Er lacht jener, die ihn nicht achten. Man hätte ihn gern heiterer.

Vielleicht aber lacht Gott, wenn er mit dem Walfisch spielt. Es handelt sich um ein ungeheures Tier mit Namen »Leviathan«. Berichtet wird über das Vieh sowohl im Buch Hiob (Kap. 38) wie im Psalm Nr. 104, beidemal sehr andeutungsweise. Einzelheiten weiß nur ein gewisser Heinrich Heine:

»Leviathan heißt der Fisch,
Welcher haust im Meeresgrunde.
Mit ihm spielet Gott der Herr
Alle Tage eine Stunde.«

Heine weiß auch, daß der Riesenfisch am Jüngsten Tag gegessen wird:

»Teils mit weißer Knoblauchbrühe,
Teils auch braun in Wein gesotten,
Mit Gewürzen und Rosinen,
Ungefähr wie Matelotten.«

Letzteres ist eine französische Matrosensuppe. Die Details hat Heine aus dem Talmud, wo auch erzählt wird, daß der arme Leviathan der eine und einzig überlebende Urdrache war.

Im Talmud wird erklärt: Es gab einen männlichen und einen weiblichen Urdrachen. Den weiblichen zerschmetterte und zerstückelte Jahwe, den männlichen behielt er zum Spielen; mit dem weiblichen zu spielen wäre für Gott unschicklich gewesen.

So richtig zum Lachen sind Gottes Taten nicht. Immerhin läßt sich vorstellen, wie Gott mit dem Walfisch spielt. Vielleicht reitet er auf ihm, und beide lachen. Und vielleicht ergibt sich daraus ein zusätzliches Argument, das Spieltier Gottes nicht auszurotten.

Wie mit einem lachenden Gottvater tut man sich auch mit einem lachenden Gottessohn schwer. »Christus hat Humor«, dekretiert der Wiener Theologe Paul M. Zulehner und begründet dies damit, daß Jesus »karnevalesk närrisch« gerade am für Spaß verbotensten Tag, dem Sabbath, sich den Spaß leistete, große Heilungstaten zu vollbringen.

Das ist ein bißchen von hinten durch die Brust ins Auge argumentiert. Andrerseits kann man sich vorstellen, daß manche absurd strengen Verbote des Heilands einen humorigen Hintergrund haben. Konfrontiert mit der relativ mühelosen Scheidungs-Praxis der Juden, verkündet er sein närrisch strenges Scheidungsverbot. Und konfrontiert mit der allgemein menschlichen Neigung zum außerehelichen Verkehr, verkündet er: Wer auch nur hinsieht, der begeht schon Ehebruch. Das kann auch ein närrischer Hinweis sein auf die Hinfälligkeit der menschlichen Natur. Kein Akt absurd strenger Moralisierung, sondern Ironisierung.

Gänzlich anderer Meinung ist der Gottes- und Teufelskenner Charles Baudelaire: Ironie, Satire, Humor, jegliches Lachen ist nicht Gottes, sondern des Teufels. In seinem Essay »Über das Wesen des Lachens« heißt es:

»Jesus Christus hat niemals gelacht. Vor den Augen des Allwissenden und Allmächtigen gibt es nichts Komisches... Das menschliche Lachen ist engstens verknüpft mit dem Sündenfall, das Komische ist eines der klarsten teuflischen Merkmale des Menschen.«

Vielleicht kann die absurde Strenge, mit der Baudelaire alles Lachen dem Teufel zuweist, wiederum nur ironisch gemeint sein: Die Verdammung jeglicher Ironie ist selber Ironie.

Sehr wohl weiß Baudelaire aber, daß Lachen, wenn es vom Teufel kommt, und weil es vom Teufel kommt, Ausdruck unserer Qual und Wut ist. »Die Verfluchten, Verdammten sind vom Schicksal mit einem Mund gezeichnet, der von einem Ohr zum andern reicht... Lachen ist das beständige Aufschäumen unseres Zorns und unserer Qual.«

In diesem Punkt sind sich die verschiedensten Größen der Literatur einig. »Zu den Dingen, die man nicht sagen darf«, sagt Mechthilde Lichnowsky, »gehört, daß die gelungene, wohlabgerundete und in ihrem Endpunkt scharf zugespitzte Satire einem *Schrei des Herzens* entspringt und nicht der Bosheit.«

Friedrich Nietzsche, außer Atheist auch ein exzellenter Theologe, gelangt zur complexio oppositorum, der Umarmung der Gegensätze, die im Lachen explodieren (»Zarathustra« III, »Die sieben Siegel«): »Im Lachen nämlich ist alles Böse beieinander, aber heilig- und losgesprochen durch seine eigene Seligkeit.«

Das Lachen enthüllt die Gemischtheit der menschlichen Natur aus Gut und Böse. »Nur der Humor weiß noch eine Antwort, wenn die letzte Frage des Lebens auftaucht« (Georges Bataille, Die Tränen des Eros).

Weil wir böse sind, lacht Gott unser (Psalm 2,4). Wir lachen zurück.

Franziskus oder Hoch die Arbeitslosigkeit

I. DIE WIRTSCHAFT WIRD MENSCHENLEER

Die neue Arbeitslosigkeit ist wirklich neu. Sie ist nicht der Gipfel einer wellenförmigen Kurve: zuvor waren es weniger Arbeitslose, und später werden es wieder weniger sein, nur *derzeit* sind es halt gar so viele. Sondern es handelt sich um *bleibende* Arbeitslosigkeit, in letzter Instanz erzeugt durch neue Technologie, die eine Wirtschaft ohne Menschen hervorbringt. Tendenz: 20% haben Arbeit, 80% haben keine.

Die Wahrheit wird verschwiegen, so gut es geht. Es geht nicht sehr gut. Wir ahnen, was auf uns zukommt.

Neben Gen- samt Klon-Technik ist die bleibende Arbeitslosigkeit die zweite große Neuheit, die uns aus allen bisherigen Sicherheiten reißt. Das neue Jahrtausend beginnt um einige Jahre verfrüht.

Wer behauptet, mit Programmen, Konferenzen, Gesetzen, Maßnahmen kann man Wesentliches unternehmen, belügt seine Mitmenschen und vielleicht auch sich selbst. Gegen die bleibende Arbeitslosigkeit ist kein Kraut gewachsen im Garten der bestehenden Ökonomie und Politik. Wie auch gegen Gene und Klone kein Kraut gewachsen ist im Garten der bestehenden Wissenschaft und Technik.

Gefragt ist nach einer neuen Ökonomie, deren oberstes Prinzip ganz ausdrücklich nicht der Profit ist, sondern das Gemeinwohl. Gefragt ist nach einer neuen Wissenschaft, von der das gleiche gilt. Und gefragt ist, drittens, nach einer neuen Politik, die willens und fähig ist, hemmungslose Wirtschaft und Wissenschaft zu zügeln.

Zu sehen ist von neuer Politik, neuer Wirtschaft, neuer Wissenschaft

gar nichts, im Gegenteil, alle drei werden immer gruseliger. Eine innere Wende ist bei ihnen auch nicht zu erwarten, sie sind verstrickt in ihre selbstmörderischen Eigeninteressen.
Von Böcken ist fairerweise nicht zu erwarten, daß sie gärtnern. Es geht um eine geistige Wende, die dem Niederbruch alles Bisherigen gewachsen ist. Ganz logisch ist dies *die* Herausforderung der Kirche (in Ein- und Mehrzahl), der Christen, der Religion(en).
Unterdessen herrscht das große Köpfekratzen. Was machen wir mit den wildgewordenen Gen- und Klon-Fritzen? Was machen wir mit einer Amok laufenden Ökonomie, die Abermillionen Menschen von ihren Arbeitsplätzen vertreibt und gar nicht daran denken kann, sie je wieder zu beschäftigen?
Wir haben eine Wirtschaft, in der es unwirtschaftlich ist, den Menschen Arbeit und Brot zu geben. Je weniger Arbeitsplätze, desto erfolgreicher die Wirtschaft. Am erfolgreichsten ist die Wirtschaft, wenn sie gar keine Arbeitsplätze mehr braucht. Wenn alle keine Arbeit haben, kann keiner was kaufen. Erfolgreich wirtschaften heißt, rechtzeitig zu denken aufhören.
Dort sind wir schon. Es geht nur noch darum, die Leute nicht kopfscheu zu machen. Sonst werden sie wütend. Siehe die Flamme des deutschen Berg- und Bauarbeiter-Aufstands in der ersten Märzhälfte 1997.
Die Flamme ist erloschen, die Beschwichtigung gelungen. Aber das Signal brannte sich tief ins kurzsichtige Auge des Brutalkapitalismus. So was kann wiederkommen.
Fernsehszenen sah man, fast wie aus Albanien, nur waren die Leute viel besser angezogen. Wohlstands-Albanien.
Tatsächlich spielt die freie Brutalwirtschaft mit uns ein Pyramidenspiel. Unser Einsatz: Wir lassen ihr freien, allerfreiesten Lauf. Ihr Gewinnversprechen: Sie putzt alle alten Arbeitsplätze weg, dann blüht neue Wirtschaft ganz unheimlich, dann gibt's unheimlich viel neue Arbeitsplätze, dann kriegen wir einen unheimlichen Wohlstand, dann brauchen wir unheimlich wenig Sozialstaat, am besten gar keinen.
Wir finden's unheimlich, aber wir glauben's, wir sind wie die Albaner. Ist das Pyramidenspiel dann schiefgegangen, kriegen wir vielleicht einen albanischen Zorn. Bis dahin bleiben wir brav.

Das ist der Megatrend. Im Detail kann es sogenannte Job-Wunder geben, bei generell fortdauernder Arbeitslosigkeit neue Arbeitsplätze mit viel Streß, wenig Geld und keiner Sicherheit. Am Megatrend ändert das nichts. Die Wirtschaft wird menschenleer.
Jeder Megatrend erzeugt seinen Gegentrend, zunächst mini. Neben und gegen den Brutalkapitalismus kann Denken und Handeln treten, das auf neue Formen von Arbeit zielt und neue Formen von Nicht-Arbeit.
Die neue Arbeitslosigkeit ist, außer einer Katastrophe, auch eine Chance. Für den gelernten Optimisten ist jede Katastrophe eine Chance. So schön war die alte Lohnarbeit ja auch wieder nicht, sondern stressig auch in ihren sozialkapitalistischen Abmilderungen.
Für die Chance, neu zu denken und neu zu handeln, ist am besten ausgerüstet nicht der siegreiche Brutalkapitalismus, nicht der an seiner welthistorischen Niederlage kauende Sozialismus – sondern das Christentum.

II. KIRCHE IM ZEITALTER BLEIBENDER ARBEITSLOSIGKEIT

Am meisten Erfahrung im Umgang mit Arbeitslosigkeit hat die Kirche. Jesus hat nie gearbeitet, nie Arbeit empfohlen, sondern ein Leben der Vögel unter dem Himmel und Lilien auf dem Felde. Wenn man das sagt, kriegt man als Antwort müdes Lächeln, oder mildes, jedenfalls keine Ernsthaftigkeit.
Macht nichts. Die Hinweise Jesu auf die Segnungen der Nicht-Arbeit sind wichtig im Zeitalter der bleibenden Arbeitslosigkeit. Die Hinweise sind polemisch und gehen in die bei Jesus übliche Richtung. Die Workoholics, Leistungsschinder, Konkurrenzschlächter, Shareholder und sonstige Magengeschwürler kriegen auf den Deckel, die Untergebutterten kriegen einen Bonus.
Die Kirche ist – oder sollte wiederum sein – Expertin in Sachen Arbeit und Nicht-Arbeit, Armut und Reichtum, Elend der Arbeit und Seligkeit der Arbeit. Positiv ist bei Jesus nur die Agitprop-Arbeit fürs Himmelreich.

Schon dauert an die zweitausend Jahre der Vorrang des Christentums vor allen sonstigen Theorien und Praktiken betreffend Arbeitslosigkeit und Armut. Es ist ein Vorrang, der heute niemandem auffällt, am wenigsten den Christen selber, außer jeweils ab und zu einigen Narren unter ihnen. Narren sind eben wichtig.
Fast alle Ordensgründer waren närrische Spezialisten für Arbeitslosigkeit und Armut. Franziskus steht an der Spitze; aber auch Benedikt, der einzige große Mönch, der Gebet und Arbeit gleichstellte, ist keine wirkliche Ausnahme. Arbeit ist für sie alle Eigenarbeit, zum Erwerb des Nötigen, Punkt.
Zwar ist das beständige Hohelied der Arbeit, wie Kapitalismus und Sozialismus es singen, verknüpft mit dem Arbeitsethos des benediktinischen Christentums, aber verknüpft mit dem Christentum ist im Abend- wie Morgenland so ziemlich alles. Und gerade darum ist die Auswahl wichtig, samt darin beschlossener Willkür. Ein neues Zeitalter braucht eine neue Theologie.
In der Kirchen-, Ketzer- und Atheistengeschichte findet sich alles. Man muß sich nur der hohen Lust des Suchens hingeben.
Franziskus also. Was der heilige Franz gründete, waren *Arbeitslosenklöster*. Auch viele ihm vorangegangene Kloster-Gründungen waren Arbeitslosenklöster. Kirche ist nicht nur spirituell; das wäre eine gnostische Abweichung. Handfest Materielles spielt heilsam mit in der Kirchengeschichte.
Die massenhafte und rapide Ausbreitung des Christentums, und innerhalb dieser allgemeinen Ausbreitung die Erfolgsgeschichte der Orden und Klöster – dafür gibt es immer auch materielle, soziale, ökonomische Hintergründe. In der Kirchengeschichtsschreibung kommen sie wenig vor. Nützlich sind hier kirchenkritische und kirchengegnerische Autoren, inklusive Marxisten (Friedrich Engels, Karl Kautsky).
In Zeiten politischer und ökonomischer Umwälzung wuchs das Christentum besonders gut. Massen von Menschen gerieten aus ihrer Lebensbahn und suchten Halt. Schon die urchristliche KOINONIA (griechisch für Kommune, Wohngemeinschaft, Lebensgemeinschaft) gab außer geistlichen auch materiellen Halt für Armgemachte und Arbeitslosgewordene. Nachzulesen in der Apostelgeschichte.

Gleiches gilt von dem frühen KOINOBION (gemeinsames Leben der Mönche). Der wunderbar anschwellende Strom von Abertausenden, ganz rasch, in die ägyptische und syrische Wüste (die keine war, sondern bebaubar, bewohnbar und von großer Naturschönheit) – es war auch der Zustrom von Entwurzelten und Gestrandeten, ausgeworfen aus der Wirtschaftskrise der Großstädte. Eine nicht nur spirituelle Erfindung: *Arbeitslosenklöster.*

Jetzt aber zu Franziskus. Der heilige Franz ging von daheim weg. Er ließ seine biologische Familie im Stich (Jesus hat das schon empfohlen) und gründete eine existentielle Familie (auch das hat Jesus empfohlen).

In der vieltausendjährigen Geschichte der Familie gab's noch nie die heutige 1-Mann-1-Frau-1-Fernseher-Familie (auch die ist nun unmodern und unnötig; Ehen werden geschlossen im Eis der stickstoffgekühlten Retorte).

Franziskus gründete eine Gemeinschaft aus vielen Lebensgefährten, die alle gemeinsam *sind* und gemeinsam *haben.* Entweder war die Familie, aus der Franziskus ging, nicht in Ordnung, oder sie war in Ordnung, und er ging trotzdem heraus. Weil es Wichtigeres gibt als die Familie.

Mit dem Übertritt aus der Familie in die Kommune wechselte der heilige Franz aus der Ökonomie der Warenwelt in die Ökonomie der wahren Welt. Die Händlerwelt seines reichen Vaters war ihm bloßer Schein, blasses Gespenst des sonnigen, schönen, guten, wahren Lebens.

OIKONOMIA heißt auf gut deutsch: gut haushalten. Sie handelt zunächst nicht vom Handel mit Waren, die der Mensch kauft und verkauft, sondern von dem, was er selber macht, weil er's selber braucht. Nur das ist ökonomisch.

Im österreichischen Titel *»Ökonomierat«*, den der Bundespräsident verleiht an verdiente Bauern (jetzt schon selten, weil die gute bäuerliche Ökonomie kaputtgeschlagen wird) – steckt noch die wahre Ökonomie. Unsere Ökonomen sind keine Ökonomieräte; sie verstehen nichts von wahrer Ökonomie und wissen daher keinen Rat.

Franziskus war ein besserer Ökonom als unsere Ökonomen. Er fing die armen Städter zusammen und ging mit ihnen aufs Land. Sie

wollten alles Lebensnotwendige selber erzeugen und dann herum- und beisammensitzen und in Gottes Gegend schauen.
Ja, schauen: Das Schauen heißt auf griechisch THEORIA. Franz war kein Theoretiker, sondern ein Praktiker der Gottesbegeisterung. Aber Theoretiker im Ursinn, das war er. Ein Schauer.
Ökonomische Theorie zwecks gschaftlhuberischer Unterwerfung der Natur, d.h. Schöpfung, unter Produktion und Konsum, Reichtum und Armut – ist lebensgefährlich und unsittlich. THEORIE als arbeitsloses Anschauen der Natur, d.h. Schöpfung, ist produktiv. Sitzen und schauen, wie schön die Schöpfung ist. Wer einem Bach ordentlich zuschaut, kommt nie auf die saublöde Idee, daß Energiegewinnung wichtiger ist. Die Energie kommt nicht aus der Steckdose, sondern aus der Seele.
Solches Schauen ist theoretische Arbeit, welcher sich unsere Kraten (Techno-, Büro-, Partito-) verweigern. Sie haben keine Arbeitsmoral. Schon früh machten kluge Leute eine winzige, witzige Einfügung in die Benediktiner-Regel »ORA ET LABORA« (»Bete *und* arbeite«). Sie schrieben: »ORA EST LABORA« (»Gebet *ist* Arbeit«).
Franz flippte aus der unproduktiven Arbeitswelt seines Vaters und wurde ein produktiver Arbeitsloser. Arbeit ist, bis hoch in die Neuzeit, gleichbedeutend mit Leid und Not. Schon in der mittelhochdeutschen Kaiserchronik heißt es: »die heiden litten arebeit / sie wurden maniglich erslagen.«
Man sieht, es ist ein Text über Christianisierung. Arbeit heißt getötet werden. Die Urbedeutung stimmt noch immer. Arbeitslosigkeit heißt auf andere Weise getötet werden. In einer Welt unter dem alten Stern von Arbeit, nichts als Arbeit, ist Arbeitslosigkeit Schande und Untergang.
Zu Zeiten des Franziskus war Krise. In einem brutalen Prozeß der Konzentration und Rationalisierung wurden Handwerker und Bauern umgebaut in Proletarier. In unserer neuesten Zeit ist es anders und doch das gleiche. Jetzt werden die Arbeiter umgebaut in Arbeitslose, Unnötige, Wert- und Selbstwertlose.
Franziskus schnappte sich die Arbeitslosen seiner Zeit und ging mit ihnen in den Wald. Er sagte ja zur Arbeitslosigkeit, nämlich zur Freiheit von fremder, sinnloser Arbeit. Das positive Gegenwort zu *Arbeit* (gleich Fremdarbeit) ist *Wirken* (gleich Eigenarbeit).

Hannah Arendt hat in ihrer historisch gesinnten Politologie den Unterschied schön herausgestellt. Es war Luther, der diesen Unterschied zwischen Arbeit und Wirken einebnete zugunsten der Arbeit ist gleich protestantische Ethik ist gleich christliche Grundlage des Kapitalismus (Max Weber).

Franz wollte mit seinen Arbeitslosen nicht arbeiten, sondern wirken, d.h. die Wirkung erzielen, daß man aus eigener Tätigkeit sich am Leben erhalten und daneben und während und hauptsächlich THEORIE betreiben kann: die schöne Schöpfung betrachten. Beten ist arbeiten. Arbeiten ist Beten.

Franziskus wollte, mitten im stürmischen Vormarsch des Frühkapitalismus in Italien, wieder einsteigen in die alte Ökonomie, die ewige Ökonomie: Lebenserhaltung und im übrigen Beschaulichkeit. Das ist der richtige, romantische, aufgeklärte, vernünftige Weg. Es gibt, heute mehr denn je, gar keinen andern.

Aus dieser franziskanischen Ökonomie wurde dennoch nichts, damals und bis auf weiteres. Aber das macht nichts. Aus der Ökonomie unserer Ökonomen wird ja auch nichts. Das ist gut sichtbar, heute mehr denn je.

Unsere Ökonomen sind Aussteiger. Sie gingen und gehen heraus, und nehmen uns zwangsweise mit, aus der jahrzehntausendalten und globusweiten Ökonomie des Notwendigen und Beschaulichen in eine Ökonomie des Plünderns und des Plunders, des blödsinnigen Reichwerdens und Armmachens. Jetzt haben wir den Scherben auf; und müssen ihn wieder loswerden.

Franziskus versuchte, die etablierte Kirche einzuspannen für seine ausgeflippten, gottgefälligen Zwecke. Sie wiederum versuchte, ihn einzuspannen für ihre, wer weiß vielleicht auch gottgefälligen Zwecke von Ruhe und Ordnung und Abbiegen revolutionärer Pointen. Wer wen – die Leninsche Frage. Es gibt eine Antwort: Die Schwächeren sind die Stärkeren. Die Armen sind die Reichen. Die Reichen sind die Armen.

Nur kann halt bei so verrückt christlichen Ansichten die gegenwärtige Wirtschaft nicht blühen. Da ist realistischer, es blüht der Mensch nicht.

Der Franz war ein Spinner.

Meinen Lieblingsbären Rasputin läßt mein Lieblingszeichner

Janosch auf der Straße liegen als Arbeitslosen. Rasputin hält ein Schild, auf dem steht: *»Armer Bär sucht keine Arbeit«*. Das ist es. Wer bitte sucht denn Arbeit? Freilich nimmt er, wenn er genug verzweifelt ist, jede Arbeit, um jeden Preis, er hat gar keine Wahl. Soweit er sich jetzt noch ziert, nicht jede Arbeit nehmen will um jeden Preis an jedem Ort, wird's ihm schon abgewöhnt werden – das heißt dann »Jobwunder«.

Aber wirklich *wollen* kann kein Mensch mit Vernunft und Gefühl Arbeit ohne Sinn und Lust. Er sucht keine Arbeit, sondern sinnvolle Tätigkeit. Hier muß eine neue Theologie der Arbeit und -slosigkeit ihren Ansatz finden.

Mir ist schon klar, in welche hämisch aufgestellten, neo- und altliberalen Messer ich laufe, wenn ich von »Arbeitslosenklöstern« daherrede. Ich kann mir auch vorstellen, wie schrecklich so manches oder fast alles Klosterleben in der Realität sein kann oder ist.

Ich glaube dennoch an die avantgardistische Rolle der Kirche in der neuen sozialen Frage. Ohne Kühnheit läuft gar nichts.

III. LUST AUF ARMUT

»Alle sollen billige Kleider tragen. Mit Gottes Segen können sie diese durch grobe Lappen verstärken. Sie sollen aber jene nicht verachten noch verurteilen, die in weichen, farbenfrohen Kleidern leben und Delikatessen lieben.«

So heißt es in der Regel, die der heilige Franziskus für seine Brüder schrieb, vor reichlich einem 3/4 Jahrtausend.

Liest man das heute, so ist eine Portion historischen Humors daruntergemischt. Was Franziskus wollte: die freiwillige Armut, damit man Zeit hat für Gott und die sonst wichtigen Dinge des Lebens – das ist heute auferlegt, mit brutalem Zwang, einer immer größeren Zahl von Menschen, die darin nicht Gottes Segen sehen, sondern viel lieber würden sie in weichen, farbenfrohen Kleidern leben und Delikatessen lieben. Und solche Leute, sagt Franziskus ausdrücklich, soll man nicht verachten noch verurteilen.

Im neuen Zeitalter der Arbeitslosigkeit, das blitzschnell folgt auf ein Zeitalter, in welchem wir in Wohlstand lebten und der Rest der Welt

in Not, was uns aber wurscht war – in diesem neuen Zeitalter bleibender Arbeitslosigkeit sind, zu einem rasch steigenden Prozentsatz, die Menschen nicht arm, sondern armgemacht.
Die neue Armut sehen sie nicht als Öffnung zum richtigen Leben, sondern als Ausschließung vom Leben im Wohlstand. Sie halten überhaupt nichts vom richtigen Leben im Geiste des heiligen Franz, sie wollen gern weiter falsch leben, aber man läßt sie nicht.
»Franziskus oder Hoch die Arbeitslosigkeit« nannte ich ein Kapitel in meinem roten Büchel »Vorwärts zum Menschen zurück« (1982). Damals pries ich die alternative, produktive, franziskanische Arbeitslosigkeit, es waren Wohlstandszeiten. Heute, in Arbeitslosenzeiten, bedeutet »Hoch die Arbeitslosigkeit« kein Lob, sondern hoch ist die Arbeitslosigkeit, und sie steigt weiter.
So macht uns die Geschichte zu ihrem Narren.
Genau vor dem Absinken des heiligen Lebensstandahds ins franziskanisch Bodenlose fürchten wir uns. Angst, Wut, Hilflosigkeit, Widerstand: Es ist ja richtig, sich zu wehren gegen das Armgemachtwerden. Beim Wehren gegen Arbeitslosigkeit, Armut, Sozialstaats-Zertrümmerung müssen die Christen dabeisein in vorderster Front. Und sie sind eh recht brav dabei. Klima oder Küberl – beides probiert kein Vergleich.
(Für deutsche Leser: Viktor Klima ist der neue österreichische Bundeskanzler, Nachfolger Vranitzkys; Franz Küberl ist der Chef der österreichischen Caritas und sozialpolitisch besonders aktiv.)
Ja, der Kampf gegen die neue Armut und Arbeitslosigkeit verdient im christlichen Pflichtenheft ein dickes Rufzeichen. Daneben mache ich ein dickes Fragezeichen. Dann nochmals ein Rufzeichen, dann nochmals ein Fragezeichen.
Was soll das? Vollbeschäftigung in fester Lohnarbeit, Wohlstand, Sozialstaat – dieses frühere Zielbild ist sicher nicht wieder herstellbar, auch nicht wünschenswert!?
Vollbeschäftigung heißt auch: ein versperrter Horizont, kein Ausblick auf ein Leben, daß nicht hauptsächlich von Arbeit bestimmt ist, sondern von Leben. Deswegen ist Franziskus so wichtig. Seine Franziskaner sind eine Arbeitslosenbewegung, aber nicht zurück zur Arbeit in Abhängigkeit, sondern vorwärts zu eigenbestimmter Arbeit als Nebensache und Leben in Gott als Hauptsache.

Lohnarbeit heißt Abhängigkeit. Es macht schon einen Unterschied, ob es Abhängigkeit ist von einer Düsseldorfer Zentrale, einer Rabenmutter, die die eingekaufte österreichische Tochter nach Belieben auch wieder umbringt –
Oder ob, und das ist dann der Riesenunterschied, die Lohnabhängigkeit beeinflußt und abgemildert werden kann durch Institutionen und Interventionen des eigenen, an den eigenen Leuten vorrangig interessierten Staates.
Übrig bleibt aber: auch solche, demokratisch abgefederte ökonomische Abhängigkeit ist ein ferner Schrei vom Leben, das wirklich Leben ist, in Würde, Liebe und also Gott.
Gewiß muß gewaltig gerauft werden um Arbeitsplätze und soziale Sicherheit – das ist schwer genug, und doch nur ein Raufen um minimale Menschlichkeit. Man muß aber drüber hinaus. Deswegen ist Franziskus als Wegweiser wichtig.
Wenn die Christen teilnehmen, ganz vorne, an diesem Kampf, streuen sie Salz und Pfeffer aus Zukunft und Utopie. Nämlich nicht bloß: Wiederherstellung halbwegs sozialer Zustände. Weit offen bleibt, wie bisher, die Frage nach Sinn und Ziel des Lebens.
Genau diese Frage muß Antwort finden, es ist die Frage aller Fragen. Alle Ismen sind tot, das Christentum lebt.
Mitten in der vollen Teilnahme der Christen im Kampf ums Minimalziel, man kann dieses auch klar benennen als: Übergang vom Brutal- zum Sozialkapitalismus – mitten drin in dieser Teilnahme am Zeitalter, auf der richtigen Seite und äußerst loyal – erweisen sich dann die Christen als *subversiv:*
Sie geben diesem Kampf um Arbeitsplätze, der im Erfolgsfall trotzdem die Sinnfrage nicht löst, die Pointe aller Pointen: Der Sinn, den ihr sucht, im Kampf und jenseits des Kampfes, ist das Ruhen in Gott.
Wohlstand ist ein würdiges Kampfziel von ähnlicher Beschränktheit wie Vollbeschäftigung und feste Lohnarbeit. Wohlstand ist materielle Güterfülle, Konsum, Freizeit, Fitness and Fun, blabla und quaqua.
Nicht daß darum nicht gekämpft werden soll, mit aller Vehemenz. Gerechtigkeit und Liebe verlangen es. Daß die Reichen immer reicher werden und die Armen immer ärmer, ist grober Unfug, der grob abgestellt werden muß.

Der wahre Wohlstand aber geht über die materielle Güterfülle hinaus und hinweg, ist das Gegenteil von ihr. Wohlstand, und zwar ein immer weniger erhältlicher, ist Lust in guter Luft, gutem Wasser und auf gutem Boden, nebst reinem Essen und Trinken. Das ist auch ein materieller Wohlstand, man verachte mir die Materie nicht (wörtlich übersetzt: Mutterstoff, Mutter, *materia est mater*). Richtiger Materialismus ist gut christlich.
Paradoxon, eines unter unseren vielen: *nicht nur* die Produktion von materiellen Gütern der falschen Art, Konsum, Freizeit, Reisen, Tourismus blabla, quaqua – *sondern auch* der Kampf um deren gerechte demokratische Verteilung und Vermehrung – *zerstört* richtigen, ökologisch-christlichen Wohlstand.
Wenn jeder endlich den falschen Wohlstand hat, hat keiner mehr den richtigen Wohlstand: das franziskanische Genügen an Natur und natürlichem Leben.
Das Wohlstandsgerede ist überhaupt Quatsch. Wir haben gar keinen Wohlstand. Wo ist mein Wohlstand, bestehend aus Natur und Leben in ihr? Er ist nicht kaufbar um noch so viel Geld, das immer mehr Leute immer weniger haben.
Subtrahiert man den Konsumplunder, bleibt als Summe von Wohlstand die franziskanische Armut.
Ja, man muß um die Arbeitsplätze kämpfen. Und unterwegs und mittendrin muß man bedenken: Arbeits-Last erschlägt Armuts-Lust.
Sozialstaat ist ein würdiges Kampfziel von ähnlicher Beschränktheit wie Vollbeschäftigung, Lohnarbeit, Wohlstand. Der bürokratische Sozialstaat, die Nächstenliebe am Amtsschalter oder mittels Postanweisung – ist ein Minimum.
Der Staat ist das kälteste aller Ungeheuer, definiert der tolle Nietzsche. Der Sozialstaat ist auch ein kaltes Ungeheuer. Die Wärme geht von Mensch zu Mensch. Der wahre Sozialstaat ist das Leben in Gemeinschaft, die keinen fallen läßt.
Der Kampf um den Sozialstaat muß dennoch geführt werden, aufs heftigste; der Brutalkapitalismus will auch das soziale Minimum loswerden, wenn's leicht geht. Also muß man's ihm schwermachen. Mitten im Kampf um das Minimum muß das Maximum auf der Tagesordnung bleiben. Der Sozialstaat ist viel besser als gar nichts.

Man darf den Abbau nicht hinnehmen. Ebenso nötig ist seine Überwindung durch eine Liebesgemeinschaft. Das Absterben des Sozialstaates ist ein christliches Ziel.
Was heißt denn *Armut*? Armut ist, was der Brutalkapitalismus unter »lean management« versteht, nur andersherum. Der Abbau von kalter Hierarchie, der Aufbau von Wärme in handfester Gemeinschaft. Die Verschlankung des Konsumplunder-Berges. Die Deregulierung des Arbeitslebens in Richtung Lebensleben. Die Abspeckung des Lebens auf das Wesentliche und der daraus sich ergebende Lebensgenuß.
Formeln bedürfen der satirischen Zersetzung. Um heute in Armut zu leben, d. h. nichts zu besitzen als das Wesentliche, nämlich Natur – um diese Armut zu haben, muß ich sehr reich sein, und krieg sie doch nicht.
Vom falschen Reichtum zur richtigen Armut ist es ein demokratischer Prozeß; die wahre »Grünbewegung«, weil Reichtum Zerstörung der Schöpfung sein kann; die wahre »Rotbewegung«, weil Schelte des Reichtums und Bevorrechtung der Armen zu jenen tiefen Wurzeln der Demokratie führen, die hinunterreichen bis ins Christentum.
Zwischen Arm und Reich besteht eine eigentümliche Vereinigung der Gegensätze. Die Armen führen, durch ihren Rückgang auf das Wesentliche, ein reiches Glücksleben. Die Reichen, durch ihre Ablenkung auf Geldscheffeln, Leistung, Konkurrenz, A & M, Acquisitions and Mergers, immer mehr und immer größer – sind arme Teufel.
Reich ist arm und arm ist reich.
Die Kirche im Laufe ihrer langen Geschichte, wozu immer auch die Ergänzung durch die Ketzer- und Atheistengeschichte gehört, hat viel Erfahrung mit Armut und Reichtum, Vorbild und Mißbrauch. Im Zeitalter der bleibenden Arbeitslosigkeit muß sie Spezialistin und Generalistin werden im Doppelprozeß Kampf gegen Armut und Armut als Chance.
Die Kirche kann weiter gelangen als Ex-Christlichsoziale und Ex-Sozialdemokraten. Die Christlichsozialen sind Unchristlichunsoziale, die Sozialdemokraten Unsozialundemokraten. Sie sind konfrontiert mit der neuen sozialen Frage in Rat- und Hilflosigkeit.

Verstummt ist das Gebetsmühlengeklapper »Allen soll es besser und immer besser gehen, und unsere Partei wird es dahin bringen«. Und keine neuen Töne sind zu hören.
Die Chance der Kirche (gemeint ist die Ekklesia, d.h. Volksversammlung Aller) ist eine doppelte: Solidarität mit den vom Brutalkapitalismus Armgemachten; und Lobpreis der Armut als bescheidenes Leben in Natur und Gott.
Sich drücken gilt nicht. Onward, Christian Soldiers!
Die Wut auf Ungerechtigkeit braucht Raum, und die Lust auf Armut erst recht.

IV. ZIVILISIERUNG DES BRUTALKAPITALS

Das kann doch bitte nicht *alles* sein. Nein, soll's ja auch nicht. *Alles* schwankt, alles wankt. Chaos-Theorie: Aus dem kreativen Chaos wachsen schöne neue Fraktale. Welch Anlaß zu Optimismus.
Neulich traf ich einen Lehrer. »Wer erzieht den Erzieher?« fragte einst Karl Marx. Die Frage ist jetzt gelöst. Der Lehrer hat nur einen provisorischen Job und zittert um diesen. Also ist er gut erzogen. Also kann er den zu Erziehenden am besten nahebringen, wie das so ist mit dem Sinn des Lebens und den Zielen, denen die Jugend nachstreben soll. Welch tiefer Sinn: Arbeitsplätze können wir euch keine geben, Ziele auch keine. Also jetzt seid schön brav.
Lehrziel: Begreift, daß wir eine gesunde Wirtschaft brauchen. Eine gesunde Wirtschaft ist eine, die euch nicht braucht. Das ist die Chance eures Lebens, ihr Jungen!
Postmoderne Pädagogik ist die Erziehung zur Arbeit in Zeiten, wo es keine mehr gibt.
Erziehung zum Konkurrenzkampf, wo die Jungen gar nicht mehr auf den Kampfplatz gelangen. Für sie ist Konkurrenz nur noch ein Computerspiel oder ein Park, wo Jugendbanden Terminator üben. Man muß also das Lehrziel wechseln. Lehrziel: Solidarität. Lehrziel: Widerstand gegen Brutalkapitalismus.
Na das schau ich mir an: Wie lange bleiben die Erzieher Erzieher, wenn dies ihr Lehrziel ist? Wie schnell sind sie draußen, oben drauf auf dem großen Haufen schon Hinausgeflogener?

Arbeitslose Lehrer, unnütze, verdächtige, sind eine Voraussetzung für Revolution, weiß ich als Liebhaber der Geschichte.
Deswegen liebe ich sie, die dicke Dame Weltgeschichte, weil sie sich ständig umwälzt. »Das Große bleibt groß nicht, und klein nicht das Kleine«, singt Bertolt Brecht. »Freilich glauben nur Dummköpfe an blutige Revolution«, schreibt Robert Musil.
Dennoch, es wird eine wilde Sache, aber gewaltfrei. Es bleibt unbestimmt, aber wird konkreter. Es wird dauern und kommt doch rapide.
Konfrontiert mit dem Brutalkapitalismus wird das Christentum zur Widerstandsbewegung. Es übernimmt, was andere nicht können. Der Kirche (Ein- und Mehrzahl) wächst radikale christlichsoziale Kompetenz zu. Wird diese nicht wahrgenommen von der ex-christlichsozialen ÖVP, muß die Kirche das Christlichsoziale eben selber besorgen.
Und nimmt die SPÖ ihre sozialdemokratische Funktion nicht wahr, so muß die Kirche eben auch noch zur Sozialdemokratie werden.
Am liebsten wäre mir altem Sozi das Recycling eines richtig schönen Sozialismus, der seine Lektion gelernt hat, also den Ismus abwirft und statt dessen christlich ist. Am zweitliebsten ist mir altem Realutopisten ein aufgeklärter Kapitalismus, der seine Lektion gelernt hat und wieder umsteigt vom Brutalfuß auf den Sozialfuß.
Unerträglich ist nur der unreformierte Brutalkapitalismus. Da stellen sich mir sämtliche Haare auf, rote, grüne und christliche.
Unvernunft »oben« erzeugt Widerstand »unten«. Widerstand »unten« erzeugt Wirkung »oben«. Das sind zwei Hauptregeln der Demokratie. Die westlichen Industriegesellschaften leben im Reichtum, erworben durch freie Wirtschaft. Ein angemessener Teil davon muß ausgegeben werden zur Ruhigstellung von Angst und Wut.
Man darf die Freiheit der freien Wirtschaft nicht den Shareholder-Value-Dummis überlassen. Freiheit zur Brutalität ist keine, sondern Terror. Wenn sich, siehe Deutschland, die angeblich Schwächeren lauthals wehren, erweisen sich rasch die angeblich Stärkeren als schwach. Ein Sozialkompromiß muß geschlossen werden, sei's auch ein hatscherter.
Wirtschaft, die nichts als Profit will, ist eine dumme Wirtschaft. OIKONOMIA, als die Lehre vom guten Haushalten, ist eine sitt-

liche Institution. Es geht jetzt sofort darum, eine halbwegs menschenfreundliche Ökonomie wieder in ihre alten Pflichten und Rechte einzusetzen.

Der Brutalkapitalismus muß Sozialkapitalismus werden, oder Europa geht nach rechts. Die europäische Einigung können wir uns dann in die Haare schmieren.

Da die traditionelle Linke, Halblinke, Nullinke in einem jämmerlichen Geisteszustand ist, fällt die dringende Aufgabe, den Brutalkapitalismus zu zivilisieren, den Christen zu.

Es wird übrigens auch ein zivilisierter Kapitalismus ganz schön verdienen.

I. UND WERDEN SEIN EIN FLEISCH

Es gibt keine Religion, die nicht eine Religion der Liebe ist – und auch keine, in der das Liebesgebot nicht immer wieder grauslich mißachtet wird.
Innerster Kern aller Liebe ist die Nächstenliebe, die tätige und nicht bloß geistig-theoretische. Auch die körperliche Liebe gehört zur Nächstenliebe, und zwar ganz und gar.
Im Christentum ist diese Meinung schwierig. Aber vielleicht kann man sich darauf einigen: Alle Religionen der Welt haben das hohe Gebot der Nächstenliebe; und alle Religionen stehen positiv auch zu Erotik und Sexualität, die einen in sehr umfassendem Sinn wie die indische Religion, andere, wie das Christentum, in sehr eingeengtem Sinn.
In der jüdischen Religion spielt das Gebot der Nächstenliebe eine ebenso zentrale Rolle wie im Christentum, und lange vor diesem: historisch gesehen, entwickelte sich ja das Christentum aus der jüdischen Religion. Die Christen waren eine jüdische Sekte.
Im Islam ist Allah der Allerbarmer, und die Muslime sollen es ihm gleichtun an Liebe. Aktuell steht vor uns eine gegenteilige Praxis, die wir als gewalttätig und terroristisch verurteilen. Aber das ist nicht der ganze Islam, in seiner langen Geschichte. Und den Gegensatz zwischen nächstenliebender Theorie und gewalttätiger Praxis, den kennen wir Christen aus unserer Geschichte und Gegenwart gleichfalls. Also spielen wir uns nicht auf.
In Indien und im Buddhismus ist die Vereinbarung von Nächstenliebe, Sinnlichkeit und Heiligkeit am besten gelungen. Man könnte

Krishna den »indischen Jesus« nennen: er ist der Gott des Mitleids und der himmlischen Liebe, aber auch Held endloser Liebesabenteuer auf Erden.

Der »Boddhisattva«, unter verschiedenen Namen und Formen, ist im späteren Buddhismus eine Figur, die gleichfalls an Jesus Christus erinnert: ein Retter und Heiler, der allen Menschen sich zuwendet und sie zur Nächstenliebe auffordert, leidenschaftlicher noch als der ursprüngliche Buddha. Im fortentwickelten Buddhismus gibt es aber auch die sehr sexuell betonte Lehre des Tantra:

Verwickelte Liebesstellungen von Mann und Frau sind hier nicht nur Quelle intensiver Körperlust. Körperliche Liebe widerspiegelt geistige Vorgänge und den ganzen Kosmos, alle Elemente der Erde und des gestirnten Himmels.

Vom Buddha des ursprünglichen Buddhismus (entstanden im 6. Jahrhundert v. Chr.), der gelassen dasitzt und die Freuden der Welt für nichtig hält, ist es ein weiter Weg bis zu den wild verschlungenen Paaren des Tantra-Buddhismus (etwa ab dem 4. Jahrhundert).

Bei Betrachtung der ganz wunderbaren, überschäumend sexuellen Plastiken und Bilder des Tantra fühlen sich Christen, Juden, Muslime gleichermaßen provoziert. Doch zugleich ist Tantra echter Buddhismus, voll der reinen Lehre von Nächstenliebe und Befreiung aus dem vergänglichen Leben hin zum ewigen Ruhen im Nirwana.

Das Nirwana ist kein bloßes Nichts, wie man im Westen gern meint, sondern das buddhistische Himmelreich der Erlösung. Durch Sexualität sind nicht nur körperliche Höhepunkte erreichbar, sondern auch religiöse: Was wir für Bettgeschichten halten, ist für den Tantra-Buddhismus die Annäherung und das Ankommen im Himmelreich.

Ach, für uns ja auch. »Das Bett ist ein Himmel-Bett, und der Himmel ist ein Bett-Himmel«, erklärte mir eine westliche Tantra-Anhängerin mit Geduld und Humor.

Ursula Krattiger, eine Schweizer evangelische Theologin und Buddhismus-Kennerin, versuchte die folgende Definition: »Keuschheit? Wenn damit der Verzicht auf Sinnlichkeit und Sexualität gemeint ist, dann bin ich nicht keusch. Will es auch nicht sein. Und doch nenne ich mich keusch. Aber als Keuschheit strebe ich an:

Reinheit und Arglosigkeit der Gesinnung, Unbestechlichkeit im Wahrnehmen, Denken und Verhalten, Unverdorbenheit im Streben, Tun und Lassen.« – Ein bißchen pompös, aber sicher nicht falsch.

In anderen großen Religionen fehlt unser krampfiger Umgang mit der körperlichen Liebe. Aber die Bibel steht der Sinnlichkeit nicht entgegen. Das Hohelied diente mir frommem Knaben als Einführung in die Pornographie, gleich auf höchstem literarischen und religiösen Niveau.

In der Bibel ist ja »alles« drin. Formen der Ehe und des Zusammenlebens von der selbstverständlichen Vielweiberei der Patriarchen bis zur absichtlichen Ehelosigkeit, die Jesus und Paulus empfehlen.

Die biblische Formel »Und sie werden sein ein Fleisch« läßt weiten. Raum für Mann und Frau.

II. FÜR EIN LUSTIGES CHRISTENTUM

Gibt es überhaupt lustige Christen? Der heilige Filippo Neri (gest. 1595) machte mit jungen Leuten fromme Umzüge in Rom, zog sich dabei verrückt an und ließ einen kleinen Hund mitlaufen. Er ist der für Kabarettisten zuständige Heilige, aber diese wissen das gar nicht und kämen auch nicht aus mit seinem bissel Humor.

Neulich forderte der Vorsitzende der österreichischen Bischofskonferenz, Bischof Johann Weber, in einer Zeitung *»mehr Humor«* in der Kirche.

Weber ist Sympathisant der »Progressiven«; schlimmer treibts der »konservative« Buhmann, Bischof von St. Pölten, Kurt Krenn. Er ließ sich mit roten Boxhandschuhen fotografieren, in Positur gegen einen Boxstar, dessen Namen ich mit Vergnügen vergessen habe.

Die karnevaleske Verlarvung der Heiligkeit, das Heilige als Faschingskostüm, schildert Adolf Holl in seinem Brevier »Die Welt zum Narren halten. Demut als Lebensprogramm« (München 1993). Vom heiligen Narren Alexios von Edessa, um 400 v. Chr., zitiert er die Kurzbiographie im römischen Martyrologium: »Tamquam egenus in domo paterna receptus hospitio, nova mundum arte deludens.« (»Wie ein Fremder empfing er Gastfreundschaft im väterlichen Haus, auf neue Weise die Welt täuschend.«)

»Die Welt zum Narren haltend«, übersetzt Holl sehr sinngetreu. Alexios, Sohn aus reichem Hause, entfloh von dort, lebte in Edessa 17 Jahre als Bettler, kehrte nach Rom zurück, lebte weiterhin als Bettler, unerkannt im Hause des Vaters. Das Küchenpersonal gab ihm Abfälle zu essen und Spülwasser zu trinken. Sterbend enthüllte er seine Identität. Er wurde heiliggesprochen.

Die Kirche ist gar nicht so. Ausdauernde Spaßvögel können es zu komischen Heiligen bringen.

In der weitläufig verwinkelten Kirchengeschichte findet sich nach längerem Suchen alles, auch das erwünschte halbe Dutzend heiliger Narren und Närrinnen. Außer vorerwähntem Adolf Holl spezialisiert sich auf diese auch Walter Nigg in seinem schön lesbaren Band »Der christliche Narr«.

Der oberste christliche Narr ist Christus selber. Der Sohn Gottes ist Gott selbst und ist verrückt. *»Er ist von Sinnen«*, urteilt sehr vernünftig seine Familie über ihn (Markus 3,21). Sein Wort »Selig sind die Armen im Geiste« (Matthäus 5,3) heißt genau genommen: Selig sind die Verrückten.

Das pfingstliche Zungenreden war nichts Feierliches, es war christlicher Fasching, eine besoffene Angelegenheit: »Sie sind voll süßen Weines«, verstehen die Jerusalemer (Apostelgeschichte 2,13).

Der Apostel Paulus ist der Unternarr unter dem Obernarren Christus. »Paulus, du bist verrückt«, urteilt der römische Stadthalter Festus (Luther: *»Paulus, du rasest«*, Apostelgeschichte 26,24).

Paulus steht zu seiner Verrücktheit und gibt sie weiter. Von seiner korinthischen Gemeinde verlangt er: »Wer von euch sich weise vorkommt in dieser Welt, der muß ein Narr werden, auf daß er weise wird. Denn die Weisheit dieser Welt ist Narrheit bei Gott« (1 Korinther 3,18f.).

Was sind Christen? Paulus: *»Wir sind Narren«* (1 Korinther 4,10). Die Beifügung »um Christi willen« macht's nicht besser, sondern ärger. Verrückt sein ist schlimm genug. Verrückt sein, weil Christus es so will, ist Gipfel der Verrücktheit.

Also ganz schön viel Humor in der Kirche. Auch das Alte Testa-

ment läßt uns nicht im Stich: König David, ein arger Gewalttäter, aber Gott ist bei ihm, zeigt uns Fröhlichkeit als Gottesdienst, er tanzt und harft und singt. Luther kommentiert, König David »ordnet fröhlich zu singen und klingen im Tempel, daß das Volk *lustig* würde zum Gebete« (Hervorhebung meine).
Luther meint überhaupt: »Wer nun übrige Zeit hat oder sonst *lustig* ist, der mag mit dem Glauben also tun« (Hervorhebung meine).
Lustigsein mit dem Glauben. Der Ethnologe Hans Peter Duerr (»Sedna«, S. 397) verweist auf das mittelalterliche *»Osterlachen«*, Ausdruck christlicher Fröhlichkeit über die Auferstehung:
»Die Priester haben die Aufgabe, am Fest der Auferstehung die Leute zum Lachen zu bringen. Aus dem Jahr 1399 ist die folgende Predigt überliefert: ›Nun, liebe Leut', muß ich mich nach der Gewohnheit richten und euch zur Lust ein Ostermärlein erzählen. Da mir aber nicht sogleich eines einfallen will, so beachtet dies: Welcher Mann Herr ist über sein Weib, der hebe jetzo beide Arme in die Höh' und schrei: Juch!‹ Da sich nichts regte, streckte der Geistliche seine Arme in die Höhe und rief Juch! Ein allgemeines Gelächter erscholl.«
Juch, ihr Christen. Duerr mutmaßt (a. a. O., 204): das ursprüngliche Osterlachen kam vom Herzeigen des weiblichen Geschlechtsteils. In einem »Ostermährlein« aus dem Ende des 17. Jahrhunderts (»Ovum pascale novum«) heißt es von einer Frau: »Sie zaigte ihnen die Feigen heraus«. Ostern ist ja ein altes Fruchtbarkeitsfest.
Außer Fruchtbarkeit bedeutet in alten Religionen das Zeigen der Vulva: Lache, denn du wirst *wiedergeboren* werden. Mein Tor der Lust ist das Tor des Lebens. Mein Tor des Lebens ist das Tor des Todes und der nachfolgenden Wiedergeburt. – So ungefähr spricht die Vulva in den diversen Mysterien-Religionen.
»Lustig«, belehrt uns, nicht überraschend, das Grimmsche Wörterbuch, sei zweideutig, erstens *»hilaris«*, »fröhlich«, zweitens *»perfundere animam voluptate«*, »die Seele erfüllen mit Wollust«.
Vom harmlosen Lustigsein zur Lust am Geschlecht ist's oft nur ein Schritt, und kein großer. Aber hat unser Christentum Probleme schon mit dem Humor, hat es noch viel größere mit dem Sex.
Die Lächerlichkeit der Christen in einer modernen Welt (nicht daß dies für sie schlecht wäre, es ist Anlaß zur Demut) – sie kommt von

ihrer sexuellen Verklemmung (nicht daß dies schon Grund genug wäre, sie abzustreiten).

In den meisten Religionen urtümlicher Art findet ein großes Gevögel statt. Im *»hieros gamos«* treiben es Herr und Frau Gott miteinander. Die galanten Abenteuer der Griechengötter mit Griechenmädchen und Griechenknaben sind in Wahrheit heilige Akte.

Gott und Göttin können sich auch vertreten lassen, wenn ihnen der Geschlechtsverkehr zu minder oder mühselig ist. Die Tempelprostitution ist ursprünglich gar keine Prostitution, sondern stellvertretender Verkehr des Gläubigen mit Göttin oder Gott. Die Bezahlung ist ein Opfer an den Tempel, eine ältere Art von Kirchensteuer.

Der Priester, der als Stellvertreter Gottes den »hieros gamos« vollzieht, ist eine beliebte Figur in vielen Religionen. Daß in bunteren Epochen der Kirchengeschichte der Papst häufig wechselnden Geschlechtsverkehr hatte, kann der Wohlwollende als »hieros gamos« des Stellvertreter Gottes deuten.

Ein Rest von »hieros gamos« steckt auch in den ständigen Zölibatsverletzungen der katholischen Priester. Meine Großmutter auf dem Land erzählte mir noch: »Der Herr Pfarrer kann sich ja gar nicht erretten, die Madeln wollen mit ihm, weil der heilige Mann, das ist g'sund für sie.«

Sinnlichkeit und Heiligkeit gehören in den allermeisten Religionen zusammen, je älter sie sind und je »primitiver«, desto mehr.

Die Ausgrenzung der Sinnlichkeit aus der Heiligkeit ruiniert beide: Die Sinnlichkeit verkommt zur bloßen Pornographie; die Heiligkeit vertrocknet zur bloßen Theologie. Wir haben ein kastriertes Christentum.

Moderne Sexualität ist deswegen so schrecklich, weil sie ihre Bindung an die Religion verloren hat. Modernes Christentum ist deswegen so schrecklich, weil es seine Bindung an die Sinnlichkeit verloren hat. Absichtlich schreibe ich »modernes« Christentum. Denn geht man weit genug zurück, so waren Christentum und Sexualität sehr wohl verknüpft, so eng wie in anderen großen Religionen. Die Verknüpfung ging über die gleich noch zu detaillierende *Gnosis*.

In der Volksreligion ist übrigens die Verknüpfung von katholischer Kirche und Sinnenlust fast bis heute intakt geblieben. Je katholischer die Gegend, desto mehr uneheliche Kinder.

III. URCHRISTLICHE SEXUALITÄT

Die Kirchengeschichte ist komplett erst mitsamt der Ketzergeschichte. Die Erz- und Urketzerei des Christentums ist die *Gnosis*, ein ungeheuerliches Bündel aus Sekten, wuchernd schon zu Anfang des Christentums. Viele Gnostiker waren arge Asketen und viele arge Sexualisten, und die meisten nannten sich Christen.

Gnostische Christen waren sehr verschieden vom Christentum im heutigen Verstand. Ein unbestimmter »guter Gott« war für sie reiner Geist, die Welt aber die Schöpfung eines »bösen Gottes«, und der Körper ein Kerker der Seele. Sie kannten zwei Wege, die böse Welt und den bösen Körper möglichst zu schädigen; gegenteilige Wege mit identischem Ziel: Abtötung durch Askese; Ausschöpfung durch umfassende sexuelle Betätigung.

Zieht man die Gnosis eng heran zum Christentum, wie dies Georg Koepgen kühn getan hat (»Die Gnosis des Christentums« 1939; das Buch kam auf den Index) – so kriegt man (freilich um den Preis der Indizierung), ein historisch fundiertes, ganz weites Christentum, in welchem dann das Zusammensein von Religion und Sexualität ebenso da ist wie das Zusammensein von Religion und Askese.

Sexualfeindliches Christentum und sexualwütige Gnosis hängen verwirrend voneinander ab und miteinander zusammen. Christen hielten die Gnosis für eine minderwertige Abspaltung (lat. Sekte) ihrer selbst; Gnostiker das Christentum für eine Variante unter vielen gnostischen Varianten.

Micha Brumlik (»Die Gnostiker«, 1992), profunder jüdischer Kenner der Gnosis, sieht das Christentum als gnostische Sekte, mit der Besonderheit, »das jüdische Erbe zu bewahren« und dadurch den Aufstieg zu schaffen zur eigenen, siegreichen Religion.

Im 1. Brief des Paulus, geschrieben aus Ephesus an die von ihm gegründete Gemeinde von Korinth, finden sich deutliche Hinweise, daß die Korinther – die Stadt war zeitgenössisch berühmt für sexuelle Freiheit – auch als Christen Wert legten auf ein reichhaltiges Sexualleben.

Einige Kirchenväter überliefern uns – mit der gleichen Mißbilligung wie Paulus – haarsträubende Details über gnostischen Sexus, der auch frühchristlicher Sexus ist.

Der Kirchenvater Irenäus, Bischof von Lyon (gest. um 200), berichtet, daß »sie« (die Gnostiker) außerehelichen Verkehr üben, um das Gebot »Du sollst nicht ehebrechen« außer Kraft zu setzen, denn dieses stammt von Jahwe, den sie für »den Bösen« halten – im Gegensatz zum verborgenen »guten Gott«, den sie mit freier Sexualität verknüpfen.

Epiphanios, Bischof von Salamis (gest. 403), berichtet, daß »sie« ihre Frauen gemeinsam haben und diese auch ihren Gästen nach dem Essen zuführen. Solchen Geschlechtsverkehr nennen sie *»Agape«* (Liebesmahl).

Die Agape gilt brav christlich als betont unerotische Liebe, im Kontrast zum Eros und gar Sexus. Die Beispiele aus der Gnosis zeigen aber: Agape steht auch für sexuelle Ausschweifung. Das Gegensatzpaar Eros und Agape bedeutet dann nicht: hie ausschweifend, hie fromm, sondern: hie weltlich ausschweifend, hie fromm ausschweifend.

Die Gnosis, richtiger: die Gnosis im Christentum – hatte einen aufdringlichen Spermakult. Der höchste, reinste Geist (der »gute Gott«) heißt häufig *»Logos spermatikos«*: Wort Gottes, Geist Gottes, verkörpert im Samen.

Für Gnostiker war der Same wichtigster Teil des Leibes; das Schmutzigste ist das Reinste, Sperma der flüssigste, geistigste Körperteil.

»Ihren Samen«, entsetzt sich Bischof Epiphanios, »halten sie gen Himmel, mit den Worten: ›Wir bringen dir diese Gabe, den Leib Christi‹.«

Dasselbe machen »sie«, gemäß Epiphanios, mit dem Monatsblut ihrer Frauen. Sperma und Blut essen sie und sagen: »Dies ist das Blut Christi.‹«

Außer abscheulich ist dies doch auch sehr interessant. Wir Christen essen Leib und Blut Christi, und zwar geheimnisvoll wirklich. Müssen wir in Panik geraten, weil die gnostische Hostie gemischt ist aus Sperma und Menstruationsblut? Ich denke an die heilige Pampe aus Brot und Wein, die der Priester mit einem Löffel in den Mund der Gläubigen spachtelt; Kommunion in beiderlei Gestalt, gemäß ehrwürdigem Ritus der Ostkirche.

Promiskuität, Gastprostitution, Coitus interruptus, Fellatio, Cunnilingus, Onanie, Homosexualität – es gibt nichts, was Kirchenväter ihren gnostischen Konkurrenten nicht vorgeworfen hätten, wohl mit ziemlich hohem Wahrheitsgehalt.

Der Rest geht auf das Konto üppiger Fantasie und ebensolchen Hasses der Kirchenväter gegen Gnostiker. Gewiß ist, daß manche gnostische Sekten sexuell sehr freizügig waren. Sie geben ein Bild, das ungefähr dem sexuell extremen Formenkreis der indischen Religion entspricht (Bhakti, Mahayana, Tantra).

Was christliche Gegner der Gnosis denunzierten als *gnostische* Ausschweifung, denunzierten heidnische Gegner des Christentums gleichlautend als *christliche* Ausschweifung (einschließlich des greulichen Embryonen-Essens). Wahr ist dran wohl: im ursprünglichen Kreis von Christentum gleich Gnosis gleich Christentum besteht ein breites Spektrum, von extremer Askese bis extrem freier Sexualität.

Besonders appetitanregend ist der Tatbestand nicht, aber befriedigend scheint mir: Man muß dem Christentum (im obigen weiten Sinn) nicht unbedingt vorwerfen, daß es *immer* schon prüde, antisexuell, körperfeindlich gewesen ist. In vermischten Zügen wird ein ganz anderes Bild sichtbar.

Man muß also den Christen, wenn man ihnen Sinnenlust und sexuelle Freiheit empfiehlt, alles in den Grenzen des Anstandes, versteht sich – nicht immer *andere* Religionen vorhalten. Das Christentum hat auch seine eigene Frühgeschichte der Lustfreundlichkeit.

Und wenn wir's aushalten, daß »die« Christen Hexen verbrannt und Indianer ausgerottet haben usw. – können wir doch auch aushalten, was die Kirchenväter uns Schreckliches melden vom freien Sexualleben der Gnosis im Christentum.

Gott sei Dank, auch das Christentum ist eine sinnliche Religion.

Quer durch die Jahrhunderte erweisen sich gnostische Varianten von Christentum als zählebig, immer wieder auftauchend und alles überdauernd. Das ist wohl ein Beweis (Gottesbeweis), daß an der Gnosis was daran ist.

Katholische Christen haben gegen Gnostiker, ihre Verwandten, wahre Ausrottungskriege geführt. Ströme unschuldigen Blutes flossen – dagegen ist das gnostische Essen von Sperma und Monatsblut ein Idyll.

Die Albigenser in Südfrankreich, um 1200 durch einen veritablen Kreuzzug ausgelöscht, waren eine besonders reine Form von Gnosis, charakteristisch auch in ihrer Spannweite von Askese bis Libertinage. Ihre »Vollkommenen« (»perfecti«) lebten enthaltsam; ihre Dichter und Sänger (»trovatores«; von ihnen kommt der Minnesang) entfalteten raffinierte Sexualpraktiken mit den Ehefrauen der Ritter, auf deren Burgen sie zu Gast lebten.
Als die Albigenser blühten, war die Provence Europas schönstes Kulturland. Als die Katholiken sie verließen, war die Provence ein rauchender Trümmerhaufen.
Am Weiterleben diversester Formen von Gnosis hat dies nichts geändert. Das reicht bis zur sexuellen Befreiung der Jahre 1968 ff. Der ärgste Irrtum der Gnosis: daß Glaube unnötig, weil sicheres Wissen erreichbar sei – lebt beherrschend weiter in ganzer Breite von platter »Scientology« bis zum feinst etablierten Allmachtswahn der Wissenschaft.

IV. HOCH DIE NEUE PRÜDERIE

Oh Gott, ich bin ein Sexmonster, ein perverses. Ich habe den unwiderstehlichen Drang, Hunde zu kraulen, Katzen zu streicheln, auch sonstigen Tieren, Pferden, Kühen, Schafen gehe ich ständig an die Wolle. Das wird ein böses Ende nehmen. Schon sind die ersten Anzeigen korrekt Entrüsteter bei den Behörden eingelangt. Ich weiß, ich ende in einer Anstalt für sexuell abnorme Rechtsbrecher.
Solange ich dort nicht bin, geb' ich keine Ruhe. Schon wieder hab' ich meinem Hund unter die Achseln gegriffen, dort wo er es besonders gern hat (erogene Zone). Schon hab' ich einer Katze die Ohren zart gewuzelt, was sie nicht so gern hat, ich aber schon (sexuelle Belästigung).
Es stimmt, der Hund hat gewedelt, die Katze geschnurrt. Das macht mein Vergehen nur noch schlimmer. Meine subjektive Tat hat meine Opfer objektiv belästigt, bzw. meine subjektive Belästigung ist besonders gut objektiv nachweisbar. Es gibt Videos. Mein Hund wird demnächst im Hörfunk auftreten, und am nächsten Tag meine Kat-

ze im Fernsehen, und immer so weiter, bis mir endlich das Handwerk gelegt ist.
Soll ich mich wehren? Wie mühselig und aussichtslos. Soll ich gleichfalls im Hörfunk auftreten, und am nächsten Tag im Fernsehen, und mein Vergehen bereuen und mich entschuldigen? Gerade wenn ich gar nichts getan habe, wird mir der Mediengerichtshof meine Reue fortschrittlich zugute halten und mein Strafmaß vielleicht verringern.
Oder soll ich eine Anti-Anti-Grapsch-Kampagne entfesseln, kühn, wenn alle anderen Männer sich feige ducken? Ja, ich will meine Mitmenschen angreifen dürfen, meine Kinder streicheln dürfen, meine Tiere abtätscheln! Nein, ich halt' lieber den Mund, ich sag' gar nichts. Aber das nützt mir auch nichts, schon hab' ich meinen Nachbarn erwischt, er stieg auf eine Leiter und schaute durch mein Badezimmerfenster, ich saß in der Badewanne mit meinem Enkelkind. Wenn er ein unanständiger Mensch ist, wird er mich anzeigen, wenn er anständig ist, wird er mich nicht anzeigen, aber erpressen.
Ja, die Schlacht ist voll entbrannt. Bei den Gerichten liegen 175 000 Anzeigen. Beim Höchstgericht 17 500 Fälle, 175 dringliche Anfragen in den Parlamenten und 17 Gesetzesanträge. Die Schadensersatzansprüche gehen in die Milliarden. Der Grapsch-Boom ist ein Jahrtausendthema.
Ich fühle mich anti-sexuell belästigt. Die Grapsch-Hysterie ist mir ein Greuel, ein doppelter und dreifacher. Erstens weil Grapschen wirklich grauslich ist. Zweitens weil die Wut, mit der die Grapscher verfolgt werden, mir verdächtig ist. Drittens weil der Widerstand gegen die siegreich vormarschierende Anti-Grapsch-Brigade mir Energie raubt, die ich lieber auf lustvollere Art verbrauchen möchte.
Aber es hilft ja nichts, bissel wehren muß man sich. Nicht indem man Wut gegen Wut setzt, Hysterie gegen Hysterie – sondern Komik gegen Komik.
Es ist wirklich komisch: Da zog der Fortschritt aus, die Sexualität zu befreien aus den Banden der altmodischen Prüderie. Und wo landet der Fortschritt? Bei der Denunziation von Sexualität, bei der neuen Prüderie.
Ich muß schon sagen, als alter Fortschrittsfreund: der Fortschritt hat sehr nachgelassen in letzter Zeit. Verdächtig ist er uns, seit er Natur

zerstört, Gottes schöne Welt vollpflastert mit unnötigen Betonmonstern aller Art, Atom-, Gen-, Klon-Schrecken verbreitet. Und jetzt auch noch das.
Es ist komisch und muß ernst genommen werden. Ich bin ja Feminist der ersten Stunde. Ich war's schon, da waren so manche FeministInnen und AntigrapscherInnen noch gar nicht auf der Welt. An mein selbstkritisches Manifest der Siebzigerjahre, »Wir Männer sind Schweine«, erinnere ich mich mit innigem Vergnügen.
Ich freue mich herzlich über die großen Erfolge der Frauenbewegung. Ich beklage, daß der Erfolg aller Erfolge noch immer nicht erreicht ist: Frauen kriegen immer noch die minderen Jobs und werden immer noch schlechter bezahlt als Männer in gleicher Position. Und ich vermute: auch wenn alle Grapscher aufgespürt und entmannt sind – an den wesentlichen Benachteiligungen von Frauen wird sich dadurch nichts geändert haben.
Ich halte den Antigrapsch-Krieg für eine groteske Ablenkung von den wesentlichen Aufgaben der Frauenbewegung.
Die neue Prüderie ist buchstäblich reaktionär. Sie will, an der Schwelle des neuen Jahrtausends, das Rad der Geschichte zurückdrehen in den Mief des vorigen Jahrhunderts.

Frauen sind immer noch, obwohl im schönen, zu begrüßenden Angriff befindlich, die Schwächeren in dieser rapid verlotternden Männergesellschaft. Mann muß (soll und will) daher für die Frauenoffensive sein, rücksichtslos und im getrost überzogenen Ausmaß; weil nur so Gerechtigkeit halbwegs herstellbar ist: indem man die Schwächeren überproportional unterstützt.
In Männerfragen sind Frauen einfach die besseren Gerechtigkeitsfanatiker. In Frauenfragen sind Männer einfach die besseren Feiglinge und Heuchler.
Wenn ich mich, unbeschadet meiner obigen Leitlinie, in Frauenfragen nicht zurechtfinde, bete ich zur Maria Muttergottes. Sie ist die verläßliche Vorkämpferin in Frauensachen und die verläßliche Trösterin in Männersachen.

Die Geschichte, »eyn spiel GOttes« (Martin Luther), »macht uns alle zu ihren Narren« (Friedrich Engels). Jetzt wird die Kirche, die gescholtene, leibesfeindliche, zum letzten Hort der Sexualität. Gegen die Fortschritte der Menschenproduktion im Laboratorium sagt sie, die finstere Reaktionärin: der Mensch muß verknüpft bleiben mit *Sexualität*, der Mensch muß sexuell entstehen.
Der Mensch ist ein Sexualwesen. Der künstliche Mensch, a-sexuell entstanden, gen-manipuliert, geklont oder sonstwie wissenschaftlich verhunzt – ist eine Gotteslästerung.
Die weltliche Gesellschaft hat mit Sex nichts mehr am Hut. Die neue Prüderie ist auf dem Siegeszug. Wer grapscht, ist fällig. Auch schon wer *angeblich* grapscht. Auch wenn sich objektiv gar nichts getan hat, der subjektive Eindruck des Opfers, daß es sexuell belästigt wurde – reicht.
Die post-post-post-moderne Gesellschaft dreht sich um 180 Grad, statt auf den Füßen steht sie jetzt kopf. Erst galt Nur-Sex, jetzt gilt Nix-Sex, statt Hurrah-Sex Pfui-Grapsch.
Vielleicht sollte man den neuen alten Antiklerikalismus, das geile Schnüffeln nach unsittlichen Akten der Kleriker, unter dem Gesichtspunkt der totalen Komik sehen. Früher jaulten miefige Kirchenleute, wenn die Weltleute liberalen Sex betrieben – jetzt jaulen prüde Liberale, wenn Kirchenleute sich sexuell danebenbenehmen. Die Welt ein Käfig voller Narren.
Kirchenreform tut not, heißt unter anderem: Hinwendung zu freien, vielfältigen Formen der Sinnlichkeit. Ja zu einer pluralistischen Sexualität. Diese Kirchenreform ist möglich, sie wird kommen, wahrscheinlich bald.
Gegenfrage: Ist eine Reform möglich unserer fortschrittlichen Gesellschaft, oder wie das heißt – eine weltliche Reform von der neuen Prüderie vorwärts zu einer tiefen Bejahung der Sinnlichkeit, die in letzter Instanz Heiligkeit ist?
Eine solche Reform der prüden Gesellschaft wird schwierig. Denn die neue Prüderie hat ernsthafte, handfeste Hintergründe. Wenn die Kinder nicht mehr im Bett gemacht werden, sondern im Laboratorium gegen Barzahlung (eine neue Form von Prostitution) – dann wird Sexualität altmodisch.
Wenn Sexualität virtuell wird, eine Sache der Medien, Video, Pay-

TV, Cyber Space und wie das alles heißt im Techno-Quacksprech – dann wird auch Zärtlichkeit von Körper zu Körper altmodisch, verdächtig und unnötig.
Nur net altmodisch sein. Hoch der Cyber-Handschuh mit den tausend Sensoren.
Prostitution ist schlimm, nicht weil sie mit Sexualität verbunden ist, im Gegenteil, das gibt ihr eine gewisse, letzte Würde. Prostitution ist schlimm, weil sie Liebe mit Geld verknüpft, das entwürdigt die Benutzer und noch mehr die Benutzten. (Prostitionelle Sexualität, *»Hurerey«*, sagt Luther, ist übrigens die einzige Form von Sexualität, die Jesus verurteilt, und dies bei gleichzeitig liebevollem Umgang mit Prostituierten).
Verglichen mit dem jahrtausendalten Institut der Prostitution, in welcher immerhin noch Menschen mit Menschen tätig werden, ist der medizinisch-technische Komplex unseres eigenen Zeitaltes Hurerei zum Quadrat.
Schlimmer ist nur noch der audiovisuelle Komplex, in welchem private und öffentliche Medien um die Krone kämpfen, wer die quotengeilere Hurerei betreibt. »Normale« Prostitution ist dagegen eine Idylle.

Während die weltliche Welt prüde wird, besteht die Kirche auf Sexualität, sei's auf ihre verquere Weise. Sie besteht auf Fortpflanzung durch Sexualität, liegt aber quer zur weltlichen Weise von Sexualität. Und interessant wird's jetzt, da diese weltliche Weise (Sex, Sex, Sex) der neuen Prüderie weicht (Nix, nix, nix).
Während die weltliche Welt, angetrieben von entfesselter Wissenschaft und noch entfesselterem Profit, Zeugung und Geburt in die stickstoffgekühlte Retorte übersiedelt, bleibt die Kirche bei der Wärme des Sexus (ihres Sexus).
Jetzt steht alles kopf. Die sextrunkene Welt, die der Kirche immer Leibfeindlichkeit vorwarf, taumelt in die Prüderie, die Kirche, die der Welt Sexwahn vorwarf, wird Gefäß des Sexus.
Es ist also nicht wahr oder wird immer weniger wahr, daß die Kirche allgemein (auf griechisch: *katholisch*) leibesfeindlich sei, sie besteht auf Sinnlichkeit des Heiligen auch und vor allem in dessen

höchsten Formen: Gott, Christus und die Gottesmutter. (Der Heilige Geist ist ein eigenes Kapitel, auch er ist sexuell, ein Zeuger à la Erzengel Gabriel, und ein Gebärer, weil er weiblich ist.)
Das Konzil von Chalcedon, 451 n. Chr., unter unendlichen Streitereien vorher, während und nachher, definierte Gott und Christus als Sexualwesen eigener Art.
»... vor den Zeiten aus dem Vater geboren der Gottheit nach... geboren aus der Jungfrau Maria, der Gottesgebärerin, der Menschheit nach... eingeborener Sohn ...«
Christus ist kein Klon. Der gebärende Vater hat logisch eine weibliche Gebärmutter. Konzil von Toledo, 675 n. Chr.: »Nec enim de nihilo ... sed de Patris utero ... genitus vel natus«, nicht aus dem Nichts (wie die Schöpfung), sondern aus des Vaters Uterus ... gezeugt oder geboren«.
Maria gebiert den Menschen Christus aus einem Geburtskanal, der auch Kanal der Sexualität ist; eben deswegen muß dessen Reinheit und Unverletztheit von den Theologen detailliert inspiziert und gesichert werden.
Es stimmt, daß Sexualität göttlicher Art verknüpft ist mit Wunder. Aber so wunderbar ist das nicht, Sexualität ist auch sonst mit Wunder verknüpft. Guter Sex ist ein Wunder, mehr denn je.
Die Laboratoriums-Frankensteine sind Arroganzler sondergleichen. Während Gott zeugt oder gebärt, schöpfen diese fatalen Götter, als wären sie selber Gott. Auf diese Überhebung wird Gott seine Antwort geben; das dicke Ende der Generei und Klonerei kommt noch.

Theologia sexualis

I. EINE SEXUELLE THEOLOGIE

»Theologia sexualitatis extramatrimonialis« wäre ein Ungetüm mit küchenlateinischen Gliedmaßen. Freilich ist bei der glatteren *»Theologia sexualis«* eigentlich nicht von Theologie der Sexualität die Rede, sondern von sexueller Theologie. Sexuell ist dann die Theologie selber, nicht ihr Gegenstand.

Die logische Ungenauigkeit ist ein emotionaler Vorteil. Im tieferen Sinn geht es ja um eine sexuelle Theologie, statt einer impotenten, eunuchischen.

Aber auch wer sich, wie der große Origenes, beschneidet um des Himmelreiches willen, übt eine besondere, radikale Form von Theologie; Sexualität; Ehe (nämlich gleich mit dem Himmel).

Für eine Theologie der Sexualität bedarf es sexueller Theologen. Für eine Theologie der Sexualität außerhalb der Ehe bedarf es außerehelicher Theologen. Beide Sorten haben wir doch.

Das Folgende ist noch recht ungenau, eine Skizze. Wie wird's genauer? Ich habe die Absicht, einen endgültigen Text auf Latein zu schreiben. Das diszipliniert.

Die hauptsächliche Ungenauigkeit will ich freilich bestehen lassen; sie liegt in der Übertreibung. »Eine gute Geschichte kann man nicht ohne Exaggeration erzählen«, sagt Goethe zu Eckermann. Ich sage »Theologia sexualis« (anklingend an Krafft-Ebbings »Psychopatia sexualis«), meine aber, milder und breiter, eine *Theologie der Liebe*, eine altmodische, wichtige Sache, zu der jedoch, um sie wirklich zu haben, eine angemessene Theologie der Sexualität fehlt, inklusive Theologie der außerehelichen Sexualität, außerehelichen Liebe.

Zu einer kompletten Theologie der Sexualität gehört ferner eine Theologie der Nichtsexualität. Nicht-Sexualität ist eine Extremform von Sexualität. Askese ist sexueller als Sexualität. Zölibat macht schärfer als normale Sexualität.

Nicht-Sexualität ist der innerste Kern von Liebe. Die Liebe übertrifft jede Form von Sexualität, saugt sie auf und macht daraus das Wesen der Liebe.

In der absteigenden Stufenleiter Liebe, Sinnlichkeit, Sexualität, Sex ist unser Zeitalter angelangt auf der alleruntersten Sprosse: nicht einmal mehr beim Sex, sondern beim Nix.

II. KOMMT ZEIT, KOMMT THEOLOGIE

Mariazell, Weihnacht 1996. Im düstern Mutterschoß der riesigen Basilika glitzert heimatlich der kleine Altar der Gnadenmutter, golden und silbern. Hier kommt mir der Gedanke: Jetzt braucht es eine Theologie der Sexualität, eine selber sexuelle Theologie. Sinnlichkeit ist Heiligkeit. Schönheit ist Wahrheit.

Das war immer so: kommt eine neue Epoche der Geschichte, kommt eine neue Theologie. Meist mit Verspätung, aber sie kommt. Die Kirche ist sehr unveränderlich, und zwar immer genau so lange, bis sie sich sehr verändert.

Anpassung der Kirche an die Zeit ist nötig *und* möglich. Weil sie sich in allen Hauptsachen *nicht* anpassen kann dem Zeitgeist (non confirmari huius saeculi), ebendrum kann und soll sie sich in allen wichtigen Nebensachen anpassen. (Sexualität ist eine wichtige Nebensache, verglichen mit dem Himmelreich.)

Schlußendlich ist dann Kirche, wie immer verspätet, im Einklang mit der Geschichte Gottes. Die Pforten der Hölle werden sie nicht überwältigen – und zwar, weil sie sich anpaßt.

Geschichte ist ja nicht des Teufels, sondern Gottes.

Beim gehörigen Nichtanpassen ans Zeitalter gerät der Christ in eine prickelnde Rivalität mit dem Zeitalter selbst. Er ist von Gott, und das Zeitalter ist von Gott. Wer wen?

Sollen wir uns, weil wir von Gott sind, dem Zeitalter, das von Gott ist, *nicht* anpassen? Da hilft nur der gesunde Menschenverstand.

Kommt Zeit kommt Rat kommt Theologie. Als das Revolutionsjahr 1968 auf dem Höhepunkt war, gab es in Berlin alles, also auch eine Kommune, in der nicht nur Frauen und Priester zusammenlebten, sondern sogar Katholiken und Protestanten. Damals fragte ich einen jungen Kommunarden, Katholiken und Priester, wie er das zusammenkriegt. Er sagte sehr weise:
»Geht die Sache schief, werden wir verdammt. Wird es ein Erfolg, werden die Theologen die dazugehörige Theologie schon machen.«
In dem Augenblick, wo mir der Gedanke von der »Theologia sexualis« kam, vereinigten sich im Weltdorf Hunderttausende Menschen in leiblicher Liebe. Und die allermeisten vereinigten sich außerehelich; außerhalb einer gültigen katholischen Ehe; überhaupt außerhalb jeglicher formellen Ehe. Diese Hunderttausende Körper und Seelen, alle beisammen in einem Augenblick, das war sehr sinnlich und heilig, schön und wahr.
Wenn Realität und Theologie zusammenstoßen, ist es immer die Theologie, die elastisch wird. Das ist ihr erlaubt. Das ist ihre Pflicht. Eine faszinierende Pflicht.
Eine Theologie der Sexualität ist heute fast identisch mit einer Theologie der Sexualität außerhalb der Ehe. Sehr wahrscheinlich war das schon immer so. Jetzt ist es ganz offenkundig so. In den großen Städten der westlichen Welt leben schon hauptsächlich Singles. Immer wenn sie sich leiblich vereinigen, vereinigen sie sich in Sünde. Das ist theologischer Schwachsinn.
Wenn so viele Menschen, Kinder Gottes, etwas tun, was die Kirche verdammt, gibt es zwei Möglichkeiten: Die Kirche hat trotzdem recht. Oder die Menschen haben trotzdem recht. Über die zweite Möglichkeit müssen Theologen mit besonderer Freude nachdenken.
Es könnte sein, daß nicht das Volk blöd ist, sondern die Theologie. Ich habe in Mariazell viel gebetet und viel gebumst. Ich hasse dieses Wort, aber ich will mich deutlich machen auch auf starkneudeutsch. Jesus Christus ist für alle Menschen da außer für die außerehelich Bumsenden, zu diesen hat er ein gestörtes Verhältnis, und sie zu ihm: Eine solche Theologie ist ein Skandal.
Der Skandal ist uralte Technologie. Griechisch *»skandalon«* ist jenes Stück Holz, das in der Falle so angeordnet ist, daß sie zu-

schnappt, wenn die am Köder schnuppernde Schnauze daran stößt und dieses Fallholz aus seiner Lage bringt.
Immer wenn wer an Christus schnuppert, schnappt die theologische Falle zu: ein Ansporn für eine neue Theologie, die nicht zuschnappt, sondern einlädt.
Theologie steht immer unter dem Vorbehalt von Schuld und Irrtum. Eine andere Theologie als eine möglicherweise schuldhafte und irrtümliche kann es ja nicht geben.
Theologen sind Sünder. Laientheologen erst recht. Oder vielleicht umgekehrt.

III. OHNE WELT-ENDE KEIN SEX-ENDE

Theologie, daß sündigt, wer *außerehelich* verkehrt, hat eine lange kirchliche Tradition und ist insofern bedenkenswert. Aber ihre biblischen Stützen sind schwach. Noch schwächer sind die Stützen der zusätzlichen Theologie, daß auch *innerehelich* sündigt, wer Befruchtung hintanhält, desgleichen wer bei der Lust Lust empfindet. Nicht sündig ist nur, wer in gültiger christkatholischer Ehe lebt, ständig Kinder kriegt und keine Lust hat: der weitaus überwiegende Teil der Menschheit ist also sündig.
Was ja nun wiederum stimmt, aber Christus ist den Menschen aus wichtigerem Grund erschienen als zur Legitimierung solcher theologischen Krämpfe.
Theologie soll nicht Krampf sein, sondern Angebot zur Befreiung. *Libera nos a malo*. Jesus Christus interessiert sich nach dem Zeugnis der Bibel wenig für Geschlechtsverkehr, ob innerhalb oder außerhalb der Ehe. Noch weniger erwärmt er sich für bürgerliche Ehe oder Familie. Sünde als sexuelle Sünde ist eine Obsession der *Theologen*.
Mit Ehe und Familie im kämpferischen Sinn der Kirchen-»Konservativen« – tut sich der Bibelleser schwer. Das Alte Testament kennt die Vielweiberei, die Ehe zu dritt (Abraham, Sarah, Hagar), die Scheidungs-Erlaubnis. Und im Neuen Testament singen Jesus und Paulus nicht das Lob der Ehe, sondern der Ehelosigkeit.
Jesus sagt auch noch: Im Himmelreich – wo's doch gewiß am schön-

sten ist – gibt es keine Ehe, sondern allgemeine Scheidung (Matthäus 22,30).
Zur Zeit Jesu meinten seine Anhänger und er selbst: Das Himmelreich ist nahe, somit das Weltende. Da ist nun wirklich die *Unauflöslichkeit* der Ehe keine Härte, im Gegenteil, zugleich mit dem Himmelreich kommt ja die Auflösung aller Ehen.
Jetzt, da das Himmelreich warten läßt und die Ärzte uns immer länger leben lassen – jetzt schreit die Qual der unauflöslichen und unheilbaren Ehen vieltausendfach zum Himmel.
Nicht die Theologie bestimmt die Realität, sondern die Realität bestimmt die Theologie. Die Theologen haben schon bisher allerhand biblische Schlupflöcher zur Auflösung der Ehe benutzt und sorglich geweitet (Privilegium Paulinum et Petrinum). Jetzt müssen sie sich Kühneres einfallen lassen.
Die Ehe ist weltweites Ereignis, quer durch Zeiten und Zonen, nie platt weltlich, immer religiös in Tiefe und Höhe reichend. Ebendrum läßt sie sich nicht ins Prokustesbett des kanonischen Rechtes pressen; auch nicht in eine exklusiv christliche oder christkatholische Dogmatik; auch nicht in einen strittigen oder unstrittigen Gebrauch von Jesusworten.
Ehe ist so heilig und göttlich, daß sie Kleid und Abbild von Religion überhaupt sein kann. Germanisch »ê« ist, erläutert Friedrich Heiler, »unser leider vergessenes Wort für Religion«. Ebendrum sprengt die Ehe das Kettenhemd aus kirchlichen und weltlichen Paragraphen, in das sie sadomasochistisch eingeklemmt wird.
Ehe ist das ewig gewollte Versprechen von Liebe, Treue, Beisammensein: *»sacramentum«*, *»mysterion«*. Wer sie enger faßt, verletzt das Sakrament.
Das lateinische *»sacramentum«*, »Versprechen«, steht in der Vulgata als Übersetzung des großzügigeren *»mysterion«*, »Geheimnis«. Eigentlich eine Fehlübersetzung, denn Geheimnis reicht weit hinaus über Versprechen und läßt viel mehr Spielraum.
Die Ehe ist geheimnisvoll.
Die Lobpreisung des Sakramentes der Ehe, wie sie »die« Theologen drauf haben, ruht paradox auf der kühlen Distanz, die Christus zeigt gegenüber der real vorgefundenen Ehe, verknüpft mit dem Seufzer des Paulus: wenn ihr's nicht anders aushält, na schön, dann

heiratet. Grad daß er nicht hinzufügt: Und dann schaut, ob ihr die Ehe aushält.
Christus wie Paulus reden von der Ehe wenig, und mit auffälliger Kälte. Sie reden vom Verbot des außerehelichen Geschlechtsverkehrs der Eheleute (*»Hurerey«* übersetzt Luther, Matthäus 19,9). Gar nicht reden sie von einem Verbot des *normalen* außerehelichen Verkehrs, aller Zeiten und aller Orten. Er ist unhurisch, unkäuflich, gar nicht unzüchtig, zwischen gar nicht Verheirateten, gar nicht heiraten Wollenden. Daß auch diese verbreitetste Form von Liebe verboten sei, ist ein Konstrukt sexbesessener Theologen.
In Wahrheit steht hier ein Freiheitsraum offen, den eine neue Theologie der Sexualität füllen soll, klug und kühn.
Christus zitiert das Alte Testament: Gott schuf die Menschen als Mann und Frau, segnete das Paar, gebot ihre Fortpflanzung. Aber eine christkatholische Ehe, komplett nach Corpus Juris Canonici § 1030, war das noch nicht.
Von der wundervollen Formel für *alle* Liebe »Und werden sein ein Fleisch« (1. Buch Mose 2,24) ist's weit bis zur totalen Einehe und totalem Scheidungsverbot.
Was im Alten Testament sich sonst noch tut, gehorcht nicht dem Regelwerk der Monogamie und Unauflöslichkeit, sondern im Gegenteil. Wenn Christus diese Regeln hinzufügt, dann nicht mit der innigen Empfehlung zu heiraten, sondern mit abschreckender Strenge.
Sogleich folgt sein Hinweis, daß manche Männer sich sogar entmannen – lieber als daß sie heiraten? Der angegebene Grund lautet »um des Himmelreiches willen« und war triftig: Wenn das Himmelreich nah herangekommen ist, der jüngste Tag um die nächste Ecke – in so interessanten Zeiten war geregelter Geschlechtsverkehr herzlich unwesentlich.
Schopenhauer behauptet, nach dem Weltuntergang werde Musik sein. Ich finde das sehr schön. Die Himmelsmusik nach Weltuntergang kann nicht Familienmusik sein, im Himmelreich herrscht ja allgemeine Ehescheidung (Matthäus 22,30). Es müssen außereheliche Liebeslieder sein.
Doch kaum stellte sich nach Jesu Tod heraus, daß der Weltuntergang warten läßt, war alles anders. Ohne Naherwartung brauchten

die Christen eine Theologie der Sexualität, und hatten keine – eigentlich bis heute.
Sexualität ist, was eine fortdauernde Welt in Fortdauer hält. Ohne Welt-Ende kein Sex-Ende. Anleihen wurden nötig bei den Kollegen Theologen von heidnischen und häretischen Fakultäten. Das bei den Ur-Christen aktuell begründete Desinteresse an Sexualität vertiefte sich durch die grundsätzliche Leibfeindlichkeit der gemischt heidnisch-häretischen Gnosis, die das Christentum tief durchdrang. Zwar nicht die Gnosis siegte, aber die gnostische Theologie der Anti-Sexualität. Den Gnostikern war die Welt eine böse Sache, die Sexualität also erst recht. Den Christen war die Welt Gottes gute Schöpfung, aber die Sexualität böse, gerade in ihren häufigsten Spielarten.
Eine endlose Geschichte der Verbiegungen und Verkrampfungen begann und läuft bis heute. Statt dessen eine positive Theologie der Sexualität – gerade in ihren häufigsten Spielarten – welch schöne Reform, Reformation, Revolution.

IV. LIEBE STATT FRUCHTBARKEIT

Nacktes Heidentum ist der heilige Zusammenhang von Sexualität und Fruchtbarkeit. Dem Alten Testament ist er nicht fremd (»Seid fruchtbar und mehret euch«), der Theologie ist er teuer. Der Tanz ums Goldene Kalb ist Fruchtbarkeitskult, den aber schon das Alte Testament denunziert. Die Theologen tanzen um das Goldene Kalb, sie treiben Fruchtbarkeitskult.
Heidentum ist Fruchtbarkeitskult, Christentum ist genau dies nicht. Im Neuen Testament steht nichts von Vermehrung. Jesus zitiert aus dem Alten Testament (Genesis 1,27) die Schöpfung des Menschen als Mann und Frau, den Segen Gottes über das Paar, doch auffälligerweise das Vermehrungsgebot nicht.
Statt »Seid fruchtbar und mehret euch«, wie die unfruchtbaren Theologen zitieren aus dem Alten Testament, sagt Jesus im Neuen, es klingt wie Voraussicht, daß die Erde durch Vermehrung kaputtgehen wird: »Denn siehe es kommen Tage, wo man sagen wird: Selig sind die Unfruchtbaren... Dann wird man zu den Bergen sagen: Fallt über uns her! Und zu den Hügeln: Bedeckt uns« (Lukas 23,27).

Jesu Thema ist die allgemeine Liebe, Thema der Theologen ist das allgemeine Liebesverbot, außer wenn Kinder gemacht werden.
Jesus prophezeit den Einsturz dieser Welt und zitiert vor diesem Hintergrund: *»Selig sind die Unfruchtbaren.«* Der erste, der das Jesus-Wort ausprobierte, war Onan. Er wollte (unter speziellen Umständen) keine Nachkommen, und es bekam ihm übel.
Die Onanie des Onan war ja gar keine; er ging aus seiner Frau Thamar heraus vor dem Spritzen. Seltsam, daß genau dies der Ritus ist im harten Pornofilm.
Der Gott des Alten Testaments ist nicht aufgeklärt, er tötet den Onan. Verhütung wird mit dem Tod bestraft, auch Verhütung auf so naturbelassene Weise. Im Neuen Testament findet sich kein solches Liebesverbot. Jetzt ist derselbe Gott ein anderer.
Im übrigen waren die Heiden vernünftige Leute, wenn sie meinten: Alles, was Fruchtbarkeit fördert, ist fromm. Die Welt ruhte auf möglichst vielen Kindern. Auch im Christentum war die Gleichung Sexualität ist Fruchtbarkeit (in der Ehe) zwar nicht christlich, aber vernünftig.
Jetzt steht aber die Vernunft kopf. *Jetzt* ist der uralte Zusammenhang von Sexualität und Fruchtbarkeit Unvernunft. Im Weltdorf gibt's nicht zu wenig Kinder, sondern zu viel.
Jetzt sollte es den Theologen herzlich leicht fallen, den heidnisch vernünftigen Zusammenhang von Sexualität und Fruchtbarkeit preiszugeben zugunsten der allgemeinen christlichen Liebe, geistig, seelisch, leiblich.
Daß die Kirche solange festhielt an der Identität von Sexualität und Vermehrung, hatte seinen guten Grund. Daß sie diese Identität nun fallenlassen soll, hat noch besseren Grund. Not tut eine Theologie der Abkoppelung von Sexualität und Kinderkriegen.
Vorbei ist jene längste Zeit der menschlichen Geschichte, da die Menschen gar nicht genug Kinder kriegen konnten. Kinder zum Arbeiten, Kinder zum Kriegführen, Kinder zur Altersversorgung, Kinder zum Fortleben seiner selbst, der Familie, des Stammes, der Nation, der Menschheit.
Jetzt gilt von alledem das Gegenteil. Zuviel Menschen, weil die Arbeit ohnehin die Technologie besorgt. Zuviel Menschen, weil Kanonenfutter altmodisch ist; der Techno-Krieg kommt mit wenig Men-

schen aus. Zuviel Menschen, weil die Medizin sie so verdammt lang leben läßt.
Dank Fortschritt ersäuft der Globus in zuviel Menschen.
Ausrottung der Menschheit droht nicht durch zuwenig Kinder, sondern durch zuviel menschenproduziertes Gift.
Kinder zwecks Fortleben seiner selbst, der Familie, gar der Nation – das sind ohnehin nur Irrationalitäten, ausgesetzt dem postmodernen Brauenrunzeln.
Weniger Kinder: das geschieht ohnehin schon im gerühmten Westen, bald auf dem verwestlichten Globus überhaupt. Notfalls gibt's Nachhilfe durch modernste Krankheiten; unbeschädigt durch modernste Medizin, könnten sie Abermillionen vom überfüllten Globus putzen.
Prognose ist ein feineres Wort für Irrtum. – Eines scheint klar: Sexualität hat ihre Rolle ausgespielt als Kinder-Bringerin. Kinder machen nicht mehr die Menschen, sondern die Wissenschaftler.
Die Wissenschaft kann alles. Sie macht Kinder, und sie macht keine Kinder. In beiden Fortschrittsformen werden Kinder in den Kübel geschmissen. Die klassische Abtreibung ist eine Idylle gegen die massenhafte im Laboratorium.
Menschen entstehen unmenschlich. Sexualität, erlöst vom Zwecke der Vermehrung, kann sich befreit vermehren und verallgemeinern. In Ausübung freier Lust muß man halt vergessen, was in den Laboratorien an Greueln passiert.
Sexualität, ihres uralten Vermehrungsweckes beraubt, ist am Kreuzweg: Fortschritt zur zweckfreien Lust; oder Fortschritt zum Absterben wegen Funktionslosigkeit.
Zum Verkümmern und Verkommen der Sexualität aus dem Grunde ihrer Zwecklosigkeit gehört als ideologische Begleitmusik die neue Prüderie. Grapscher werden strafrechtlich verfolgt, Begrapschte gerichtlich belohnt. Es rollen die Millionen, eine neue Anwalts-Zunft blüht.
Die künftigen Theologen der Sexualität sind nicht zu beneiden. Wie ist da durchzufinden aus der Düsternis zum Licht? Theologie ist immer auch Aufklärung der Aufgeklärten, daß es ohne Gott nicht geht. Bei allen schönen Chancen der Erlösung vom Kinderkriegen: Sinnlichkeit ohne Heiligkeit ist der Weg vom Sex zum Nix.

I. ALLES IST SEX, NICHTS IST NUR SEX

Alles ist Sex. Das harmlose Gespräch, das hochgeistige Gespräch, alles alles ist getönt von sexueller Anziehung oder Abstoßung, angetrieben von unbestimmter Erwartung, gebremst von unbestimmter Antipathie. Das gilt für Hetero und, womöglich mehr noch, für Homo.
Nichts ist nur Sex. Noch der eindeutige Sexualakt ist zweideutig, hat auf seine Weise Geist und Seele. Bloße Zärtlichkeit ist nicht weniger als Sex, sondern mehr. Sexualität wird angetrieben von Sehnsucht, die das Rein-Raus-Spiel transzendiert, Überschreitung will aus dem Hier ins Anderswo.
Kommunikation will immer auch *transsexuelle Lust:* Wunsch nach Explosion, die das einsame Ich einschmilzt und direkt hinaufkatapultiert ins Himmelreich.
Wenn und wo immer Mensch auf Mensch trifft, reicht die Begegnung ins Sexuelle und gleich drüber hinaus. Der Pansexualismus ist ein Transsexualismus. Der Orgasmus aller Orgasmen ist geistig.

Die allerlängste Zeit der menschlichen Geschichte war Sexualität das supreme Mittel zum Überleben, wie bei allen anderen Tieren und Pflanzen. Sexualität und Fruchtbarkeit waren identisch. Der diesen biologischen Zusammenhang zerriß, war Jesus Christus.
Christus hat die Menschenproduktion durch Mediziner statt durch Menschen nicht erst abgewartet. Er war es, der längst schon vorher

die Liebe abtrennte von der Fortpflanzung. Den Riß kann kein Papst heilen.

Fruchtbarkeit, Fortpflanzung, Vermehrung interessieren Jesus nicht. Sein Generalthema ist die Liebe. Er trifft keine tüfteligen Unterscheidungen: zwischen gebotener geistiger und verbotener leiblicher Liebe; erlaubter leiblicher Liebe zwecks Fortpflanzung und verbotener leiblicher Liebe ohne Fortpflanzung – das sind eher Themen für den Papst als für Christus.

Sein Satz ist nicht »Seid fruchtbar und mehret euch und erfüllet die Erde und machet sie euch untertan«. *Sondern einfach Liebe.* Vermehrung; Menschen-Überzug über die ganze Erde; Herrschaft über die Erde – sind ihm keiner gesonderten Erwähnung wert.

Christ-lich geht es nicht um Sex zwecks Fortpflanzung. Christ-lich geht es um Liebe, die gar keinen Zweck hat, keine niedrige oder hohe Nützlichkeit. Sondern *zwecklos* ist, nutzlos, unvernünftig, wie Liebe eben ist.

Nicht: Wenn ihr euch liebt, zeugt und empfängt, so ist dieses an sich schmutzige Tun zulässig, wenn und weil es das Fortleben der Menschen auf Erden sichert. *Sondern:* Wenn ihr euch liebt, ist das Himmelreich euer.

Erhebt euch über die biologischen Zwecke und fliegt direkt in den Himmel. Wer das noch nicht erlebt hat, hat noch nicht geliebt.

Liebe ist Liebe ist Liebe: das ist die ganz aktuelle Gleichung Christi. Höchst altmodisch hingegen »die« Kirche. Sie beharrt auf der uralten Formel: Sexualität ist Fortpflanzung, *muß* Fortpflanzung sein, darf nichts von ihr Abgelöstes sein.

Aber die Ablösung der Liebe von der Fortpflanzung hat Christus vollzogen. Die Kirche tut, als sei ihr das nicht weiter auffällig.

Die Befreiung der Liebe von ihrer Bindung an die Biologie ist urchristlich. Die rasende Entwicklung von Wissenschaft und Technik (eine Folge der christlichen Freiheits-Botschaft) hat jetzt die Befreiung der Liebe durch Christus ergänzt, vervollständigt und versaut durch die praktisch-medizinische Befreiung des Menschen von der Fortpflanzung.

Die Liebe ist Sache der Liebenden, das Kinderkriegen Sache des Laboratoriums, wo weißgekleidete Priester ihren Hokuspokus treiben mit Samen, Eiern, Genen, Klonen.

Scheußliche Flecken zeigen sich auf der unbefleckten Liebe.
Die Liebe der Liebenden wird nicht unangetastet bleiben von der Gemeinheit, den Liebesakt zu übersiedeln aus dem Bett ins Labor.
Die Eiseskälte der weißen Kittel, die am heiligen Leben herummanipulieren, wird ausstrahlen in die Liebesglut. Es ist durchaus kein Zufall, daß der Liebesakt Glut erfordert, wenn er gelingen soll, und der Laboratoriumsakt Tiefsttemperatur, wenn er gelingen soll.
Gegen Nicht-Liebe gibt's nur ein Gegenmittel: Liebe. Sogar die Gener und Kloner müssen wir lieben, zum Teufel hinein. Ja, sie werden in der Hölle braten. Ja, desto mehr müssen wir sie lieben. Verflixt.

II. DEINE BRÜSTE

Zwischen körperlicher Liebe und geistiger ist kein Unterschied, wenn beide stark genug sind. Leibes- und Geistesliebe umarmen einander (complexio oppositorum). Die Unterscheidungen der Theologen sind nicht die der Bibel. Die Theologen sind ängstlich, die Bibel ist kühn:
Das Hohelied ist das schönste Liebeslied aller Zeiten. Mir diente es wie vielen frommen Knaben zur Einführung in die Pornographie, gleich auf höchstem literarischen und sittlichen Niveau.
»Deine Liebe ist lieblicher als Wein.« Gar nicht wahr. *»Deine Brüste sind lieblicher als Wein«*, steht geschrieben *(ubera, mastoi)*. Der ehrliche Luther hat so übersetzt, bis 1545 ließen die Protestanten das Wort stahn, dann wurde es herausgereinigt.
Wein war den Christen immer schon heilig. *Deine Brüste* aber sind heiliger als Wein. Deutlicher kann der Hinweis nicht ausfallen.
Katholischen Übersetzern waren in so sinnlichem Text nicht nur »Brüste«, sondern auch »Liebe« zu verdächtig, sie verniedlichten »Liebe« zu »Liebkosungen« (Jerusalemer Bibel 1968).
Bei aller Deutlichkeit der hier gefeierten und konkret stattfindenden Leibesliebe haben Kirchenväter die handgreifliche Frau-Mann-Liebe des Hohenliedes unbeirrt interpretiert als Geistesliebe zwischen Mensch und Christus. Das ist völlig in Ordnung: das stärkste, aufregendste Bild für die Göttlichkeit der Liebe ist die offene, geoffenbarte Sexualität.

Das drastisch sexuelle Hohelied als Gotteslied: Der Kirche ist also die Gleichung Sinnlichkeit ist Heiligkeit nicht fremd.
Anders als sexbesessene Sexologen dies analysieren, ist die kirchliche Interpretation des Hohenliedes als heiliges Lied keine verklemmte Um- und Fehlinterpretation, sondern die *genau* richtige.
Die Atheisten müssen viel lernen, und die Kirche auch. *Religion ist nicht verdrängte Sexualität. Sexualität ist verdrängte Religion.*
Nicht: Wer sinnlich ist, kann nicht heilig sein. Sondern: wer heilig ist, kann und darf und soll sinnlich sein.
Gott ist die Liebe, der eine Gott die eine Liebe, und ist kein anderer Gott und keine andere Liebe. Jesus bezeichnet mit denselben Worten *(lieben, diligere, agapein)* die Liebe zu Gott, die sozial saubere Nächstenliebe und die sündige Viel-Liebe einer Prostituierten. Als feine Leute sich daran stoßen, sagt er von dieser: »Ihr sind viele Sünden vergeben, denn sie hat viel geliebt; welchem aber wenig vergeben wird, der hat wenig geliebt.«
Über dem Eingang einer Magdalenen-Kirche in Saturnia, Toskana, las ich die Verdeutlichung: »Wer wenig geliebt hat, dem wird auch wenig vergeben« *(Qui minus diligit, minus dimittitur).*
Was Liebe alles umfaßt, sagt Jesus Christus ganz ausdrücklich: »Unser Gott ist ein einiger Gott, und du sollst Gott lieben von ganzem Herzen, von ganzer Seele, von ganzem Gemüthe und von allen deinen Kräften« (Luther-Bibel).
Gott ist Liebe, und zwar Herzensliebe und Seelenliebe, Gemütsliebe und Kraftliebe. Marx ist dem prüde eingeschränkten Liebes-Begriff zeitgenössischer Kirchenchristen aufgesessen, als er verspottete, was er »gemüthsschwülen Liebestau« nannte. Nicht nur Gemüt, und nicht nur schwül, sondern beides und alles.
Jedes Herumdefinieren, Einschränken, Ausgrenzen ruiniert die *ganze* Liebe. (Daß ich für die Freiheit der Liebe bin, ist ganz und gar nicht objektiv, sondern biographisch gefärbt. Erst wurde ich katholisch, dann kam das 68er Jahr der sexuellen Befreiung. De te fabula narratur.)
Rudi Dutschke ging's ähnlich: »Ich las und lese die Bibel mit Aufregung« steht in seiner Biographie »Die Revolte«. Dutschke war ein gläubiger Christ *und* für die sexuelle Befreiung. Letzteres mit weniger Überzeugung, er kam aus der spießigen DDR. Während der

Revolution war er eine Zeitlang für die sexuelle Askese des Revolutionärs. Dann wurde er monogam. (Ich auch.)

III. ALLE LIEBE IST AUSSEREHELICH

Sexualität ist, ordentlich betrieben, ihrem Wesen nach anarchisch, anti-Establishment. Immer wenn sie stattfindet, in der ihr gemäßen Kraft, findet sie außer und über allem statt, also auch außer und über der Ehe, egal ob sie ehelich stattfindet oder außerehelich. Sie sprengt alle Institutionen, also auch die Ehe; Sexualität in der Ehe ist außerehelich.

Die angstvolle Scheidung hie Sexualität, hie Liebe anerkenne ich nicht. Alle Sexualität, ordentlich betrieben, ist Liebe. Alle Liebe, auch nicht-sexuelle, ist gesetzlos wie Sexualität. Liebe ist immer Ehebruch, ob ehelich oder außerehelich: Liebe ist das Ur-Ereignis der menschlichen Begegnung, vergleichbar mit nein, identisch der Begegnung mit Gott.

Noch in ihrer verkommensten Form hat die Liebe strahlenden Abglanz von Gott. Drum lacht sie jeder Form und Formalität. Gemessen an der Gleichung Liebe = Gott sind Gebote und Erlaubnisse, Verbote und Strafdrohungen – lächerlich.

Deswegen habe ich den Verdacht: wenn Jesus schon das Hinschauen Ehebruch nennt; wenn er jede Scheidungsmöglichkeit versperrt – so sagt er: Seht, die Erfüllung dieser Gebote ist unmöglich. *Das nenn ich göttlichen Humor.*

So wie Jesus die Ehe behandelt: ohne sie zu empfehlen, sondern mit der gefährlichen Drohung ihrer Untrennbarkeit – da gehört schon viel Theologie dazu, draus ein Loblied auf die Ehe zu machen.

Eine sogenannte Abwertung der Ehe folgt für mich daraus nicht. So paradox es ist, daß in der Bibel das Hohelied auf die Ehe nicht tönt, wohl aber tönt es aus den Mündern der ehelosen Kleriker – übrig bleibt: die schreckliche Einsamkeit der modernen Singles, die Sinnlosigkeit ihres Wohlstands und die Fadheit ihres Herumvögelns. Für die Ehe, ein uraltes, ehrwürdiges Institut, spricht so manches.

Weil Christus von der Hauptsache handelt, spricht er Nebensachen nicht aus. Seine Liebe ist *eine* Liebe; ihre Einheit ist sein Thema, nicht ihre Unterscheidungen.

Der Schlüssel zu dem allgemeinen (griech.: katholischen) Satz »*Gott ist die Liebe*« ist die Verweigerung der Unterscheidungen zwischen erlaubt und unerlaubt, legal und illegal, legitim und illegitim. Liebe ist immer legitim.

In der Bibel kommen alle Formen von Liebe vor, auch alle Formen von Ehe und Nicht-Ehe, Sitte und Un-Sitte. Eva war, auf dem besonderen Umweg der Rippe, die Tochter Adams; am Anfang war die Blutschande. Die biblischen Patriarchen betrieben Vielweiberei; aus Ehebruch zeugten sie wichtige Heilsgestalten. Ehrwürdige Väter schlafen mit ihren Töchtern. Onan onaniert. Besucher sind in Gefahr, homosexuell mißbraucht zu werden, weil dies Brauch ist. Jesus meint, daß manche Männer, lieber als heiraten, sich selber entmannen. Lieblingsjünger Johannes lag an Jesu Brust. Magdalena war, meinen Ketzer und Theologen, Geliebte oder Gattin Jesu. Wer war der männliche Engel mit dem großen Lilienstengel, der Maria besuchte, und neun Monate später kam das Jesuskind?

Gotteslästerungen sind Gotteswege. Man muß nicht alle alten Geschichten glauben. Man kann sich zum arroganten Richter machen und selber entscheiden, was zu glauben ist und was nicht. Man kann auch, in Demut, als Fingerzeig Gottes nehmen, daß die geoffenbarte Bibel so skandalös Buntes bietet.

IV. ALLE LIEBE IST EHELICH

Was ist denn überhaupt *außerehelich?* Ehe, wirkliche Ehe, ist nicht Institution und Formalität, sondern Liebe auf unbegrenzte Dauer. Ehe ist Ewigkeit (ahd. »ewa« heißt »Ehe« und »Ewigkeit«). Ewigkeit ist nicht endlose, sondern *unbegrenzte* Dauer. Liebe ist das Immer-wieder-und-immer-Wieder der Sehnsucht. *Alle Liebe ist Ehe.*

Wenn zwei sich lieben, mit allen Kräften, geistig und leiblich, ist dies ein Bund, wie lange er auch dauern mag, von jedenfalls unbegrenzter Dauer, eine Ewigkeit, eine Ehe. Wahre Liebe kann gar nicht außerehelich sein. Wann immer sie ist, ist sie ewig, d.h. ehelich.

Umarmung der Gegensätze: Liebe ist immer *außer* der Ehe, weil au-

ßerhalb und oberhalb jeglicher Institutionen. Das ist ihre Kraft. Liebe ist immer *in* der Ehe, wenn und weil Ehe keine bloße Institution ist, sondern ein inhaltliches Band und Bündnis, ein unbegrenztes, d.h. ewiges, d.h. eheliches Versprechen *(sacramentum)*. Das ist ihre Kraft. Das fade Rein-und-raus-Spiel ist nicht Liebe, seelische nicht und leibliche nicht, auch Sexualität nicht: Sinnlichkeit als ebenbürtiges Abbild von Heiligkeit findet nicht statt. Es ist die Reduktion von Sex auf Nix. Der Flug vom Katapult der Leiblichkeit in die Ewigkeit ist abgesagt.
Nicht einmal Sittenlosigkeit findet statt, nur Sinnlosigkeit.
Das *Sakrament* (lateinisch für Fahneneid) der Ehe geben sich die Liebenden selber (der Priester ist nur Zeuge, der notfalls entfallen kann). Das Versprechen lautet auf Sinnlichkeit, die Heiligkeit ist, weil sie in den Himmel will. Das nur ist Sexualität. Alles andere sind nur drei Buchstaben: Sex bzw. Nix.
Nicht: Nur wo Ehe ist, ist Sexualität erlaubt. *Sondern:* Wo Sexualität ist, ist Ehe. Der Maßstab der Liebe ist viel, viel strenger als jegliche Ehe-Formalität. Ohne die ihr wesenhaft zugehörige Heiligkeit versumpert die Sexualität zu ihrem heutigen jämmerlichen Zustand.
Eine Theologie der Sexualität hat die ehrbare Aufgabe, der Sinnlichkeit ihre göttliche Würde zurückzugeben.
Das ist die Rutschbahn: von der Sinnlichkeit zur Sexualität zum Sex zum Nix. So tief waren fromme Heiden nie heruntergekommen wie fromme Christen in ihrem gottlosen Wüten gegen die Sinnlichkeit.
Gott hat die Sexualität so stark gemacht, daß es kein Wunder ist, wenn Menschen eher die Kirche aufgeben als die Sexualität. Leiblich, seelisch, geistig: die Liebe ist die größte. Das müßten, Paulus lesend, gerade die Christen gut verstehen.
Das Nein der Kirche zu den häufigsten, schönsten, unausrottbarsten Formen leiblicher Liebe ist ein voller Widerspruch zu Jesu großem Ja zur Liebe.
Das Sakrament der Ehe bezieht sich nicht auf die Formalien der Ehe, sondern auf die Fülle der Liebe. Ein Sakrament (Fahneneid, Treueversprechen) gibt es innerhalb wie außerhalb der Ehe. Wenn zwei beisammen sind, mit allen Kräften, ist es Ehe.
Ohne Himmelsflamme ist Sexualität *in* der Ehe Sünde so gut bzw. schlecht wie *außer* der Ehe.

Schuld und Versagen, Treuebruch und Trauer – lassen sich nicht austreiben mit einer noch so liberalen Theologie des großen Ja zur Sexualität. Sie sind die schmerzhaften Widerhaken am glatten Schaft des Liebespfeiles.

Die Liebenden, die nicht mehr lieben; die Liebenden, die nicht mehr geliebt werden; die Liebenden, die von einer Liebe wechseln zur nächsten, von einer Treue zur nächsten: welche Theologie der Sexualität könnte sie trösten und retten?

Vom Himmel durch die Welt zur Hölle, blitzesschnelle. Eine neue Theologie der Liebe ist nur neu, wenn sie den Weg öffnet vom »Du darfst nicht« zum »Du darfst«. Wer viel geliebt hat, dem wird viel verziehen werden.

V. EHE, EIN KARNEVAL

In der Zeitung las ich neulich und sprach ihn darauf dann an: Bischof Weber, Vorsitzender der österreichischen Bischofskonferenz, sagte, die Kirche müsse wieder »die Fundamente in der Tiefe suchen« und auch: die Kirche würde »wieder etwas mehr Humor brauchen«.

Tiefe und Humor – das sind keine Widersprüche, sondern im Gegenteil.

Verglichen mit dem ganzen Reichtum der Religionen dieser Erde sind die wimmelnden Sekten flach und humorlos.

Kierkegaard, einer der tiefsten religiösen Denker (gest. 1855), hatte den Witz zu schreiben: »Wir sind alle Christen, ohne auch nur eine Ahnung zu haben, was Christentum ist.«

Christentum ist das, wovon wir keine Ahnung haben, doch desto mehr Sehnsucht.

Der richtige Witz dringt hinunter in Gegenden, wohin der Ernst nie gelangt.

Es ist nicht wahr, daß Christentum keinen Humor verträgt. Vielleicht ist es so: Der tierische Ernst verdeckt einen Mangel an Glauben. Gott bedarf keines menschlichen Schutzes vor Ehrenbeleidigung. Neulich, ich weiß nicht wie, kam ich auf den heiligen Philipp Neri (gest. 1595 in Rom), von dem Goethe Gutes weiß in seiner

»Italienischen Reise« (II, 26. 5. 1787). Er nennt ihn einen »humoristischen Heiligen«. Tatsächlich steht er in meinem modernen Heiligen-Lexikon als Schutzpatron der Kabarettisten.
Neri ist schier gar nichts gegen den Wiener Theologen Paul M. Zulehner, der in seinem neuesten Buch »Kirchen-Ent-Täuschungen« (1997) ein Schlußkapitel »Karneval« hat, ganz kurz und ganz wundervoll.
Genau am Aschermittwoch bekam ich die Fahnen von Zulehners Buch zugeschickt und entdeckte gleich das Karneval-Kapitel. Ach ja, schon wieder war mir nicht aufgefallen, daß Fasching ist und daß er schon wieder aus ist. Ich war nur einmal auf einem Ball, und da kam es gleich zur Heirat. Seltsam für mich: der Theologe kommt gerade im Zusammenhang mit Karneval auf die Ehe zu sprechen und deren Vergänglichkeit.
Schon seine allgemeine Einleitung ist reichlich kühn:
»Ich wage die These, daß eines der befreiendsten Bilder, gewachsen auf dem Boden insbesondere der christkatholischen Tradition, der Karneval ist... Der Karneval deckt auf, daß die Verhältnisse nicht so sein müssen, wie sie sind... Ist es nicht gerade eine der wichtigsten Aufgaben der Kirche, karnevalesk närrisch zu sein?... Jesus hatte schon Humor, ausgerechnet am Sabbat tut er das Verbotene... Steht nicht geschrieben: Er, der im Himmel thront, lacht (Psalm 2,4)?«
Daß der Karneval letztlich ein kirchliches Fest ist, habe ich gewußt. Aber daß die Kirche letztlich ein Karneval ist, das muß einem Wiener Theologen einfallen. Das versöhnt mit der Theologie.
»Carne vale«, erläutert Zulehner, sei »Abschied vom Fleisch und seiner Lust. Auftakt zur Fastenzeit, Zeit der Askese und Abstinenz.«
Und das ist sein theologischer Rückblick auf den verflossenen Karneval:
»Sein Wesen sitzt tiefer. Er ist auch ein Protest gegen das Bestehende. Gegen die Verhältnisse. Jene der Macht und die der Liebe.« Im Fasching, wagt Zulehner, »werden die vorfindbaren Verhältnisse auf den Kopf gestellt. Die stets ausufernde Kraft der Liebe wird kurzzeitig nicht mehr an das vergängliche Haus der Ehe gebunden.«
Nicht zu halten ist er, unser Faschings-Theologe.
»Die Botschaft ist aber noch dramatischer ... Die vorfindbare Herr-

schaftsform ist nicht zwingend. Ich könnte meine Liebe auch einem anderen schenken.«
Die Ehe, ein Karneval.
»Vom Fest der Narren schrieb vor Jahren der amerikanische Theologe Harvey Cox. Und darüber, daß im Himmel nicht mehr geheiratet wird, weiß Jesus auch so nebenbei zu berichten (Matthäus 22,22f.).«
Die Ehe gilt im Himmel nicht mehr. Die Scheidung durch den Tod ist automatisch. Ehe ist nur »relativ«, fällt dem Theologen dazu ein. »Warum aber«, fragt er, »nehmen wir dann alle diese vergängliche Ordnung so ernst?«
»Warum halten wir jeden, der es in einer ohnedies vergänglichen Lebensform nicht (mehr) aushält, immer gleich für jemanden, der scheitert? Vergeht nicht nur ein wenig früher, was ohnedies vergänglich ist? Die Ehe, ein zölibatäres Amt?«
Zulehner fragt ja nur, und fragen wird man wohl noch dürfen. Von einer neuen Theologie des Faschings zu einer neuen Theologie der Ehe ist's ihm nur ein Schritt.
Ein Schritt, leichtfüßig und sehr hörbar.
Darf er das? Theologisch ist alles korrekt. Zulehner hält sich einfach an andere Ecken und Enden des gewaltig weitläufigen Gebäudes der Bibel. Seine Theologie ist korrekt, aber unschicklich.
Die Schwerpunkte verschieben sich ins Närrische. Zulehner war bisher ein durchaus braver Reformgeist; ihm war das Treiben der »Progressiven«, die die Kirche durch »Kirchen-Volksbegehren« verändern wollen, eher suspekt. Und nun das.
Karl Marx war ein großer Fachmann und Liebhaber der Ironie. Vom Earl von Derby schrieb er (1857): »Er hatte jene große historische Ironie auf seiner Seite, die nicht dem Witz einzelner, sondern der Komik geschichtlicher Situationen entspricht.« Irgendwie paßt das auf Zulehner.
Komisch ist ja die geschichtliche Situation in Sachen Ehe und Scheidung schon von Anfang an. Das Strenge, das über die Unauflöslichkeit der Ehe gesagt ist von Jesus, steht von vornherein unter dem von Jesus selber gemachten eschatologischen Vorbehalt: im Himmel gilt's nicht.
Unter Zuhilfenahme des Faschings gelangt Zulehner mühelos von

der Vergänglichkeit der Ehe im Himmel zur prinzipiellen Vergänglichkeit der Ehe. Das ist eine Rückkehr in die Zeit Jesu:
Damals, als das Weltende gewiß, das Himmelreich ganz, ganz nahe, war klar: alles und jedes ist vergänglich. Daher auch ein noch so strenges Scheidungsverbot nicht so wichtig, gleich wird's ohnehin nicht gelten.
Ist das Weltende wieder so nahe, daß die Ehe vergänglich ist? Genauer: diesbezüglich ist das Weltende schon da. Dem kirchlichen Beharren auf Unauflöslichkeit der Ehe steht die überwältigende Realität entgegen. Schmählich steigt die Scheidungsrate. Man könnte sagen: gut, daß wenigstens die Kirche dagegen ist und bleibt.
Es hat sich aber, wenn die Realität sich wesentlich ändert, auch die Theologie immer noch geändert. Weil die Menschen jetzt so verdammt lange leben, wird auch die Verdammnis einer unglücklichen Ehe so unerträglich.
Zulehner schließt seinen implizierten Vorschlag, die Kirche möge die Scheidung nicht mehr verdammen, mit dem Satz: »Die Duckmäuser werden sich aufregen, viele aber werden aufatmen.«
Seufz, seufz. Ein Theologe macht einen Witz. Zu Recht bemerkt Friedrich Schlegel (Ideen-Fragmente 26 und 59): »Witz ist der äußere Blitz der Phantasie. Nichts ist witziger und grotesker als das Christentum.«

VI. GÖTTLICHER ORGASMUS

Das Sex-Dummi sucht den G-Punkt an der falschen Stelle. Der G-Punkt ist in der Seele. Dort ist das Starke, Schöne, Überwältigende. Mit der Liebe geht es erst wirklich richtig, wenn Sinnlichkeit und Heiligkeit identisch sind.
Orgasmus, der heute emp- und anbefohlene, wurde von den Alten verknüpft (sie kannten das Modewort schon!) mit »*Orge*« »Kraft«, »*orgao*«, »strotzen, schwellen«, aber auch mit »*Orgia*«, »heiliger, geheimer Kult, Gottesdienst«.
Orgasmus ist göttlich. Orgie ist Gottesdienst.
Wie weit sind wir weg von der einfachen Wahrheit, wir Weltlichen, und ach, die Theologen erst recht.

Orgasmus befördert in den Himmel, nicht bildlich, sondern real: physiologisch, psychologisch, religiös. Der Orgasmus ist ein Space Shuttle, das die Erdanziehung durchstößt und anlangt in der Ewigkeit, verräterisch kurz, und dann wieder zurückshuttelt.
Wenn Ehe ewige, unbegrenzte Liebe ist, und *alle* unbegrenzte Liebe Ehe – dann ist unsittlich nicht die Leibesliebe außerhalb der Ehe, sondern unsittlich ist das Mißlingen des Orgasmus/Gottesdienst in der Ehe wie außer der Ehe. Orgasmus ist das Signal von der Landung im Himmel. Ohne Anlangen im Himmel ist alle Liebe unsittlich.
Freilich geht es nicht um den blödsinnigen Orgasmus-Zwang der Moderne. Es gibt die *Orgasmus-Askese*, gerade in den sinnlichsten Religionen (Indien, Tantra-Buddhismus). Sie führt, wie jede Askese, nicht zur Abtötung, sondern zur Steigerung der Sexualität. Der heilige Franziskus wälzte sich, wenn er geil wurde, im Dornbusch blutig – und blieb enthaltsam. Die Verbindung zwischen sexuellem Kommen und dem Kommen zu Gott bleibt erhalten. Sie ist unlösbar und ein bedenklicher Gegenstand für jede Theologie der Sexualität.
Die Kirchengeschichte ist erst komplett mit der Ketzergeschichte. Immer schon hat es Sekten gegeben, denen die Sexualität ein Fahrzeug war zu Gott. In sinnlichen Religionen, also den allermeisten, ist dies ohnehin selbstverständlich.
Zu Gott gelangen wir auf zwei bewährten Königswegen: Tod und Orgasmus. Beider enge Verwandtschaft erkennt die Galanterie der Franzosen, wenn sie den Orgasmus dezent benennt: »*la petite mort*«. Der große Tod und der kleine Tod: die Mystiker aller Zeiten, Zonen und Religionen kennen den dritten Weg: die *Unio mystica*, die Vereinigung und Versenkung, Entrückung und Verzückung, nicht sexuell, aber total, kein Tod, aber ein Ab-, Hin- und Hinaufsterben. Mitten im Leben jenseits des Lebens: *Ek-stase*, Außer-sich-Sein. Orgasmus vom alleinigen Dasein und Schauen. Mit geschlossenen Augen. »*Mystes*« ist, »der die Augen schließt« und ebendrum der Sehende ist, Erblicker des Mysteriums. Der Zustand ist uns aus jedem glücklichen Sexualleben bestens bekannt.
»Ich will mich ja nicht rühmen«, steht im 2. Brief des Paulus an die Korinther. »Aber ich kenne einen Menschen« – er meint sich selbst – »ob er bei sich war im Leibe oder ob er außer sich war, weiß ich nicht, Gott weiß es, und dieser Mensch war entzückt bis in den

dritten Himmel. Und ich kenne denselbigen Menschen, ob er bei sich war im Leibe oder ob er außer sich war, weiß ich nicht, Gott weiß es, und dieser Mensch war entzückt ins Paradies.«

Luther übersetzt sehr genau: »*entzückt* bis in den dritten Himmel«, »*entzückt* ins Paradies« – nicht etwa räumlich *entrückt*, Paulus war hier auf Erden. Aber entzückt.

Das entsprechende griechische Bibelwort ist »*harpagenta*«, das lateinische »*raptum*«. Zwei gewalttätige Wörter: »heftig ergriffen, weggerafft«, ja: »geraubt«, auch noch: »vergewaltigt« (engl. *raped*). Ja, der Übergang ins Himmelreich ist kein sanfter, der Mensch wird hinübergerissen, hinübergeraubt, hinübervergewaltigt. Die Ähnlichkeit zwischen Unio mystica und Orgasmus ist deutlich.

Unmittelbar nach dem Bericht von seiner Entrückung, vielmehr Entzückung ins Paradies gesteht Paulus: »... ist mir gegeben ein Pfahl in mein Fleisch, der Engel Satan, der mich mit Fäusten schlägt.«

Abenteuerliche Analytiker lesen das als kaum verschleiertes Geständnis des Apostels, daß er schwul sei.

Was war das für ein Transport in den Himmel (*raptus*, medizinisch auch: plötzlich einsetzende schwere psychische Störung), von welchem Paulus offenläßt, ob außerhalb oder innerhalb des Fleisches? Wer war der Transporteur in den Himmel? Ein Engel oder Satan oder der Engel Satan?

In der Bibel steht immer alles: Die Entzückung des Paradieses und der Fleischesstachel sind benachbart. Der dritte Himmel ist nicht der siebente (in anderen Religionen gibt es neun bis elf Himmel). Warum gelangt Paulus nur in den dritten? Der Himmel sind viele, der Orgasmen sind viele. Wieviele Himmel, wieviele Orgasmen?

VII. VÖGELT GOTT?

Vögelt Gott? Gott vögelt, die Bibel bezeugt es, und die diversen Glaubensbekenntnisse: Gott zeugt und gebärt. Daß dies »nur« bildlich gemeint sei, ist kein guter Einwand. Das abschwächende »Nur« trägt ins Gegenteil: Gott läßt sich *nur* sexuell ausdrücken.

Natürlich läßt sich Gott gar nicht ausdrücken. Soweit aber doch ein wenig und irgendwie, so sexuell.

Ausgerechnet in sexualibus ist Gott sehr menschlich. Auch wir treiben's ja nicht nur leiblich, sondern immer auch geistig-seelisch. Wir beide, Gott und wir, haben den G-Punkt in der Seele.
Georges Bataille schrieb ein schreckliches Gedicht mit dem Titel »Sans remords« (»Ohne Gewissensbisse«; G.B., Das obszöne Werk, Reinbek 1977):

»Ich habe Scheiße in den Augen
Ich habe Scheiße im Herzen
Gott läuft aus
lacht
strahlt
berauscht den Himmel
der Himmel singt aus vollem Halse
der Himmel singt
der Blitz singt
die Augen trocken
das zerrissene Schweigen der Scheiße
im Herzen.«

In Prosa fügt Bataille hinzu, erklärend den Schöpfergott:
»Wenn eine in Lust erhitzte Eichel das Universum zeugte, würde es werden, wie es ist: in der Transparenz des Himmels wären Blut, Schreie, Gestank. Gott ist kein Pfarrer, er ist eine Eichel. Papa ist eine Eichel.«
Der Dichter hat recht. Wenn Gott die Welt schuf, indem er *zeugte*, ist damit erklärt, warum die Welt so ausschaut, wie sie ausschaut.
Eine Theologie der Sexualität setzt sexuelle Theologen voraus. Aber genau die haben wir doch. In Sexualfragen sind alle Katholiken gute Theologen. Erst reden sie von Sünde, dann begehen sie sie. Voll aufgeklärte Weltleute hingegen reden von sexueller Befreiung, gähn, und gehen dann schlafen, allein.
Das ewige katholische Interesse an Sünde, gleichgesetzt mit Sexus, enthält das Eingeständnis, daß Sexus und Gott mysteriös zusammengehören. Das ist eine wunderbare Voraussetzung für eine Theologie der Sexualität.
Eine Theologie der Sexualität muß die Dichter ernst nehmen, und zwar gerade die verrufenen, die Gott und Sexus immer schon unbefangen gleichsetzten. In ihnen leben jene nichtchristlichen Religio-

nen und christlichen Ketzereien, für die diese Gleichsetzung immer schon galt. Die Dichter können Lehrmeister sein der Theologen, sie verstehen mehr von Theologie.

Lest, oh Theologen, bei Georges Bataille, einem der Größten, Schönsten und Scheußlichsten im weiten Reich der Moderne:

»An der Ekstase, in der Hansi und ich versunken waren, hatten zuallererst unsere nackten Leiber teil, dann aber eine unbegrenzte Liebe, die keine Ruhe gab, bis unsere Leiber sich entblößten, von ihren Schranken sich befreiten.

Diese Aufhebung der Grenzen, die es erlaubt, uns ineinander zu verlieren, schien mir profunder als die Predigten des Priesters in der Kirche; sie schien mir heiliger.

Ich sah darin das Maß Gottes, in welchem ich immer nur das Unbegrenzte, das Übermaß, den Wahnsinn der Liebe gesehen hatte. Hansis Hintern, wenn ich ihn küsse, ist göttlich.«

Vor diesem Text stehen Atheisten und Christen gleichermaßen vertrottelt. Den einen fällt dazu nichts ein als die feixende Häme, daß Sex gesund sei und Religion reaktionär, den anderen mit innerem Zittern, daß die Religion so was denn doch nicht erlaube.

Mich stört an Batailles Text gar nichts, als daß seine Geliebte Hansi heißt. So heißen in Wien die Kanarienvögel.

Gott ist Geist, aber kein Gespenst. Er ist konkret, real, materiell. Mit dem Materialismus haben's die Christen leicht: Christus, Gott von Gott, ist auf Erden gewandelt, konkret, real, materiell. Auch die Menschen, Kinder Gottes, Brüder Christi, sind konkret, real, materiell. Das Christentum ist keine Gespensterlehre, sondern ein Materialismus, mit allen seinen Handgreiflichkeiten, Sex inklusive.

Vom christlichen Materialismus läßt sich Sexualität nicht abtrennen und wegschicken ins religiöse Nirgendwo. Das Reich des Bösen ist hiefür keine Adresse; der Teufel ist ja ein pensionierter Engel.

Alle Sinnenfülle, Sex inklusive, ist eine Schöpfung Gottes, der uns nicht täuscht. Sexualität ist kein Blendwerk des Bösen, sondern schöne Gotteswirklichkeit, auch außerhalb des kanonischen Ehe-Paragraphen (CIC § 1033).

Aus diesem sicheren Grunde ist die Fangfrage: Vögelt Gott? – eine billige Provokation. Er schöpft, er produziert, er zeugt, er gebärt. Und während schicklicherweise nicht geschrieben steht, daß Gott

einen Penis hat, ist es eine »höchst gewisse Glaubenswahrheit« (»de fide definita«, Denzinger Nr. 526), daß er einen *Uterus* hat.
Ein überraschend feministischer Hinweis, daß Gott auch Frau ist, oder sogar vorzugsweise. Gottvater hat eine Gebärmutter. Christentum ist ein sehr handfester Glaube.
Auf dem 11. Konzil von Toledo, begonnen am 7. November 675, erarbeiteten die Teilnehmer den folgenden Glaubenssatz: »Nicht aus dem Nichts, und nicht aus irgendeiner Substanz, sondern aus des Vaters Gebärmutter (*de Patris utero*), das ist: aus dessen Substanz, wurde der Sohn gezeugt oder geboren.«
Wie schön direkt die alten Konzilsväter waren.
Christus ist Vollgott und Vollmensch. Zeugte er, vögelte er? Hatte er jegliche menschliche Eigenschaft, diese aber nicht? Ist sie ausgestrichen aus der kompletten Liste seiner Menschlichkeiten?
Ausgestrichen ist alles Böse, alles Sündige des Menschen Christus, weil er Gott ist. Aber Sexualität ist *nicht* (ausdrücklich nicht, prinzipiell nicht) böse.
Christus mied Frauengesellschaft auffällig nicht, sondern im Gegenteil. Manche Kirchenväter und viele Ketzer hielten Maria Magdalena für seine Geliebte.
Pflegte Christus *außerehelichen* Geschlechtsverkehr? Vielleicht war er verheiratet; einige Bibel-Gelehrte meinen dies. Hatte er Kinder? Eheliche? Uneheliche?
Ein bescheidener Anlauf zu einer Theologie der Sexualität muß hier abbrechen. Denkpause. Rast vor dem Verschlungenwerden. »Er wohnt in unzugänglichem Licht. Kein Mensch hat ihn gesehen und kann ihn sehen« (Paulus an Timotheus 1,6.16).
Jeglicher Theologie gut tut, nach Denken und Schreiben zu wechseln zum Schweigen. Dann wieder Denken und Schreiben, dann wieder schweigen usw. usf. »*Deus honoratur silentio*«, rät Thomas von Aquin. »Gott wird geehrt durch Schweigen.«
Schweigen ist die allersicherste Theologie. Andernfalls geht es dem Theologen unweigerlich wie dem Helden in Henry Millers Erzählung »Der Koloß von Maroussi«, der ein Fremdenführer wird, »um in einer sinnlosen Papageiensprache anderen Papageien was vorzuplappern. In dieser Sprache hat das Wort ›Gott‹ keinen Sinn mehr, aber es wird dennoch gebraucht. Wenn man darin tüchtig ist, wird

man schließlich Mitglied einer Akademie, in der man langsam zu einem vollblütigen Schimpansen degeneriert.«
Vielleicht ist das eine Beleidigung der Theologen und Schimpansen.

Grüß Gott, Frau Gott

I. ER IST SIE, SIE IST ER

Als Österreichs Bundeskanzler noch von der ÖVP kamen (»Österreichische Volkspartei«, Christdemokraten) und fromme Katholiken waren, hielt der frömmsten einer, der Bauer Leopold Figl, die Festansprache bei einem frommen Treffen heimgekehrter Soldaten, im Spätherbst 1945, auf dem niederösterreichischen Sonntagsberg, vor der Wallfahrtskirche.

»Kameraden«, sagte er, »wir sind glücklich, daß wir heimgekommen sind, ihr aus dem Krieg und ich aus dem KZ, aber das ist egal, wir danken alle unserer Lieben Frau, vor deren Kirche wir da versammelt sind.«

»Herr Bundeskanzler«, flüsterte der danebenstehende Pfarrer, »mir sin' ja kein Marienheiligtum, mir sin' ein Heiligtum der Dreifaltigkeit.«

»Aber dös is' ja ganz egal«, rief laut der Bundeskanzler, er hatte schon was getrunken. »Die Dreifaltigkeit oder die Maria, dös is' ja all's das gleiche. Hoch lebe die Österreichische Volkspartei, hoch lebe Österreich, hoch der liebe Gott!«

Gegen einen so hochkarätigen Volkstheologen können studierte Theologen einpacken.

Die Geschichte erzählte mir der alte Pfarrer in der Hinterbrühl, südlich von Wien, Franz Jantsch. Er setzte ernsthaft hinzu: »Der Figl hatte recht. Gott enthält auch die Liebe Frau.«

Pfarrer Jantsch ist ein großer Sucher nach heidnischen Kultplätzen, überall in Österreich findet er prähistorische Steinsäulen, Schalen- und Wackelsteine, Erdställe, heilige Quellen. Der Pfarrer ist Wün-

schelrutengänger. Und hat natürlich recht: Alle alten Kirchen und Wallfahrtsorte sind »Kraftorte«, und dort hatten schon die Heiden ihre Heiligtümer.
Jantsch nimmt Goethe als Kronzeugen für die Einheit von Heiden- und Christentum. Vor seinem großen Bücherkasten sprachen wir von dem alten Heiden.
Altmodische Bildungsbürger mißverstehen alles Klassische als antiklerikal. »Das Ewigweibliche zieht uns hinan« (»Faust«, 2. Teil, gegen Ende) nimmt der Antiklerikale als Operettenmelodie, vage unsittlich; wenn das Weib ihn hinanzieht, wird draus vielleicht eine gutbürgerliche Erektion, sagte ich.
»Der alte Goethe feiert aber Maria«, antwortete mir Jantsch.
»Faust«: Zunächst sind die Männer dran und drauf, *der* liebe Gott, *der* Teufel, *der* Faust sind der Hauptgang; *die* Frau, *das* Gretchen die Nachspeise. Zuletzt aber landet mann im Christlichen, bei der »Mater gloriosa«.
»Ich heidnisch?« ärgert sich Goethe brieflich (Artemis-Ausgabe 5,639). »Nun habe ich doch Gretchen hinrichten und Ottilien verhungern lassen; ist denn das den Leuten nicht christlich genug? Was wollen sie noch Christlicheres?«
Der alte Heide (man merke, oben, seine Distanz zum Christentum) feiert die Union von Sinnlichkeit und Heiligkeit in aller Religion.
»Jungfrau, Mutter, Königin, Göttin« sind Goethes Marien-Attribute im Schluß von »Faust«, 2. Teil. Der 1. Teil beginnt genau andersherum mit »*Der Herr* ...«; Mann, Vater, König, Gott.
Im »Faust« hat Goethe die Entwicklung der Kirche voraus vollzogen. Maria wird jetzt die oberste Göttin. Der liebe Gott muß sehen, wo er bleibt. Er hat damit kein Problem. Er ist sie. Sie ist er.

II. MARIA, EINE KARRIERE

Die Theologie ist anderseits ohnehin eine sehr bewegliche Kunst. Ungerecht, immer auf sie zu schimpfen, wie ich es gern tue. Das schönste Beispiel für hervorragend bewegliche Theologie ist die Mariologie.
In der Bibel kommt Maria ziemlich selten vor. Gott und Christus

haben, wie es sich gebührt, die Hauptrolle. *Maria – eine Karriere.* Klug aufbauend auf dem realen religiösen Bedürfnis nach göttlichem Beistand durch Frauen, Mütter, Jungfrauen; angetrieben von der mörderischen Konkurrenz des frühen Christentums mit großen Frauengöttinnen, Isis, Astarte, Kybele, Aphrodite und noch ein halbes Dutzend – macht die christliche Theologie Maria zu einer Hauptfigur.

Maria, von den Theologen hochgehoben, entwischt deren kreativen Händen. Ihre Aura überstrahlt mühelos die theologische Korrektheit. Der Volksglaube macht sich selbständig: Marias Ausstrahlung (Liebe, Güte, Schönheit, Hilfe und Verständnis für alle und alles) – überwächst Gott, der außer gütig auch furchtbar ist; Christus, der außer von Liebe auch von Höllenstrafen spricht; und erst recht den stets blassen, gespenstigen Heiligen Geist, bei dem das breite Volk nie warm wurde.

Maria ist nie furchtbar, droht nie mit der Hölle, ist nie abstrakter Geist – sie ist die perfekte Identität von Sinnlichkeit und Heiligkeit. Maria, mit dem Kind auf dem Arm, ist Isis, Astarte und all die abertausend heiligen Mütter bis zurück in die Steinzeit, in Stein, Ton und geritzt in Felswände. Maria ist diese alle und zugleich, in der Fülle ihrer Vollendung, einzigartig.

»Ich finde dich in tausend Bildern
Maria lieblich ausgedrückt
Und keines kann dich also schildern
Wie meine Seele dich erblickt.«

Novalis, der Schwindlige, gestorben an Schwindsucht, 1801; Maria holt sich den unsterblich in sie Verliebten rasch, er ist erst 29.

Die Karriere der heiligen Maria, in christlicher Praxis wie Theologie, ist bestens dokumentiert im Bilde; allerorten im schönen Meer der christlichen Ikonographie taucht prominent die Krönung ihrer Karriere auf: Ein wohlwollend blickender Gottvater und ein freudig bewegter Gottsohn stülpen gemeinsam die Krone des Himmels auf Maria. Eher unauffällig, in seiner Gestalt als Taube, ist auch der Heilige Geist mit dabei.

Die Krönung Mariä ist befördert durch verzwickte Verwandtschaftsverhältnisse. Gott und Maria haben miteinander einen Sohn; Gott begeht Ehebruch, Maria ist ja verheiratet. Jesus hat *zwei* Mütter; seine leibliche Mutter Maria und seine göttliche Mutter Gottvater (»de Patris utero natus«, »aus des Vaters Uterus geboren«, Konzil von Toledo, 675 n. Chr.). Jesus hat drei Väter: Josef, Gott, den Heiligen Geist. Dieser ist Christi Vater, weil er der Samen ist, der in die unversehrt bleibende Jungfrau Maria eindringt. In vielen schönen Bildern sieht man, wie vom Himmel herab, auf einer heiligen Rutschbahn, die Heilig-Geist-Taube in die Gottesmutter gelangt, nicht selten auf dem dezenten Weg über Mariä rechtes Ohr.

Christus ist wie Gott Gatte der Maria, auf dem Weg über den mit Gott und Christus wesenseinigen Heiligen Geist. Maria ist nicht nur Christi Mutter, Christus ist auch Mariä Gatte. Er ist Sohn und Gatte der Gottesmutter, eine Verwandtschaftsbeziehung, die in orientalischen Religionen (Isis-Osiris, Kybele-Attis usw.) vielfach belegt, unanstößig und heilig ist. So ziemlich alle alten großen Religionen vereinbaren sich mit dem unvergleichlichen Christentum.

Das ist nicht nur absurd, verrückt, komisch, das alles *soll* es auch sein. Es ist jene Absurdität des Heiligen, die ein genaues Hinsehen mit geschlossenen Augen zur Pflicht und Lust macht.

Die präzisen Griechen haben für das religiös so wichtige Schauen mit geschlossenen Augen eine eigene Wortfamilie: »*myein*«, »die Augen schließen, in die Mysterien eingeweiht sein«; »*mystes*«, »der die Augen schließt, der in die Mysterien Eingeweihte«; »*mystikos*«, »geheimnisvoll, mystisch, eingeweiht«.

Mystik heißt: erst wenn wir richtig die Augen schließen, sehen wir richtig, nämlich: das Mysteriöse, das Geheimnis.

In jeder Messe spricht der Priester an entscheidender Stelle: »*Geheimnis des Glaubens*«. Daher ist es ganz unsinnig, wenn eine modern sein wollende Kirche sich dahin verharmlost, daß sie ebenso vernünftig, rational, aufgeklärt sein will wie die Welt, die mit diesen Eigenschaftswörtern Schindluder treibt und scheitert, soeben deutlicher denn je.

Die warme, volle, reiche Vernunft; die wahre Aufklärung, jene, die ein Licht in der Seele entzündet – sie bedürfen der hohen Schule des Schauens mit geschlossenen Augen.

Maria, die Mutter, Gattin und Jungfrau, worüber sich die Idioten der Vernunft endlos belustigen – steht, nach ihrem Aufstieg hinauf zu den drei göttlichen Personen, mitten drin im Zentrum des Geheimen, wächst zur Ersten in der Drei- bzw. Vierfaltigkeit. Maria ist das Inbild der Frau, sie ist die absolut Emanzipierte: nicht gleichberechtigt, sondern überlegen.

III. UNTER DEM ROCK DER MARIA

Feministinnen mag ich, weil sie soviel Nase haben; zugerichtete Normalfrauen riechen Unterdrückung nicht mehr. Die wilden Frauen sind ganz zart innen, außen trugen sie in den schöneren Tagen des feministischen Anfangs Stiefel, grobe Röcke, Wollstrümpfe. In Gesellschaft solcher saß ich einmal, untermischt mit männlichen Fortschrittsfreunden, und wir sprachen uns ganz entschieden gegen jede männliche Unterdrückung aus.
Mir gegenüber ein Mädchen mit ganz langen kastanienbraunen Haaren. Wie wir dahinkamen, weiß ich nicht, plötzlich redeten wir von den alten Römern, d.h. von der herrschenden Klasse. Diese benutzte als Handtücher Sklavinnen mit langen Haaren. Na, mehr brauchte ich nicht, als ich sagte, ich fände die Klassenherrschaft verwerflich, das aber schön.
Jesus kriegte die Füße getrocknet mit dem Haar einer Sünderin (Lukas 7, 36) und mit dem Haar der von ihm belobigten Maria von Bethanien (Johannes 12,1). Jesus hat es schön gehabt, eine ganze Zeitlang.
Ich glaube nicht an die Gleichberechtigung der Frau, sondern an die Überlegenheit der Frau. Die große Mutter muß einen abtrocknen, am besten mit ihren vielen Haaren.

Was unter den Röcken der diversen großen Mütter ist, im niederösterreichischen Mariazell z.B., wollte ich immer wissen, als Bub schon. Die Gnadenmütter haben meist mehrere Röcke an, übereinander, mit viel Gold und Spitzen. Auf Schulausflügen roch es in den Gnadenkirchen nach Kraut und Selchfleisch, vom angebauten Kloster her, und nach Frau, eher nach alter Frau. Aber Frau ist Frau für einen aufgeweckten Knaben.

Neugier ist, mutmaßte Freud, identisch mit sexueller Neugier. Im Bücherkasten meines Vaters, in den hinteren Reihen, fand ich eine »Weltgeschichte der Erotik«. Die russische Kaiserin Katharina hatte unter ihrem Reifrock stets einen feschen Offizier ihrer Leibwache. Sie nahm ihre Leibwächter wörtlich und leiblich. So war ihr nicht so fad bei den endlosen Audienzen. Das merkten die ausländischen Gesandten und meldeten's nach Hause.

Wie ein Blitz traf mich's, als ich, in einer vorderen Bücherkastenreihe, wo die anständigen Bücher waren, in einer vielbändigen Kunstgeschichte, die »*Vierge ouvrante*« fand, die Jungfrau, die sich öffnen läßt. Das also hat die Große Mutter unter ihrem Rock, man sah es, wenn das doppelte Türl vorne an der Holzstatue geöffnet war: den Christus am Kreuz, und auch noch Gott Vater, das Kreuz haltend. Bei Erich Neumann, Die große Mutter, Olten 1974, sieht man auf Tafel 176 die offenbare Jungfrau geschlossen, auf Tafel 177 offen. Die Statue stammt aus Frankreich, XV. Jahrhundert. Eine Jungfrau, die ihren Sohn und auch noch den Vater in ihrem Schoß hat.

Es ist die Dreifaltigkeit der falschen Personen in der falschen Reihenfolge: Maria, die gar nicht in die richtige Dreifaltigkeit hineingehört, ganz groß und ganz zuoberst.

Gottvater kleiner und in ihr.

Gottsohn noch kleiner und in ihr.

Der heilige Geist, die dritte Person der Dreifaltigkeit, ist nicht vorhanden. Ansonsten ist er meist als Taube dargestellt, aber hier ist Maria, statt der Taube, die dritte Person des dreieinigen Gottes, oder gar die erste.

Das riecht nach Ketzerei. Solche Statuen wurden in der Tat als häretisch denunziert. Der heilige Geist, entschied Rom, darf nur als Taube dargestellt werden, nicht als Mensch, oder gar als Frau. Bildwerke der Dreifaltigkeit als drei menschliche Gestalten verbot schon Papst Urban VIII. (1628). Nur als Taube darf der heilige Geist abgebildet werden, entschied Benedikt XIV. (1745).

Ach was, das hilft nicht viel. *Der* heilige Geist als *die* Taube. Was ist diese denn? Das heilige Tier der Venus, ein uraltes Symbol der Jungfraumutter. Venus, griechisch Aphrodite, ist eine Kollegin Mariä; unbefleckt empfangen und geboren, steigt sie aus dem Schaumbad des Meeres, dementsprechend rein. Erich Neumann, »Die große

Mutter«, stellt die Taube »zur großen Liebesgöttin Vorderasiens, Indiens, Kretas und Griechenlands… typisches Symbol der großen Göttin«.

Daß der Heilige Geist in Wahrheit eine *Heilige Geistin* sei, drauf bestehen die feministischen Theologinnen. Das gibt's, diese Mischung: die Feministinnen wurden zahmer, die Theologinnen wilder, draus wurde die feministische Theologie. Bei mir füllt sie schon einen halben Meter Bücherregal. Davon sind Susi, Ursel, Lisi, Christa, Annemarie, Letty, Hanna, die bösen Sieben, meine Lieblinge (Susanne Heine, Ursa Krattiger, Elisabeth Moltmann-Wendel, Christa Mulack, Annemarie Ohler, Letty Russell, Hanna Wolff). Was diesen Frauen alles auffällt, erstens weil Frauen, zweitens weil voll Wut, drittens weil klug, letztens weil gute Theologinnen. Die Theologenmännchen sind verkorkst und verfangen in ihrem Quacksprech. Die feministische Theologie ist ein Mittel gegen Schuppen vor Theologenaugen.
Susanne Heine schlußfolgert:
Frauen, darunter namentlich genannte, stehen ebenso in der *Nachfolge Jesu* wie Männer, wie die zwölf Apostel, die Geschichte gemacht haben …
Tabus, die sich gegen die Frau richten, gelten für Jesus nicht, sondern werden von ihm kritisiert und aufgehoben …
In der Gruppe um Jesus gelten alle Menschen als *fehlbar*, aber Frauen nicht *mehr* als Männer …
Seit alters gilt *Mut* als eine Kardinaltugend des Mannes. In der Passionsgeschichte Jesu werden Frauen nicht vom Klischee der Ängstlichkeit interpretiert. Die Texte überliefern ihren faktisch erwiesenen Mut …
In der Nachfolge Jesu wird der Verzicht auf jede Form der *Macht* gefordert, nicht nur der Frauen, sondern gerade der Männer…
Jesus und seine Anhänger/innen verlassen die gewohnten gesellschaftlichen Bindungen, wozu in erster Linie die *Familie* zählt …
Auszugehen ist von der Praxis der *Ehelosigkeit*… oder zumindest ihrer Höherbewertung, was aus dem Lebenszusammenhang und den Wertmaßstäben der Gruppe von Jesus plausibel erscheint…

Die wilden feministischen Theologinnen halten sich an Maria. Sie wissen schon, daß die Theologenmännchen eine Madonna wollen von »asexueller Reinheit, aber die Volksfrömmigkeit schaute getrost das Urbild des fruchtbaren Schoßes«, schwärmt Ursa Krattiger.
»Die große Mutter Erde, Isis, Demeter, Diane, Istar, Inanna und wie sie alle heißen, verschmolzen mit der Gestalt der Maria. Ein Konzil hat die biblische Maria im Jahr 431 in Ephesus, dem alten Sitz der großen Diana, mit dem Mantel der Theotokos bekleidet, der Gottesgebärerin.
Damit nahm Maria alle Bilder, Feste, Attribute ihrer Vorgängerinnen in sich auf. Sie wurde die wahre Nachfolgerin der Großen Mutter, die neue Jungfrau und Mutter.
Rosen und Lilien, Ähren und kugelrunde Granatäpfel, Tauben und Hasen, Mond und Sterne, Silber und Kelche, Szepter und Krone auf dem langen, offenen Haar, Thron und göttliches Kind: alles ist da! Die göttliche Frau ist wiederauferstanden!«
Maria ist aber auch die »Wiederentdeckung der Gestalt der *Weisheit* im Alten Testament«, freut sich Elisabeth Moltmann-Wendel.
»Sie ist weiblich. Sie wird als Tochter Gottes beschrieben, als seine ständige Begleiterin, wird Schwester, Frau, Mutter, Geliebte und Lehrerin genannt... Hinter dieser imposanten Gestalt, auf griechisch *Sophia* genannt, verbergen sich Reste eines Kultes altorientalischer weiblicher Göttinnen als Sprecherinnen des Lebens, als Schöpferinnen, Erlöserinnen.«
Die griechische Sophia als »Urkraft des Weiblichen«, findet Christa Mulack, ist Nachfahrin der *Kochma* des Alten Testaments. Kulturmenschen älteren Jahrgangs, die noch ein bißchen mit dem Jiddischen vertraut sind, kennen das Eigenschaftswort *»überkochmezt«*, überklug, obergscheit. Nur ein Mann kann überkochmezt sein, die Kochma, die *weise* Weisheit, ist weiblich.
»Hebräisch *Ruah*, Geist, ist weiblich, daraus ist im Lateinischen *Spiritus*, männlich, geworden. Hebräisch *Kochma*, die Weisheit, ist, wie griechisch *Sophia* weiblich. Diese ist manchmal Jahwes Gemahlin. Sie wird auch mit Christus gleichgesetzt, wenn ihn Paulus als die Sophia Gottes bezeichnet« (1 Korinther 1,24).
In einer männlicher gewordenen Kirche wird aus der weiblichen *Kochma/Sophia* der männliche *Logos*, schildert Rosemary Ruether.

»Mehrere christliche Lobgesänge der Weisheit Gottes setzen später für Sophia das Wort Logos ein ... Die Gestalt des männlichen Logos als *Heiliger Geist* übernimmt viele der hebräischen Traditionen der weiblichen Sophia und Kochma.
In vielen frühchristlichen Schriften ist der Geist weiblich, besonders in den apokryphen (nicht als rechtgläubig anerkannten) Evangelien. Im Hebräerevangelium wird gesagt: *meine Mutter, der Heilige Geist.*
Das Philipp-Evangelium bestreitet, daß Maria durch den Heiligen Geist empfangen hat, denn der Geist sei weiblich. *Wurde jemals eine Frau schwanger von einer Frau?*
In ketzerischen Schriften wird der dreieinige Gott als *Vater, Mutter und Sohn* beschrieben. Bei der amerikanischen Shaker-Sekte aus dem 18. Jahrhundert gibt es einen *weiblichen Messias.*«
Das kann man im heiligen Land Tirol gerade so finden, berichtet der Tiroler Volkskundler Norbert Mantl über die Kirche von Meransen, hoch oben über dem Pustertal.
»Dort ist eine Frau zu sehen, mit einem Schamtuch bekleidet wie ein Gekreuzigter hängt sie in den Ästen eines reich tragenden Apfelbaumes. Sie wird Gwerbet oder Borbet genannt. *Die* Gekreuzigte ist unverkennbar an Stelle *des* gekreuzigten Christi, freilich nur in der volkstümlichen Kunst.«
Es handelt sich um die in der Volkskunde so benannte »Heilige Kümmernis«, die in ganz Europa einst verbreitet war. Ursprung ist der »Volto santo« in der Kirche San Martino zu Lucca, westlich Florenz: ein romanischer Christus, der am Kreuz ein langes Gewand trägt und Schuhe. Pilger hielten ihn für eine Frau.
Am Kreuz hängt ein Mann. Am Kreuz hängt eine Frau. Am Kreuz hängen Mann und Frau. Christus ist beides. Gott ist beides.

IV. GOTT, EIN TRANSVESTIT

Was die feministischen Theologinnen aufführen, ist alles gut und schön, erregend und intelligent – und doch ein Krampf. Das Männliche läßt sich aus dem Christentum nicht wegemanzipieren. Die besseren Feministinnen sehen das auch, und es macht sie noch wilder.

»Wir dürfen uns«, ruft Rosemary Ruether, die wildeste, »nicht mit der femininen Seite Gottes oder Jesu zufrieden geben. Das wäre nur eine Verschärfung unseres Problems. Wir müssen die Anmaßung in Frage stellen, daß Gott immer noch männlich ist.«

Das ist der Krampf, liebe Feministinnen. Wir Männer wollten alles männlich. Ihr wollt alles weiblich. Aber das ist immer noch dasselbe, nämlich typisch männlich. Die Krampflösung lautet: Wir sind alle männlich *und* weiblich, weiblich *und* männlich.

Vorerwähnte »Heilige Kümmernis« ist keine Frau am Kreuz, sondern ein Mann in reicher Frauenkleidung, mit goldenen Schuhen, Märtyrerkrone und Vollbart. Christus, ein Transvestit.

Gott, ein Transvestit, ein Hermaphrodit: nichts paßt. Gott ist Mann ist Frau ist keine Frau ist kein Mann. Sondern Gott.

Heilige in Frauenkleidung und mit Vollbart sind nicht so selten, wie man meinen möchte. Zu diesen Mannweib-Heiligen gehören die hl. Galla (ihr Fest ist am 5. Oktober) und die hl. Paula (26. Januar). Von ihnen wie auch von der hl. Kümmernis läuft die Legende, sie wünschten sich ihren Vollbart vom lieben Gott, um *häßlich* zu sein. Auf diese Weise wollten sie als gute Christinnen den Nachstellungen heidnischer Freier entgehen, überhaupt als Frauen den ewigen, lästigen Nachstellungen der Männer entgehen. Nur keine sexuelle Belästigung.

Es hat aber mit diesen Bartjungfrauen mehr auf sich. Schon im Altertum gibt's allerhand vollbärtige Göttinnen. Im alten Rom die *Venus barbata*; im griechischen Zypern eine Aphrodite, die *Aphroditos* hieß, ein Mannweib.

Für häßlich hat der Damenbart nicht unbedingt zu gelten. Bei den ausgestorbenen Ainu, den weißhäutigen und sehr behaarten Ureinwohnern der japanischen Inseln hatten alle Frauen einen Vollbart auftätowiert. Er galt als weibliches Schönheitsmerkmal.

Seltsamerweise ist das Männerwort »Bart«, im Deutschen *der* Bart, in vielen Sprachen *weiblich:* lateinisch »barba«, dementsprechend italienisch, spanisch, französisch. Desgleichen serbokroatisch »brada«, russisch »boroda«, altgriechisch »hypene«.

Gerade die Jungfrau-, Mutter- und Liebesgöttinnen erscheinen gern als Frau *und* Mann. Sie haben männliche Doppelgänger, die mit ihnen identisch sind. Außer den vorerwähnten Göttinnen Venus und Aphrodite gilt das von der babylonischen Ischtar, kanaanäischen Astarte, ägyptischen Neit, karthagischen Tanit, etruskischen Turms.

Im großen Grimmschen Wörterbuch kann man nachlesen, daß im Germanischen »*Gott*« ein *Neutrum* war »wie Mensch und Tier, weil es Masculina und Feminina zusammenfaßt«.

Bei Erich Neumann, Die Große Mutter, sieht man ein Götterwesen aus Ton, gute zweitausend Jahre alt, aus der Bronzezeit Jugoslawiens, oben mit Brüsten, unten mit männlichem Glied.

Göttlich ist weiblich und männlich zugleich.

Unsre Seele, weil göttlich, ist weiblich und männlich. C. G. Jung, tiefenpsychologischer Hexenmeister, setzt sie zusammen aus der weiblichen *Anima*, gefühlvoll, weise, und dem männlichen *Animus*, brausend, mutig, verstandeskalt.

Schon der witzige alte Plato (»Gastmahl«, 5, 1, 189d) plaudert beim Abendessen vom Urmenschen als perfekte Kugel aus männlicher Hälfte und weiblicher Hälfte.

Von frauenbewegten Frauen bin ich immer gehaut worden, und genoß ihren Zorn, wenn ich sie aufmunterte: *Wir* Frauen gemeinsam sind stark. – Sie wollten unter sich sein. Wenn erst die Männer Frauen sind – was wird dann aus der Frauenbewegung?

Ich bin eine Frau, sag' ich: weil ich das Weibliche in mir spüre und entwickeln will. Das Gefühl, die Tränen, die Ausdauer im kleinen Krieg und großen Alltag und großen Leiden, ebensoviel Orgasmen wie sie, so gut riechen wie sie.

Die urgeschichtliche und antike Überlieferung: Mann ist Frau ist Mann, ging im Christentum nicht gänzlich verloren. Nichts geht im Christentum gänzlich verloren. Die *Gnostiker*, Mischung aus Christen und griechischen Heiden, sahen das immer so.

In einer langen Kette von Ketzerei, von den Gnostikern über Bogumilen, Katharer, diverse Mystiker – wurde das Mannweib, der Weibmann weitergereicht. Meister Eckhart, Mystiker und Ketzer (verurteilt 1329), forderte, jedermann – jeder Mann – solle Jungfrau und Weib sein:

»*Jungfrau* besagt soviel wie ein Mensch, der von allen fremden Bildern ledig ist ... Wenn nun der Mensch immerfort Jungfrau wäre, so käme keine Frucht von ihm. Soll er fruchtbar sein, ist es notwendig, daß er Weib sei. *Weib* ist der edelste Name, den man der Seele zulegen kann, und ist viel edler als Jungfrau. Eine Jungfrau, die ein Weib ist, die frei ist und ungebunden ohne Ich-Bindung, die ist Gott und sich selbst allzeit gleich nahe. Die bringt viele Früchte, und die sind groß, nicht weniger und nicht mehr als Gott selbst ist« (Meister Eckhart, Deutsche Predigten und Traktate, München 1979, S. 159f.; Predigt zu Lukas 10,38).

Mann und Frau, und Jungfrau und Weib – man kennt sich überhaupt nimmer aus, und das ist gut, so beginnt die Wahrheit.

»Eine Tochter kam zum Kloster und verlangte nach Meister Eckhart. Der Pförtner sagte: Wen soll ich melden? Sie sprach: Ich weiß es nicht. Er sagte: Warum wißt Ihr das nicht? Sie sprach: Weil ich weder ein Mädchen bin noch ein Weib noch ein Mann noch eine Frau noch eine Witwe noch eine Jungfrau noch ein Herr noch eine Magd noch ein Knecht. Der Pförtner ging zu Meister Eckhart: Kommt heraus zu der wunderlichsten Kreatur, von der ich je hörte, und laßt mich mit Euch gehen, und steckt Euren Kopf hinaus und sprecht: Wer verlangt nach mir? Er tat so. Sie sprach zu ihm, wie sie zum Pförtner gesprochen hatte. Er sprach: Liebes Kind, deine Worte sind wahr« (ebendort, S. 443).

V. DIE JUNGFRAU HAT EINE TOCHTER

Es gibt im Christentum zwei Traditionen der jungfräulichen Geburt: die Jungfraumutter gebiert einen Sohn; die Jungfraumutter gebiert eine Tochter. In der offiziellen Bibel ist nur die maskuline Version enthalten, die Geburt Christi. Die feminine Tradition, Mariä Geburt, entfaltet sich aufs schönste in diversen, aus der Bibel ausgesonderten Geschichten, sogenannten Apokryphen (insbesondere im Pseudo-Evangelium des Matthäus und im Proto-Evangelium des Jakobus).

Darstellungen von Mariä Geburt sind im Mittelalter auffallend häufig. In der Regel sind nur Frauen im Bild. Kommt auch Joachim vor, der Vater, der gar nicht der echte Vater ist, sondern seine Frau Anna

gebiert die Maria unbefleckt – so ist er deutlich abgetrennt von Anna, der Mutter, Maria, dem Kind, und all den übrigen Frauen, die bei der Geburt helfen, warmes Wasser in Schüsseln gießen, Tücher bereitlegen, ein Bad bereiten, der Wöchnerin was Gutes zum Essen bringen, oder auch nur hilfreich herumstehen.
Das alles spielt sich unter *einem* Dach ab, während Joachim unter einem zweiten, eigenen Dach abgebildet ist (z.B. bei Brenske, Ikonen, S. 14). Es ist, als seien Anna und Joachim getrennt von Tisch und Bett; das ist nicht unlogisch: Joachim ist ein Vater wie Josef, und auch Mariä Geburt ist eine Jungfrauengeburt.
»*Unbefleckte Empfängnis*« bezieht sich, anders als die meisten Nicht- und auch viele Christen meinen, nicht auf die Empfängnis Jesu durch Maria, sondern auf die Empfängnis Mariä durch Anna. Auch Maria wurde in Unbeflecktheit empfangen wie Jesus. Um die volle Reinheit Jesu zu garantieren, wird sicherheitshalber auch schon seine Mutter rein empfangen.
Was *rein* heißt, darüber haben sich Theologen einst – heute ist es uns, oh Fortschritt, wurscht – fast die Schädel eingeschlagen. Jungfräulich heißt dreifach jungfräulich:
Weder wurde die Scheide durch eindringende Samen verletzt; noch in der Gegenrichtung durch herauskommende Frucht; noch, wiederum in Gegenrichtung, nach der Geburt Jesu durch weitere Empfängnis und weitere Geburt. Keinerlei Verkehr in keiner Richtung zu keiner Zeit.
Diese äußerste Genauigkeit der Theologen, medizinisch getarnt und anatomisch lustvoll, ist Unzucht. Die glühenden Marien-Theologen braten dafür eine Zeit im Fegefeuer, bis Maria sie herausholt. Von ihr ist bekannt, daß sie ihren Verehrern immer hilft, was immer sie anstellen.

Mariä Geburt ist reine Frauensache. Nicht nur sind rund um Mutter und Kind ausschließlich Frauen, auch was von außen dazukommt und späterhin draus wird, ist feminin bestimmt. Geschenke werden gebracht – von Frauen, weiblichen Heiligen Drei Königen. Eine weiblich dominierte Dreifaltigkeit etabliert sich: Anna, die Mutter; Maria, Kind und Mutter; Jesus, Kind.

Ist auf Mariä-Geburt-Bildern die männliche Dreifaltigkeit zu sehen (Gott Vater, Gott Sohn, Gott Heiliger Geist), dann irgendwo oben im Eck, deutlich abgetrennt, wir sind ja hier bei der anderen Fakultät.

Die sogenannte *Anna Selbdritt* (Anna, Maria, Jesus) ist das Spiegelbild der männlichen Dreifaltigkeit. Selbdritt sind zwei Frauen, ein Mann (Sohn). Dreifaltigkeit sind zwei Männer, eine Frau; denn der Heilige Geist ist eine Heilige Geistin: die Taube ist das Tier der Liebesgöttin (Ischtar, Aphrodite, Venus usw.).
Das beliebte Ensemble »Krönung Mariä« ist gleichfalls eine weiblich untermischte Dreifaltigkeit: Gott, Sohn, Maria (die von den beiden ihre Königinkrone aufgesetzt bekommt).
Dreifaltigkeiten (drei göttliche Personen) gibt's ziemlich häufig in nichtchristlichen, vorchristlichen Religionen. Eine sehr alte weiblich dominierte Dreifaltigkeit findet sich im ägäisch-griechischen Raum: Demeter, die Erdmutter; Kore, ihre Tochter; Triptolemos, Sohn der Kore.
Im Anna-Selbdritt-Ensemble sitzen Maria und Jesus oft als Kinder rechts und links auf Mutter Annas Schoß, Maria ist ziemlich gleich klein wie das Jesuskind. Muttergöttinnen mit zwei Kindern, an jeder Brust eines, fand man im Mittelmeerraum schon aus der Stein- und Bronzezeit (mindestens 3000 v. Chr.).
In manchen Anna-Selbdritt-Darstellungen gibt's Maria doppelt. Auf dem Schoß der Anna sitzt rechts Maria als Kind, links sitzt sie nochmals als Erwachsene, mit Jesus als Kind auf *ihrem* Schoß. Aus der Bildersprache übersetzt, heißt das: Es ist nicht nur wichtig, daß die Mutter (Maria) einen Sohn hat, es ist ebenso wichtig, daß die Mutter (Anna) eine Tochter hat – die Mutter ist deswegen gleich zweimal dargestellt (als Anna und als Maria).
Manchmal wird Mutter Anna *nur* mit ihrer Tochter Maria dargestellt, ohne das Jesuskind – statt einer Anna Selbdritt eine Anna Selbzweit (bei Brenske, Ikonen). Ohne männliche Dazwischenkunft bleiben die heiligen Frauen unter sich.
Die große Göttin ist immer *eine* Frau: Anna Selbeint; Mutter ist Tochter ist Jungfrau ist Mutter usw. Selb ist selb, welches Zahlwort dahinter auch folgt.

Während das deutsche »*Selb*« die Identität präzise ausdrückt, ist lateinisch »*Person*« mehrdeutig: Vater *ist* Sohn *ist* Geist – aber es *sind*, verwirren uns unnötig die Theologen, *drei* Personen.
Person ist heute eitel, aufgeblasen, egozentrisch, mein eigenes, einmaliges, großartiges Ich, und nichts sonst ist so herrlich auf der Welt wie ich. Person war ursprünglich, im antiken Gebrauch, die *Maske*, hinter der sich die wirkliche Person verbirgt, die Maske des Schauspielers – was eine recht treffende Beschreibung des menschlichen Ich ist.
Später kommt vom Schauspiel, von den einzelnen Personen des Dramas *(dramatis personae)* der moderne Gebrauch: Person ist der einzelne, das Individuum.
In der Dreifaltigkeit: Person Gottvater, Person Gottsohn, Person Gottgeist – steckt noch jener alte Begriff der Person: Gott, Christus, Hl. Geist sind nicht nur echte Einzelpersonen, beglaubigt durch tausend Bilder und tausend Geschichten, sie sind auch drei Masken, geheimnisvolle, des *einen* innersten Geheimnisses Gott. Dieser ist kein Vierter, sondern er *ist* diese drei, sonst wär's nicht geheimnisvoll genug.
In komplizierten dogmatischen Verschlingungen, unter wüstem, vier Jahrhunderte währendem Streit bewegte sich die Kirche vorwärts bis zur Perfektion ihres Hexeneinmaleins: drei Personen *ist* ein Gott, ein Gott *sind* drei Personen.
Eine Meisterleistung menschlicher Intellektualität; wenn ich nachts nicht schlafen kann, lese ich in Denzingers »Enchiridion Symbolorum, Definitionum et Declarationum de Rebus Fidei et Morum«, er hält (36. Auflage, 1976) bei 3999 Glaubenssätzen, und ich bleibe lange wach auf lateinisch und griechisch.
Was auf lateinisch die drei *personae* sind, gleich drei Masken, sind auf griechisch die drei *prosopa*, gleich drei Gesichter. Ein Gott ist drei Masken, drei Gesichter sind ein Gott.

Kein Zufall, daß der christlichen Frömmigkeit die drei Männermasken Gottes, Männergesichter Gottes, nicht genügten – sehr bald (im Osten schon in den ersten Jahrhunderten n. Chr.) strahlte *Marias* Dreifaltigkeit Mutter, Tochter, Sohn.

In der »Volkstheologie« blieb die maskuline Dreifaltigkeit (Vater, Sohn, Geist) blaß und wenig beliebt. Die drei Chauvis, die Dreichauvigkeit, warf mir eine Jungfeministin vor. 2/3 hatte sie recht (Vater, Sohn), 1/3 ich (der Hl. Geist ist eine Taube; die Taube, das Begleittier der Venus, *ist* die Große Göttin).
Maria hat nicht nur ihre eigene Dreifaltigkeit (Mutter, Tochter, Sohn) – sie dringt auch *subversiv* ein in die männliche Dreifaltigkeit und macht draus Gottvater, Gottsohn und Gottesmutter Maria. Die Darstellung dieser drei Personen ist ungleich häufiger als jene der Dreifaltigkeit Vater, Sohn, Hl. Geist. Maria ist der Mittelpunkt: rechts der Vater, links der Sohn setzen ihr gemeinsam die Krone auf. Aus vorerwähnten chauvinistischen Gründen sind zwar die zwei Männer höher oben positioniert, aber Mittelpunkt ist die gekrönte Frau.
Sie sind alle miteinander verwandt und identisch. Der Vater zeugt den Sohn, der mit ihm identisch ist, mit Hilfe des Heiligen Geistes, der mit ihm identisch ist: Auf ungezählten mittelalterlichen Bildwerken sieht man den hellen Strahl aus dem Mund Gottes schräg abwärts ins Ohr der Maria. Sie empfängt durch das Ohr, Gott zeugt mit dem Mund – Jesus entsteht gemäß dem Bibelsatz »Das Wort wurde Fleisch«.
Auf dem schrägen Gottesstrahl rutscht die Heilig-Geist-Taube abwärts und hinein in Maria, oft auch rodelt Kopf voran schon ein kleiner Jesus hinab, mit geschultertem Kreuz.

Das ist zweitens sehr komisch und erstens sehr ernst zu nehmen. Die alten Theologen waren Surrealisten: *nur kühnste Identitäten* rühren an das Wesen des Geheimen.
Daher ist Maria auch identisch mit *Sophia*, der Weisheit als Person. Sie ist an einigen der schönsten Stellen der Bibel die begleitende Geistin, Gefährtin und *Braut Gottvaters*, von Anbeginn der Schöpfung gleichberechtigte Mitschöpferin.

Maria ist ebenso die glühende Braut im *Hohen Lied* des Königs Salomon, jenem erotischen Hauptkapitel der Bibel. »Erotisch« sagen wir, weil wir uns nicht getrauen zu sagen: »pornographisch«.

Für die Reinheit der Pornographie der alten Völker haben wir Heutigen eine zu dreckige Phantasie.
Glühend erwartet die Braut des Hohen Liedes den Bräutigam, und gegenseitig besingen sie ihre körperlichen Vorzüge auf das Schönste und Freiste, und auch was sie miteinander tun, steht schönst und freist geschrieben.
Die alten Theologen sagen: diese Braut ist Maria, dieser Bräutigam ist Jesus. Die beiden sind a) Frau und Mann b) Mutter und Sohn.
Und c) Schwester und Bruder. Sie sitzen ja gemeinsam als Kinder, gleich klein, gleich groß, gleichberechtigt auf dem Schoß der Mutter Anna Selbdritt.
Das ist das Band, das dreifache, welches im Alten Orient Muttergöttin und Jungfraugöttin umschlang mit dem sterbenden und auferstehenden Sohn, Bräutigam und Bruder.

Realisten kommen da nicht mit. Falsch. Auch in ihnen schlummert, verpuppt, der Schmetterling Phantasie. Auch sie haben, versteckt, die Gottesgabe zu begreifen, ohne zu begreifen; keusch also. Kommt, Brüder, Schwestern, reden wir, denken wir, fühlen wir, trinken wir vielleicht ein Achtel Rotwein oder zwei. Auch ihr wißt alles.

Jesus und das Eichkatzel

I. DU RASEST

»Paulus, du rasest«, sagte zum Apostel der römische Statthalter Festus (Apostelgeschichte 26,24). Eine Ahnung schwingt mit, daß der Rasende recht hat. Das Rasen des Zeitalters spüren wir alle; das Zeitalter rast erst seit Christus, vorher war die Weltgeschichte zwar auch nicht so schön, aber etwas stiller und weniger verrückt.
Doppeltes Rasen: Erstens wird alles immer schneller, zweitens wird alles immer verrückter.
Wider das Rasen stehen Vernunft, Aufklärung, Humanismus. Drum schätzen wir diese drei.
1) *Aber* die Vernunft, wenn sie kalt, dürr, phantasielos ist, bringt nichts.
2) *Aber* die Aufklärung bedarf selber der Aufklärung: »Die vollends aufgeklärte Welt strahlt im Zeichen triumphalen Unheils«: ein versteckt religiöser Satz der schlau gewordenen Marxisten Horkheimer und Adorno (1944, »Dialektik der Aufklärung«, gleich eingangs).
3) *Aber* der Humanismus geht im Kreis: Der Humanismus kommt von der Menschlichkeit, und die Menschlichkeit kommt vom Humanismus. Aus diesem Teufelskreis kommt der Nichts-als-Humanismus nicht heraus.
Nicht mehr im Kreis gehen: damit der Mensch versteht, dazu braucht er Wissen, das mehr ist als Wissenschaft. Nämlich Wahnsinn. Nach »Du rasest, Paulus« fügt Festus hinzu: *»Die große Kunst machet dich rasend.«* So übersetzt Luther. Die Einheitsübersetzung (1980) verständlicht: »Das viele Studieren in den (heiligen) Schriften treibt dich zum Wahnsinn.«

Daß die Triebkraft zum Wahnsinn die *Kunst* ist (*»multae litterae«*, eigentlich: »die Literatur«), ist die tiefere Übersetzung Luthers. Es geht um die Schrift, die heilige, die Literatur aller Literaturen, die Kunst aller Künste! Sie ermöglicht dem Apostel die Antwort an den Statthalter: »Ich bin nicht verrückt, mein bester Festus, sondern ich rede wahre und nüchterne Worte.«
Nämlich: »Daß Christus leiden müsse; und daß er als erster auferstanden ist von den Toten; und daß er den Menschen das Licht verkündigt.«
Nur diese wahre und nüchterne, rasende und wahnsinnige Botschaft enthält den wirklichen Jesus Christus. Alles, was unter dieser Verrücktheit bleibt, hilft nicht. Seht, was für ein wunderbarer Mensch dieser Jesus war: ein schöner, wahrer Satz, aber Christus ist, außer wunderbarer Mensch, auch Retter und Befreier, Richter und Erlöser. Das ist der Wahnsinn.
Dem humanistisch behübschten Jesus fehlt das Salz der christlichen Verrücktheit. *»Du rasest, Paulus«* ist das Motto des Christentums. Du mußt verrückt sein – sonst hast du nichts davon.
Sondern bist Humanist und normal. Und das reicht nicht.
»Ecce homo«, sagt der Römer Pilatus zu den jüdischen Hohepriestern, »Seht, da ist der Mensch«. Das nimmt man gern edel humanistisch. Es ist aber der Hinweis, daß Humanismus ratlos ist. »Ecce homo« ist Auspeitschung, Dornenkrone, Purpurmantel, nutzlose Unschuld, Kreuziget ihn und tatsächliche Kreuzigung. Trost ist nicht zu beziehen aus dem Mensch-Sein. Jesus stirbt trotzdem, Christus lebt trotzdem. Und das ist dann der Trost, den der Humanist nicht nimmt: die christliche Verrücktheit.
Entweder der volle christliche Wahnsinn, oder alles ist Schwindel, sagt Paulus ganz unbarmherzig. »Ist Christus nicht der Auferstandene, dann ist unsere Verkündigung ein leeres Geschwätz« (1 Korinther 15,14).

Humanismus ist der ehrwürdigste, altmodischste aller Ismen. Er ist ein *Glaube*, der aber zu kurz zielt. Er glaubt, daß der Mensch im Mittelpunkt steht. Dazu ist der Mensch gar nicht geeignet. Man sieht doch, wie's zugeht, seit der Mensch im Mittelpunkt steht.

Ich glaube an den Menschen! – Woran glaube ich da?
Der Mensch ist ein Räuber, Mörder, Schänder der Natur und seiner Mitmenschen.
Ich glaube trotzdem an den Menschen! – Das ist sympathisch, aber es bringt trotzdem nichts.
Der Humanismus ist vernünftig und wird täglich widerlegt. Das Christentum ist – verrückt und kann nicht widerlegt werden.
Der Mensch als Gott seiner selbst macht eine klägliche Figur.
Gott schaut sich das an und denkt: Die Menschen werden schon selber drauf kommen. Gerade jetzt denkt er das; gerade jetzt sollen wir draufkommen.

Der Humanismus ist tot, soviel er auch beschworen wird. Wenn eines aus der Geschichte gelernt werden kann, zumal aus der neueren und neuesten, dann dies: Der Mensch ist nicht verläßlich.
Der Mensch ist ein Gotteswunder und Gottes Ebenbild. Aber alleingestellt, Ebenbild ohne Vor- und Urbild, taugt er nicht. Daß wir Ebenbild Gottes sind und Krone der Schöpfung, ist eine Schmeichelei Gottes. Er sagte das, um uns zu ermuntern. Der Erfolg war, daß wir arrogant wurden statt besser.
Tot ist der nichts als humanistische Humanismus, der den Ausblick verschließt auf ein Reich, das den Menschen übersteigt und ihm Hoffnung gibt über den scheiternden Menschen hinaus. Ist der Nichts-als-Humanismus tot, hat das auch Folgen für das Jesus-Bild: auch das nichts als humanistische Jesusbild des verflossenen und soeben verfließenden Jahrhunderts ist tot.
Der nichts als menschliche Jesus gibt keine Hoffnung. Der wunderbare Mensch Jesus stirbt elend und ist dann nichts als tot.
Für die Kirche(n) war das immer schon klar. Die katholische Kirche hat in den ersten Jahrhunderten ihres Bestehens einen wütenden und auch barbarisch totalitären Kampf geführt gegen Ketzer und Sekten, die sich mit dem Menschen Jesus begnügen und den Gott Christus wegoperieren wollten.
Gesiegt haben die Wahnwitzigen, die darauf beharrten, daß Jesus nicht nur ein wunderbarer, vollgültiger Mensch ist, sondern wesen-eins mit Gott. Die Schlacht um die Göttlichkeit Jesu war lang, sie

füllte die ersten fünf Jahrhunderte der Kirchen- und Ketzergeschichte, und sie verlief sehr menschlich, d.h. unmenschlich.
Voll Machtgier war der heilige Streit, voll Niedertracht, Intrige und Wut, blutig auch. Aber es ging um was, und wenn Menschen kämpfen, kämpfen sie menschlich, d.h. häßlich. Eine heilige Schlacht war's trotzdem.
Die gewonnene Göttlichkeit Christi ist kein abgeschlossenes Kapitel in der Geschichte des Christentums. Die dogmatisch pedantische Absicherung der Wesenseinheit Gott = Christus, Christus = Gott; die Niederschlagung entgegenstehender Meinungen mit aller Brutalität geistlicher und weltlicher Macht – das war kein christlich erbauliches Schauspiel.
Da müssen die Katholiken schon dankbar sein, daß eine reiche und widersprüchliche Fülle von Gegenbewegung gegen sie stattfand, mit dem Ergebnis der Wiedervermenschlichung eines allzu vergöttlichten Jesus Christus.
Der mystisch intime Christus, dein persönlicher Freund, Bruder, Geliebter; der aufgeklärte Christus, im edlen Einklang mit Vernunft und Menschenrechten; der humanistische Christus, Geistes-, Liebes- und Friedensfürst; der romantische Christus, der die liliengeschmückten Felder durchstreift mit Gefährten und Gefährtinnen, da und dort gut essend und trinkend – kein Christus ist der falsche, jeder der richtige, keiner der komplette.
Als Schüler liebte ich jüdische Witze, es waren Zeiten, in denen das Grauen der Vernichtung noch fern schien. Moische sitzt im katholischen Religionsunterricht als Gast, weil sein Rabbi krank ist. Um sich besonders nett zu zeigen, stellt am Ende des Unterrichts der katholische Religionslehrer ihm die Frage: »Es sitzt auf dem Baum, hat einen buschigen Schweif und knabbert Nüsse. Was glaubst Du, was das ist, lieber Moische?«
Dieser hat die ganze Stunde lang von nichts als von Jesus gehört und antwortet: »Wenn Sie mich fragen, ist es ein Eichkatzel, aber bei Ihnen ist es bestimmt das liebe Jesulein.«
Moische hat recht.
Die Christusbilder kommen nicht zur Ruhe. Kaum ist der menschliche, nahe Jesus gewonnen, brauchen wir, im Gegenteil, den göttlichen Christus.

Ja, natürlich war Jesus der erste Humanist, der erste Sozialist, der beste Revolutionär, der erste Hippie, ein Blumenkind, ein Ausgeflippter, ein Alternativer. Aber alle diese Nahebringungen haben auch was Läppisches an sich, sie stillen die große Sehnsucht nicht, und nicht die große Angst.

Die meiste Angst hat der moderne Mensch vor Leid und Tod; der gefolterte, sterbende, tote Jesus ist der unmodernste Jesus; zugleich der aktuellste, denn die moderne Welt ist voll Tod. Die moderne Welt ist voll Jesussen.

Der moderne Widerwillen vor dem Tod; der moderne Wunderglaube, die Wissenschaft wird den Tod besiegen – dem beugen sich auch die modernen Theologen. Die »Konservativen«, mit ihrem stur unmodernen Beharren auf Leiden, Tod und Tragik, haben hier ein Verdienst, das die »Progressiven« anerkennen sollen, die mitmarschieren im Marschblock des Fortschritts.

Der Tod ist der Durchgang vom menschlichen Jesus, der uns nicht reichen kann, zum Christus, der rettet und befreit.

Der voll durchgestylte Jesus Christus der Kirche(n), definiert durchs »Parteiprogramm« – ist nicht mein Jesus und nicht dein Jesus. Der Christus läßt sich nicht ausgrenzen durch »Jesus, der wunderbare Mensch« und nicht eingrenzen durch Definitionen, die von der theologischen Intelligentsija gebastelt wurden mit jahrhundertelangem Riesenaufwand an köstlichem Gehirnschmalz.

Jesus läßt sich nicht einfangen. Persönliche, historische, aktuelle Ketzereien machen ihn immer wieder neu, und die stets zu reformierende Kirche zieht dann mit, nicht voran, doch immerhin hinterdrein.

Heute, da alle Ismen dahin sind, alle Werte verfallen, aller Sinn in Krise: zum Teufel hinein (das ist die richtige Anrufung), ich kann's schon nicht mehr hören, das Gejammer und Gelaber. Ja, heute hilft nur noch der volle christliche *Wahnsinn*.

Jesus ist der große Unlogische, der größte Übertreiber. Schon wer hinschaut, begeht Ehebruch. Wen sein Auge ärgert, der soll es ausreißen. Die Scheidung ist aus keinerlei Grund möglich (ein, zwei unwichtige Ausnahmen) – so daß die Jünger sagen, ja, dann ist's besser, gar nicht zu heiraten. Hat genau *das* Jesus im Sinn? Er sagt ja auch: eine Möglichkeit ist, sich selber zu kastrieren. Und er sagt nicht nur: scheiden darf man sich nicht, sondern auch: die eigene

Ehefrau muß man hassen und ihm nachfolgen, also seine Frau verlassen, jene, von der man sich nicht scheiden darf und die man hassen muß.
Keine Scheidung und seine Frau hassen – eine stets aktuelle Variante des Verheiratetseins.
Man muß sich Jesu *Verrücktheit* durch grobe Gegenüberstellung zu Gemüt führen. So wird gänzlich klar, daß er uns damit etwas Wichtiges sagen will, das die Theologen wegdrücken durch peinlich berührtes Schweigen oder durch noch peinlichere Versuche der Harmonisierung. Nein, ich glaube, Jesus will uns sagen... aber er sagt es ja selbst: »Wer es fassen kann, der fasse es«.
Ein Wesentliches am Geheimnis ist immer das Absurde.
Der volle christliche Wahnsinn. Paulus ist verrückt, Christus ist verrückt, Gott ist verrückt. Torheit, stultitia, moría, foolishness, folie – in allen Sprachen, Ursprache und Übersetzungen, tönt die *Verrücktheit* des Evangeliums. Der rasende Paulus ruft sie aus sechsmal hintereinander (1 Korinther 1,17–27). Er gibt auch einen vernünftigen Grund dafür an. Weil nämlich die Vernunft (die kalte, enge) das Kreuz reduziert auf ein Nichts.
»*Gott ist verrückt*«. Damit meine ich, sehr respektvoll, die positive Eigenschaft des Nicht-Normalen, total Außergewöhnlichen, Unbegreiflichen, Ver-rückten.
Das hat Gott *absichtlich* gemacht: er stößt uns in ein Zeitalter, in dem wir täglich erleben, daß die kalte, enge Vernunft Unheil und Untergang produziert. So werden wir auf die Unvernunft des Christentums zart aufmerksam gemacht.
Wir leben in einem fruchtbaren Zeitalter. Gott erweist sich als humorvoll. Gott hat einen eigenartigen Humor.

II. EIN MIESER BOCHER

Friedrich Torberg sagte manchmal (Milan Dubrovic stimmte in dieser Erinnerung mit mir überein): »Jesus Christus war ein mieser Bocher.«
Gebildete Wiener wußten damals noch (es waren die fünfziger Jahre), und gebildete New Yorker wissen immer noch, was ein *Bocher*

ist. Hebräisch bzw. Jiddisch ein Jüngling, und zwar ein Talmudschüler.

Jesus war ein schlechter Talmudschüler. Torberg, der letzte große jüdische Schriftsteller in deutscher (österreichischer, Prager, Wiener) Sprache, war ein emanzipierter Jude, der sehr am Jüdischen hing. Sein vorerwähnter Satz war kränkend, aber merkenswert. Er hieß wohl: In meinem Talmud steckt mehr als in eurem Christentum.

Vergeßlich wie ich bin, hab' ich mir Torbergs Merksatz aufgeschrieben und den Zettel auf meinen Schreibtisch geklebt. Jesus Christus war ein mieser Bocher, weil er ein Wahnwitziger war. Kein braver Talmudschüler, sonst wäre er nicht aufgehängt worden.

»*Er ist verrückt*«, versuchte ihn seine Familie zu entschuldigen (Markus 3,20). »*Er ist besessen*«, ärgerten sich die Schriftgelehrten (ebendort 28). Die jüdische ist eine vernünftige Religion. Wer meint, Gott hat ein Kind gekriegt und sagt: Ich bin Gottes Sohn – ist wirklich ein mieser Bocher.

Jesus war eine Skandalnudel. Er war keineswegs nur Liebe, wie ihm die Frömmler und Fortschrittlichen anhängen in seltsamer Einigkeit. Er war auch Gewalt. Bringer des Schwertes, Schleuderer der Feuerbrände.

»Ich bin gekommen, zu bringen das Schwert« (Matthäus 10, 34). »Gekommen bin ich, ein Feuer anzuzünden« (Lukas 12,49). Und zwar schlechthin »auf Erden« und mit Ungeduld: »Was wollte ich lieber, denn es brennete schon.«

Jesus, der Wahnsinnige. Ein Dreinhauer und Brandstifter. Brave Christen meinen, die Gewaltgeschichte des christlichen Abendlandes sei eine Entgleisung. Aber in diesem Jesus ist die Blutspur angelegt, er war auch der vorweggenommene Mohammed, der heilige Krieger. Was immer die Christen angerichtet haben, diese Supermohammedaner der Weltgeschichte, es ist enthalten schon in Jesus Christus. Jesus ist keine schöne Gestalt.

Tertullian, der erste große christliche Intellektuelle (um 200 n. Chr.) hat rätselhaft behauptet, Jesus sei von Gestalt häßlich gewesen.

Jesus, der miese Bocher. Das soll Gottes Sohn sein? Zu seiner Zeit haben das viele behauptet, es wimmelte von falschen Messiassen. Einer behauptete es nicht nur, sondern *war* es. Skandal der Skandale. Der strenge, jüdische oder muslimische, Monotheist hat recht. Aber was ist da zu machen, Gott *hat* eben einen Sohn gezeugt. Gegen Gott kann man nicht recht haben.

III. DER JESUS UND DER HITLER

»Der Jesus und der Hitler, dös san doch die zwa Größten«. – Der Satz steht in den auch sonst sehr lesenswerten Memoiren des Albert Massiczek, Österreicher, Ex-Nazi, Katholik. Er hörte ihn von einem besoffenen Wiener am 13. März 1938.
Der Österreicher hat eine abgefeimte Art, Wahrheiten zugleich zu verbreiten und zu vernichten. Für Thomas Bernhard war es Gegenstand besonderer Beschimpfung, wie mühelos sich im Österreicher Katholik und Nazi verquicken. Der Österreicher Friedrich Heer schrieb darüber die Biographie »Der Glaube des Adolf Hitler« (2 Bände, 1967 und 1989, 1500 Seiten).

Maria hingegen macht mir keine Probleme. Der liebe Gott ist außer lieb auch böse. Maria ist nur lieb. Jesus ist schwierig. Als Christkind nicht, aber als Erwachsener. Liebt man ihn, als moderner Mann, wird es eine schwule Sache. Er ist außer lieb und gütig auch zornig und ungerecht. Er ist voll Blut und Wunden.
Ein Gott, der stirbt und aufersteht, erinnert den Gebildeten an vorderasiatische Fruchtbarkeitsmythen, und den noch Gebildeteren an die Auferstehungsgötter der griechischen Mysterienkulte, Dionysos und Zagreus.
Der heilige Geist ist ein körperloses Gespenst oder eine Taube, die beim Großstädter kein Ansehen genießt. Aber Maria ist attraktiv. Das mit der Jungfrau stimmt ja nicht, sie ist doch auch Mutter. Eine junge Frau mit Kind und ohne Kindesvater, ein moderner Single, eine alleinerziehende Mutter.
Nur Jungfrau wäre lächerlich, eine Einladung zu schlechten Witzen. Nur Mutter wäre hausbacken. Mutter *und* Jungfrau ist die ideale Kombination aus Wärme und Erotik.
Der steile Aufstieg der Maria in der katholischen Kirche ist eine

Vorwegnahme des Feminismus. Daß die Protestanten Maria bei sich austrieben, war ein schwerer Fehler. Ohne heilige Frau stehen sie als theologische Machisten da.
Maria gibt den Katholiken ihre Überlegenheit. Ohne Muttergöttin neben dem Vatergott ist Religion schon ein halber Atheismus. In diesem Punkt sind die von ihren eigenen Intellektuellen stets denunzierten Österreicher tadelsfrei. Soweit sie katholisch sind, sind sie hauptsächlich Marien-Anhänger.
Hie Jesus, hie Hitler. Hie die Menschen, speziell die Österreicher (Hitler war ja Österreicher, oder wenigstens Oberösterreicher). Trostes sind wir dringend bedürftig. Überwältigt sind wir vom Nachweis, daß alle Österreicher Nazis sind, auch und vor allem die Katholiken, und die ganz gewöhnlichen Deutschen, des Österreichers Hitler willige Vollstrecker. Satire ist Schrei des Herzens.
Ich helfe mir, so gut ich kann, also nicht sehr gut: In dem vorerwähnten Memoirenband Albert Massiczeks schiebe ich das Diogenes-Taschenbuch »Meister Eckehart, Deutsche Predigten und Traktate« (1979). Gewonnen.
Dem Meister Eckehart ist zu entnehmen, daß Gott, Christus, Maria und alle Heiligen *wir* sind, und wenn *wir* lauter Nazis sind, sind *wir* drum doch nicht trostlos, sondern besserbar, weil in obiger guter Gesellschaft befindlich.
Eckehart: »Die Meister sagen gemeinhin, alle Menschen sind in ihrer Natur gleich edel... All das Gute, das alle Heilige besessen haben, und Maria, Gottes Mutter, und Christus nach seiner Menschheit, das ist *mein Eigen* in dieser Natur.«
»*Du mußt frei sein vom Nicht* ... Soll ich sagen, was mich brennt: das Nicht tut's ... Seht eben dieses Nicht brennt mich... Ich sage fürwahr: Soviel dir vom Nicht anhaftet, so weit bist du unvollkommen. Hierum, wollt ihr vollkommen sein, so müßt ihr frei sein vom Nicht.«
Wir Antifaschisten brauchen zum Nicht ein Ja, zum Anti ein Pro.
»Warum geht ihr aus? Warum bleibt ihr nicht in euch selbst und greift in euer eigenes Gut? Ihr tragt doch alle Wahrheit wesenhaft in euch.«
Meister Eckehart, deutsche Predigt Nr. 6.

IV. INTELLEKTUELLE SIND IDIOTEN

Eines schönen Morgens bekam ich Lust zum medialen Selbstmord und schrieb den Essay »Intellektuelle sind Idioten« (»Der Spiegel«, Nr. 18/93). Seither bin ich unten durch bei meinen Mitintellektuellen und habe Zeit zum Bücherschreiben.

Gibt es eine Wiedergeburt? Quintus Septimius Florens Tertullianus wurde etwa 155 n. Chr. in Karthago geboren und starb etwa 220 ebendort. Tertullian war ein Intellektueller und Angreifer seiner Mitintellektuellen, wegen deren Idiotie, kalter Intellektualität, Beschränktheit auf die dürre Vernunft. Er wollte, ausgestattet mit Schreibkraft und Streitlust, in die Tiefe des Paradoxen, in den Glanz des Mysteriösen, Absurden.

»*Credo quia absurdum*«, »Ich glaube, weil es absurd ist« – das Zitat haftet an Tertullian bald schon eintausendachthundert Jahre. Es steht nirgendwo in seinen etwa fünfzig bis hundert Schriften. Aber bei falschen Zitaten ist das oft so: sie treffen haarscharf, was der Autor meint.

Im 5. Buch seiner Schrift »De carne Cristi«, »Vom Fleisch Christi« (um 200 n. Chr.) steht:

»Natus est Dei filius: non pudet quia pudendum est; et mortuus est Dei filius: prorsus credibile est, quia ineptum est; et sepultus resurrexit: certum est, quia impossibile.«

»Geboren wurde Gottes Sohn: das ist keine Schande, weil es schändlich ist, und gestorben ist der Sohn: das ist gänzlich glaubhaft, weil es unlogisch ist; und der Begrabene ist auferstanden: das ist gewiß, weil es unmöglich ist.«

Dem offiziösen katholischen »Lexikon für Theologie und Kirche« fällt dazu ein bzw. auf: »Der kath. Denkweise das Credo quia absurdum anhängen zu wollen, wie es gelegentlich vorkam, verstößt einfach gegen den guten Geschmack.«

Ui, der einfach gute Geschmack als Kriterium von Christentum. Besser hält man sich an den Christen Kierkegaard, der aus dem Absurdum den ganzen modernen Existenzialismus herausspann. Oder gleich an den heiligen Apostel Paulus und dessen kühnes, existenzialistisches Bekenntnis zur Absurdität (1 Korinther 1,17ff.).

»... nicht mit klugen Worten... Torheit ... zunichte machen die

Weisheit der Weisen... Torheit... Torheit ...« Sechsmal ruft Paulus »Torheit«, Satz auf Satz. Die englische Bibel hat das noch härtere »foolishness«, die französische: »folie«, *»Verrücktheit«*.

Gott hat was gegen die klugscheißenden Intellektuellen. »Vernichten werde ich die Intelligenz der Intelligenten. Wo ist der Kluge? Wo ist der kultivierte Mensch? Wo ist der Kommentator dieses Zeitalters?« (Jesaja 29,14, zitiert von Paulus a. a. O.; meine Übersetzung lehnt sich an die moderne französische Jerusalem-Bibel).

Wenn das »Lexikon für Theologie und Kirche« an die Absurdität des Glaubens die Latte des guten Geschmacks legt, grenzt dies an Blasphemie. Den drei großen christlichen Absurden: Paulus, Tertullian, Kierkegaard muß man gerade wegen ihrer Verstöße gegen den guten Geschmack viele ihrer sonstigen Absurditäten verzeihen.

Tertullian ist der typische Intellektuelle. Ergriffen vom Geheimnis, kann er es nur ertragen mittels Witz und Wortspiel. Fromm sein kann er nur durch Anstreifen an Blasphemie. Seine Festigkeit im Gottesglauben beweist er durch seine Lust zur Lästerung. Sein Christentum nimmt den modernen Umweg über die Ironie. Er war der früheste und vorderste Intellektuelle in der Geschichte des Christentums, und er war es gleich mit der kompletten Darbietung aller Tugenden und Untugenden des Intellektuellen.

Er war Heide, Christ, Ketzer und innerhalb der Ketzerei Abweichler von den Abweichlern, gründete aus Verachtung der Sektierer seine eigene Sekte, verteidigte Glauben und Kirche, verunglimpfte Glauben und Kirche. Gleichzeitig oder hintereinander war er alles und dadurch gar nichts.

Ecce scriba. Siehe ein Schreiberling.

Der Intellektuelle ist nicht Fisch und nicht Fleisch, sondern sowohl Fisch wie Fleisch. Er ist ein Natur- und Kunstmensch, letzteres mehr. Seine Welt besteht nicht aus Menschen und Dingen, sondern aus Sätzen, Worten, Lauten, Anklängen, Wohlklängen, Widerklängen. Es läutet ihm nicht das Leben, sondern es weben sich Texte. Er gehört zur Literatur und doch nicht, zur halben Philosophie und zur halben Theologie. Er neigt zum wüsten Unglauben und zum wüsten Glauben. Er ist ein exzessiver Zweifler und Kämpfer, nämlich auch an sich und gegen sich. Mysteriöses fasziniert ihn; er nähert sich ihm durch Überspitzung und Übertreibung. Seine Vernunft ist voll Unvernunft.

Indem der Intellektuelle aus dem wahren Leben ver-rückt ist, entwickelt sich seine kleine Analogie zur Verrücktheit Gottes, Christi und des heiligen Geistes. Der perfekte Intellektuelle ist der perfekte Idiot, der Heiligkeit unwert, aber unweit von ihr.
»*Wer Gott lästert, lobt Gott*«: Meister Eckehart (gest. 1329), ein anderer großer Absurder. Der Satz wurde vom Papst Johannes XXII. verurteilt.
In meinen Bücherregalen, ich bin ein Pedant, hab' ich die Heiligen alphabetisch geordnet. Eckehart ist keiner, Tertullian ist keiner, aber ich hab' sie dort eingereiht.

V. CHRISTUS AM WEINSTOCK

In der Hainburger Au, donauabwärts von Wien, war ein Riesenkraftwerk im Bau. Da haben wir, im Winter 1984, die Bäume umarmt, uns an sie geklammert, bis uns die Polizisten wegprügelten. Das Kraftwerk wurde nicht gebaut. »Spinner sind das« – sagten damals die meisten Mitbürger. Heute sind wir alle mehr oder minder angegrünt. Heute ist uns viel eher begreiflich, warum in fast allen Religionen der Erde die Bäume hohe Bedeutung haben.
Alfons Rosenberg, deutscher Religionshistoriker, schrieb das schöne Buch »Wandlung des Kreuzes. Die Wiederentdeckung eines Ursymbols«:
Das Paradies der Bibel, erklärt er, »war ein Baumgarten, in der Mitte der Baum des Lebens, ein Baum mit Früchten, und aus seinen Wurzeln brachen vier Flüsse, kreuzförmig. Dies ist die erste Erwähnung des Kreuzes in der Bibel – als ein Lebens-, Frucht- und Wasserkreuz.«
Der Lebensbaum als heiliges Kreuz, und das Kreuz als heiliger Lebensbaum: es gibt kaum eine Religion der Erde, in der Baum und Kreuz nicht in solchem Zusammenhang erscheinen. Das Kreuz im Christentum ist unvergleichlich, aber es ist nicht einmalig.
Kreuze als religiöse Zeichen fanden sich im alten China wie im ältesten Vorderasien (Sumer); in Ägypten wie in den semitischen und afrikanischen Religionen; im alten Kreta wie bei den Kelten und Germanen; bei den nordamerikanischen Dakota-Indianern wie bei den Azteken in Mexiko.

Bei den Griechen wurde das Kreuzzeichen auch ins Brot eingeschnitten. Unsere Semmel war ursprünglich gleichfalls kreuzförmig geteilt, Symbol für Leben und Fruchtbarkeit.
Auch im Christentum war das Kreuz ursprünglich Lebensbaum und »leer«: Es hing kein Christus drauf, kein »Haupt voll Blut und Wunden«, wie es im evangelischen Kirchenlied heißt.
Erst seit der gotischen Kunst wird der Gekreuzigte als »Schmerzensmann« dargestellt, mit sterbend geschlossenen Augen. Die romanische Kunst zeigt ihn am Kreuz, aber schmerzfrei, mit offenen Augen, als König, Sieger und Versöhner. In der frühesten christlichen Kunst ist er gar nicht am Kreuz, sondern steht aufrecht *vor* diesem, als ein bereits Auferstandener.
Es ist gut, sich dies vor Augen zu halten. Ein Kreuz ohne tödlich Gekreuzigten kennen wir schon gar nicht mehr. In einer Mariazeller Bude, »Andenken und Wallfahrtswaaren« stand drauf, sah ich auf langen waagrechten Stangen ein Kruzifix nach dem anderen, in mehreren Etagen übereinander, ein schrecklicher Anblick.
»Wieviel Kruzifixe haben Sie da?« fragte ich den Budenbesitzer.
»Cirka dreitausend«, sagte er.
Angelus Silesius, deutscher Mystiker des 17. Jahrhunderts, schrieb in einem Lied auf das Kreuz:

»Gewiß ist dieser Baum
vom Lebensbaum gehegt,
Weil er solch edle Frucht,
das Leben selber, trägt.«

Christus, als Frucht und Leben selber, hängt auf keinem Todeskreuz. Im heutigen Iran, in der ausgegrabenen Stadt Susa, eine der ältesten Städte der Welt, fand man auf einem steinernen Siegel: in der Mitte ein Kreuz, rechts und links einen Baum. Deutlicher kann man die Gleichung Baum = Kreuz = Baum nicht darstellen; das Siegel stammt aus etwa 3000 vor Christus.
Vom vieltausendjährigen Kreuz als Symbol des Lebens ist's ein weiter Weg zur heutigen skurrilen Debatte, ob Kreuze mit Christus, oder nur ohne Christus, oder überhaupt keine, in den Schulen hängen dürfen oder müssen.
Daß Christus mitsamt seinem Kreuz den Menschen ein Ärgernis ist, gehört zum Wesen des Christentums. Allzu glatt und vernünftig

meinte Goethe, der sich abwechselnd als Heide und Christ bezeichnete: »Jesu Leben ist wesentlicher als sein Tod.«
Was die kalte Vernunft alles zu erwarten hat an Rätsel und Seltsamkeiten, zeigt gerade die Beschäftigung mit dem Kreuz. Es gibt auch ein »feministisches Kreuz«. Es hängen nämlich gar nicht so wenige *Frauen* am Kreuz, in volkstümlichen Bildnissen, quer durch Europa, meist genannt: die »heilige Kümmernis«.
Sie hat einen Bart, weibliche Kleidung und zierliche goldene Schuhe, die sie einem armen Musikanten zuwirft, der zu ihren Füßen Geige spielt.
Manchmal ist dieser weibliche Christus auch nackt bis auf ein Lendentuch, so im Kirchlein von Meransen, hoch über dem Südtiroler Pustertal, berichtet der Volkskundler Norbert Mantl. Diese »Frau Christus« hängt im Geäst eines reich Früchte tragenden Apfelbaumes.
Der Ursprung liegt im Dom von Lucca, bei Florenz. Mittelalterliche Pilger hielten den hier hängenden Christus für eine Frau, weil er, nach einer Tradition der Ostkirche, mit einem knöchellangen Gewand bekleidet ist und Schuhe trägt.
In Gegenden, wo Wein wächst oder einst wuchs (früher war Weinbau viel verbreiteter), finden wir Christus am Weinstock als schönstem Lebensbaum.
So im Dominikanerkloster in Friesach, Kärnten, und am Altar der Kirche von Thallern, Weingut des Heiligenkreuzer Zisterzienser-Ordens, nächst Baden bei Wien.
Noch drastischere Darstellungen gibt es, da wird Christus in der Weinpresse gekeltert. Manchmal sieht man sein Blut fließen, Engel fangen es in einem Meßkelch auf.
In Thallern ist Giuliano Giuliani, Barockmeister aus Venedig, mit Ironie am Werk: rechts und links von Christus am Weinstock sitzen ihm zu Füßen zwei Weinbauern, einer mit Haue, einer mit Schaufel. Sie sind, abgesehen von ihren goldenen Lendenschürzen, nackt. Über ihnen zwei Englein mit goldenen Kelchen. Offensichtlich hat der rechte, er hält seinen Kelch ganz schief, einen Schwips.
Heute sind uns solche Bilder seltsam: Religion wird mitten hinein ins Leben gestellt. Statt daß es uns peinlich ist, sollten wir darüber froh sein.

VI. CHRISTUS AM WÖRTHERSEE

Ich schreckte vor nichts zurück; ich begab mich nach Kärnten, und als ob dies nicht reichte, in einen Hörsaal der angeblichen Klagenfurter Universität. Nach einem Bad im Wörthersee und einem durchaus menschlichen Gespräch mit zahlreichen Enten diskutierte ich mit nicht so zahlreichen katholischen Studenten über meine Texte betreffend den lieben Gott und die liebe Frau Gott, die eigentlich ein Ur-Drache ist (»Auf den Klippen des Chaos«, 1993, Taschenbuch 1995).

Auf niedrige Weise schmeichelte ich dem Kärntner Publikum durch die eigens zu diesem Zweck in den Text eingefügte Behauptung: die Kärntner liegen oft falsch, aber recht haben sie, wenn sie den Klagenfurter Neuen Platz, wo der große Lindwurm steht, den Hausfrauenplatz nennen, denn Frau und Drache seien in der Tat mythologisch identisch usw. usf.

Im Hörsaal, einem luft- und lichtlosen Bunker, konnte ich keinen vernünftigen Gedanken fassen außer den der Rache am Architekten. Man sollte ihn mehrere Semester hier einsperren, bis er auf eigene Kosten Fenster einbaut, denn die Klagenfurter Uni steht auf einer grünen Wiese mit schönen Blumen.

Eine viel zu dicke Frau sagte mir, ich solle doch einfach Christus lieben, statt aller dieser Komplikationen, mit dem Männergott und der Frauengöttin.

Irgendwie hatte sie recht. Aber nichts kann ich weniger leiden als Leute, die irgendwie recht haben, statt recht. Sehe ich einen Schmetterling, gleich glaube ich an Gott. Sehe ich eine viel zu dicke Frau, gleich bin ich Atheist.

Religion, das sind tausend Bilder und tausend Geschichten. Tatsächlich einigten wir uns in der Diskussion, daß die bilder- und geschichtsfeindlichen Theologen an allem schuld sind.

Gott ist kein Theologe, Christus ist kein Theologe, der heilige Geist ist eine Taube, und Maria ist wunderschön. Drum: »Wehe euch Schriftgelehrten; Heuchler; Narren und Blinde; Mückenseiher und Kameleverschlucker; übertünchte Gräber, auswendig hübsch, inwendig voll Totengebein; ihr Schlangen, ihr Otterngezücht.« Jesus schimpft auf sie im ganzen 23. Kapitel bei Matthäus.

»Lieber als mit den Theologen ein Weiser will ich mit dem heiligen Hieronymus ein Narr sein«, schimpft Erasmus von Rotterdam (gest. 1536). Ja, es ist jener Hieronymus, Übersetzer der Bibel ins Lateinische, den in seiner Wüstenzelle ein Löwe heimsuchte, hinkend.
Der Heilige setzte sich seinen roten Bischofshut auf und zog dem Untier den Dorn aus der Tatze. Der geheilte Löwe blieb bei ihm und führte täglich die Schafe und den Esel des Gelehrten auf die Weide. Als einmal der Löwe in der Mittagshitze einschläft, raubt eine vorüberziehende Karawane den Esel. Alle Einsiedler rundum sagen, der Löwe hat ihn selber gefressen. Nur Hieronymus glaubt ihm. Schweifwedelnd trägt hinfort der Löwe alle Lasten, die der Esel getragen hatte. Er kümmert sich überhaupt um den vernachlässigten Haushalt des Heiligen, der ewig liest und ewig schreibt und ewig sexuelle Anfechtungen hat. So sind sie die Intellektuellen.
Der Löwe bringt Kiel und Tintenfaß, und der Heilige schreibt seiner geistlichen Freundin Eustachium (für Lateiner: sie ist so keusch, daß sie keine weibliche Endung hat, sondern eine neutrale). Der Brief ist erhalten:
»... Im Geiste bin ich oft im Reigen schöner Jungfrauen. Voll Feuer sündlicher Begier stoße ich wilde Schreie aus. Ich fürchte die Wände meiner Zelle, denn sie wissen meine Gedanken ...«
Hieronymus wird sehr alt, der Löwe auch. Als der Heilige stirbt, begräbt ihn der Löwe mit seinen eigenen Tatzen.
»Theologia fabulosa«, Theologie aus Fabeln, fabelhafte Theologie, nennt derlei der heilige Augustinus. »Die Legende ist der Liebling des Volkes. Sie nimmt, wo sie findet, sie ist international, und weil das Volk gern übertreibt, ist sie zugleich Groteske.« Vielleicht auch Ironie, Satire, jedenfalls voll Humor – ließe sich beifügen dieser Definition von Heinrich Günter (»Die christliche Legende«, 1911).
»Aller Mythos ist Ausdruck der Daseinsfülle. Er trinkt von den stürzenden Quellen des Lebens«: so Martin Buber (Vorwort zur »Legende des Baalschem«, 1922). Und, schweift der jüdische Philosoph ins Christliche: »Der Mythos trägt auch den großen Nazarener.« Dies sei »der größte Triumph des Mythos. Die Sage lebt im Volk und füllt dessen Dasein mit Farbe und Wohllaut, Lichteswellen und heimlicher Melodie.«

Aber wo. Statt dessen haben wir TV und Internet. Unter den mehreren Laufmetern Theologie in meinen Bücherregalen ist der schmale alte Band von Ernest Renan, »Vie de Jésus«, »Leben Jesu«, 1863. Worauf kein Theologe vor ihm kam: Er schreibt zu den vier offiziellen ein »fünftes Evangelium«, so nennt er es. Aus Farbe und Wohllaut, Lichteswellen und heimlicher Melodie.

In Gaza, damals ein Dorf, heute keine Inspiration für ein sinnliches Leben Jesu, schreibt Renan, bis ihn ein Fieber hinrafft. Er überlebt, seine Schwester und Lebensfreundin stirbt.

Ist es Theologie, Kunst oder Kitsch, mir gefällt's, das einst berühmte 9. Kapitel des Renan:

»Das gute Klima des Landes Galiläa verzaubert das Leben dieser Fischer rund um Jesus zu einem Vorspiel des Himmelreiches. Einfach, gut und glücklich wiegten sie sich auf ihrem kleinen Meer. Nachts schliefen sie am Ufer. Wir können uns das nicht vorstellen: den Rausch dieses Lebens im steten Blick auf den Himmel; die süße, starke Flamme dieser ständigen Berührung mit der Natur; die Träume dieser Nächte im Glanz der Sterne, unter einem Gewölbe aus grenzenloser blauer Tiefe. In einer solchen Nacht sah Jakob, das Haupt auf einen Stein gebettet, die Himmelssphären gefüllt mit seiner unzählbaren Nachkommenschaft. Noch zur Zeit Jesu war der Himmel nicht verschlossen und die Erde noch nicht abgekühlt. Nackt zeigten sich beide den Menschen, über deren Köpfe hinweg die Engel kamen und gingen.«

An dieser Stelle meines Manuskriptes angelangt, blickte ich auf, und der Hörsaal war leer. Nur der veranstaltende Studentenpfarrer war noch da. Die StudentInnen waren bei einem Uni-Fest, wo wir uns dann wieder trafen. Sie erzählten, wenn sie, statt studieren, am Ufer ihres See Gennesaret liegen, kommt statt des lieben Gottes manchmal sogar der Kärntner Landeshauptmann vorbei und schüttelt Wählerhände.

Christkind, Tod und Teufel

I. CHRISTKIND, CHRISTKIND, CHRISTKIND

Ob ich demonstrieren gehen will, fragt mich eine junge Dame am Telefon. Ich gehe immer gern demonstrieren, sage ich, es macht mich sinnlich. Wenn es um einen würdigen, ordentlichen Zweck geht, füge ich korrekt hinzu.

Um einen solchen ging es. »Wir sind vom Österreichischen Rundfunk, Ö 3«, stellte sich die Dame vor. »Es ist bald Weihnachten, und wir wollen für das Christkind demonstrieren. Wir demonstrieren im Studio«, erläuterte sie. Keine blöde Idee. Statt auf der Straße, wo sich die Autofahrer ärgern, im warmen Studio. Eine Cyber-Demo.

Im Studio drücken sie mir ein Megafon in die Hand und zeigen mir den Knopf zum Einschalten. Ganz spontan soll ich was hineinrufen, wie das halt ist bei einer Demonstration.

»*Christkind, Christkind, Christkind*«, rufe ich laut und rhythmisch und mitreißend.

Und gleich anschließend: »Der Weihnachtsmann, der ist ein Schwindel, wir wollen das wirkliche Christkindl«. Holpert ein bißchen. Also jetzt was fürs Gemüt:

»Liebe kleine Christkindmaus, wir retten dich vor Santa Claus.«

Dann wieder wild: »Raus, raus, Santa Claus; rein, rein, Christkindlein.«

Ich lasse das Megafon sinken und frage die jungen Radio-Genies artig, ob ich auch was Vernünftiges sagen darf. Ich darf.

Ich setze mich gemütlich vors Mikro und schließe die Augen, da denke ich mystischer (»Mystik« von griechisch »*myein*«, »die Augen schließen, sich versenken«.)

»Liebe ChristkindlInnen«, beginne ich ganz korrekt. Aber jetzt, wie knall ich die Messitsch am besten rüber? Es ist ja nicht nur ein Weihnachts-Spaß für Ö 3, es geht um was Ernstes, wie immer in der Satire. Aber ja, so ungefähr krieg ich's schon hin:

Also erstens, bin ich überhaupt nicht gegen Amerika, Leute, sondern ganz im Gegenteil. Aber jeden US-Kitsch müssen wir nicht mitmachen. Der Einwohner des Weltdorfs sitzt in der Globalisierungsfalle und rüttelt am Fangeisen.

Zweitens bin ich auch nicht gegen den US-Santa Claus und seinen Euro-Klon, den Weihnachtsmann. Wenn zur Weihnachtszeit ein paar Arbeitslose ein paar Mark sich verdienen, da kann kein christlichsozialer Mensch dagegen sein. Irgendwie steckt ja hinter dem Santa Claus unser heiliger Nikolaus. Aber das Christkind ist mir lieber. Wenn schon Kitsch, dann gleich das liebe Jesulein.

Drittens, insgesamt und auf jeden Fall: Ich bin aus Widerspruchsgeist und speziell christlichem Widerstand gegen die Streichung des Christkinds und gegen das langweilige Monopol des käuflichen Mannes mit dem Wattebart.

Viertens bin ich für die Kinder, für die Frauen und für die Männer, und zwar in dieser Reihenfolge der Wichtigkeit. Ich bin fürs Christkind, weil's ein Kind ist, und gegen den Weihnachtsmann, weil's ein Mann ist. So jetzt hab ich sie hingeknallt, die Messitsch.

Fünftens und wichtigstens, aber da war ich nicht mehr auf Sendung: Ich bin für das Christkind, weil es der junge Christus ist.

In dieser Welt des öden Kommerzes sollen sich die Christen nicht wegducken. Sie sollen offen und offensiv eintreten für ihr Christentum, mit allem Respekt für empfindliche Andersgläubige und hochempfindliche Garnichtgläubige.

O.K., Leute, das Christkind lassen wir uns nicht wegnehmen, logo.

Zusammenfall von Hilflosigkeit und Göttlichkeit: das ist der unwiderstehliche Doppel-Reiz des Christkindes. Er verdoppelt die Gemeinheit des Konsum-Horrors zur Weihnachtszeit. Die ärgsten Kinderschänder sitzen unverfolgt in der Werbung.

C. G. Jung (»Das göttliche Kind«, 1940) proklamiert das *»ewige Kind«*: »Es ist das Verlassene und Ausgelieferte, und zugleich das Göttlich-Mächtige, der unansehnliche, zweifelhafte Anfang und das triumphierende Ende.«

Göttlich mächtig ist das Kind. In der Prager Nationalgalerie hängt ein Bild des Meisters von Hohenfurth (1350; Kindlers Maler-Lexikon III, 249): Da ist der Jesusknabe ein wahrer Riese, seine Mutter fast überragend. Das Christkind hat sicher soviel Kraft wie Herkules, der schon in der Wiege eine Riesenschlange erwürgte.
Das Kind ist ein Gott; Gott ist ein Kind. In der frommen Antike sind die Götter Dionysos und Zagreus christus-ähnliche Retter der Menschen und überhaupt der Welt, und dies schon als süße kleine Kinder. Im apokryphen Thomas-Evangelium (Schneider, Geistesgeschichte des antiken Christentums I, 660) steht der schöne, geheimnisvolle Satz, als Selbstaussage Jesu:
»*Wer mich sucht, wird mich unter siebenjährigen Knaben finden.*«

II. FEST DER NAIVITÄT

Du bist vielleicht naiv! Nein, so naiv kannst du gar nicht sein. Naiv ist schon gut, aber so naiv. In Wahrheit bist du Taktiker, Stratege, Trickster. Ja, es gibt Leute, da könnt ich mir einen Strick nehmen und mich aufhängen, und sie täten sagen: Schaut, was macht er jetzt wieder für einen Trick.
Aber Naivität ist der schlimmste aller Tricks. Ich bin gern naiv, und daß alle Dreimalgescheiten sich durch Naivität provoziert fühlen, macht mir boshafte Freude. »Das Naive ist eine Kindlichkeit, wo sie nicht mehr erwartet wird«, bescheinigt mir Friedrich Schiller (»Über naive und sentimentale Dichtung«). Er macht mich gar zum Genie: »Naiv muß jedes wahre Genie sein, oder es ist keines. Seine Naivität macht es zum Genie.«
Das Genie muß naiv sein, aber der Naivling ist drum noch kein Genie. Immerhin: »Das Naive kann niemals eine Eigenschaft verdorbener Menschen sein, sondern nur Kindern und kindlich gebliebenen Menschen zukommen«, sagt Schiller.
Ja, alle Kinder sind Genies, sagt Goethe. Und Simone Weil, die große Naive der französischen Intelligentsija: »Ein Genie ist ein Mensch, der mit 80 noch so intelligent ist wie mit zwei.«
Ohne Kindsein kein Eingang ins Himmelreich (Matthäus 18,3), und zum Tenor Christi gesellt sich der Baß des Karl Marx: »Die Kinder

müssen die Eltern erziehen«, pflegte er zu sagen, berichtet Wilhelm Liebknecht in seinen Erinnerungen.

Daß die Kinder erwachsen werden, passiert sowieso. Daß die Erwachsenen Kinder werden, ist die wahre Pädagogik. Erziehung ist viel gegenseitiger, als Erwachsene glauben. Wer zieht wen? Die Kinder sind stärker. Die Erwachsenen sterben, und die Kinder nehmen siegreich ihren Platz ein.

Die Erwachsenen sind blind, die Kinder haben den Durchblick, d. h. sie sind naiv.

Wer *geboren* ist, ist naiv, lateinisch »*nativus*«, französisch »naïf« (von daher das deutsche »naiv«). Wer es schön findet, geboren und auf dieser Welt zu sein, darf's auch schön finden, naiv zu sein. Ich find's schön.

Weihnacht ist das *Fest der Naivität*. In allen mediterranen Kultursprachen heißt es so: spanisch »natividad«, italienisch »natale«, französisch »noël« – alle zu lateinisch »nativus«, weil es sich um den Geburtstag Christi handelt.

Weihnacht ist der *Geburtstag* schlechthin. Alle Weihnachtsgeschenke sind eigentlich Geburtstagsgeschenke (bei mir sowieso, ich bin am 23. Dezember geboren, krieg immer was zu Weihnacht, nie was zum Geburtstag).

Das moderne Weihnachtsfest ist Geschenk-Orgie ohne Christus, ein Geburtstagsfest ohne Geburt; eine Abtreibung.

Was vom Christentum noch übrig ist, enthält Christus kaum als Erwachsenen, noch weniger als Gekreuzigten, gerade noch das Christkind hält sich mühsam gegen den allgegenwärtigen Weihnachtsmann.

Das Erfolgsgeheimnis des Weihnachtsmannes ist, daß er kein Geheimnis ist. Hinter ihm steckt nichts als ein Mensch, der sich in der Winterkälte ein bißchen Geld verdient. Dem Christkind hingegen, wie immer verkitscht, ist das Geheimnis nicht gänzlich auszutreiben. Das Christkind ist nicht nur Verlust und Verniedlichung.

Treibt man dem Weihnachtsmann den Kommerz aus, bleibt von ihm überhaupt nichts. Treibt man dem Christkind den Kitsch aus, bleibt das Wesentliche. Es bleibt die Naivität: das Geheimnis der Geburt; jeder Geburt jedes Kindes und dieser Geburt dieses Kindes, das Gott ist. Die beiden Geheimnisse sind identisch.

Einen naiven Menschen nennt man auf österreichisch »*ein Christkindl*«. – »Das Naive auch der edelsten Art erregt immer ein Lächeln«, sagt Kant, ein ansonst kalter Philosoph (»Kritik der Urteilskraft«, 1790).
»Doch zweifle ich«, fährt Kant fort, »ob die Bedauernis, welche sich bei dem Naiven in unsre Empfindung mischt, der naiven Person gilt und nicht viel mehr uns selbst.«
Ja, wir schämen uns, daß wir ein Lächeln brauchen als Maske für die Naivität. Warum, zum Teufel, sind wir nicht einfach naiv, getreu dem höchsten Wesen, das ein Kind ist, getreu den Kindern, die ein höchstes Wesen sind. Warum, o Gott, getrauen wir uns nicht zurück in die Naivität unseres Ursprungs. Naiv sein heißt geboren sein, weiter nichts.

»Meine Seele war ein Lämmchen.
Sie schlugen auf sein rosa Schnäuzchen
Mit schweren Knütteln.
Da wurde ich ein garstiges Krokodil.
Ich bin böse, unchristlich
Und überhaupt ein Gemütsmensch.«

Alfred Mombert, Expressionist (1872–1942), verschollen.
Ich bin böse, unchristlich und überhaupt ein Gemütsmensch. Aber jeden Morgen mache ich Kaffee, hitze Milch, schneide Vollkornbrot, dazu essen wir Bauernbutter und Rapshonig (fest und fast weiß). Ein Vogel singt. Ein Gesicht lacht. Ein Körper biegt sich gnädig. Und schon bin ich naiv. Ein neugeborenes Kind. Unheilbar.

III. MANDLN UND TEIFI

Gott ist ein großer Delegierer. Er hat ein Kind, das ist fürs Liebliche. Er hat einen Christus, der ist fürs Kreuz und die Auferstehung. Er hat einen Mann für die Liebe, das ist Jesus. Er hat einen Mann fürs Grobe, das ist der Teufel.
Das macht das Christentum für strenge Monotheisten so ärgerlich, daß es alle diese Gestalten Gottes gibt, dazu auch noch die Maria, eine Frau, ganz weit oben in der Hierarchie. Für Strenge ist das alles

schwierig, für mich ist es schön. Es gibt dem Christentum Weite und Fülle und ist auch grotesk. Verrückt.

Der Teufel ist in der verrückten Fülle des Christentums enthalten mit hohem Rang. Er und Christus, sie sind Brüder, beide Söhne Gottes, gibt uns die Bibel zum Nachdenken. Einige Kirchenväter meinen, der Teufel sei sogar der ältere Bruder Christi. Eigentümlich ist, daß Christus, ehe er zum Himmel auffährt, zur Hölle absteigt; er besucht, so könnte man nachdenken, seinen Bruder dort unten.

Dem Teufel bleibt ein Abglanz seiner göttlichen Herkunft. Er ist schön und intelligent, witzig und etwas melancholisch. Er hat die Menschen immer mindest ebenso interessiert wie Christus; das kann man beklagen, aber es ist bedenkenswert.

Neulich bedachte ich's in Kärnten. Ich liebe Kärnten. Jeden Sommer vertiefe ich mich in Kärntner Bräuche und Redensarten, deutsche und slowenische. Lebens- und mythenkundige Kärntner Freunde versichern mir: In Kärnten ist der Teufel nicht nur daheim, sondern weiblich.

»*Teifi*« ist die teils humorvolle, teils respektvolle Bezeichnung für die Kärntner Ehefrau. »*Jedes Mandl hat sein Teifi.*« Wenn die Frau in höherem Alter noch rüstig bei der Arbeit ist, sagt der Kärntner respektvoll: »Das is a zacher Teifi« (ein zäher Teufel).

Den weiblichen Teufel gibt es in vielen Religionen der Welt. Bei Dostojewski, im IV. Buch der »Brüder Karamasow«, stieß ich auf den Wunsch des Teufels, sich in einer sieben Pud schweren Frau zu verkörpern. Das sind 114,8 Kilo.

Die bösen Göttinnen der alten indischen Religion heißen Kali und Durga, mit blauschwarzem Gesicht und Körper. Sie sind behängt mit Ketten aus Schädeln, in den vielen Armen haben sie ebenso viele blitzende Schwerter. Für christliche Begriffe sind sie echte Teufelinnen, Verkörperungen der Kraft des Bösen.

Nachzudenken wäre auch über die im Märchen vorkommende Großmutter des Teufels: Die Teufel sind gefallene Engel. Gemäß dem heiligen Hieronymus stürzte ein volles Drittel aller Engel aus dem Himmel auf die Erde und weiter in die Unterwelt. Engel sind von Gott direkt geschaffen, sie haben keine Mutter. Wieso also hat der Teufel eine Großmutter?

Es muß eine Schwiegergroßmutter sein. Der Sturz der Engel erfolgte, liest man im Talmud, weil sie die schönen Frauen der Menschen begehrten und sich nach ihrem Sturz mit diesen vermählten. In dieser angeheirateten Menschen-Verwandtschaft kann es also sehr wohl (Mütter und) Großmütter geben.

Auch nach dem Sturz aus dem Himmel ist der Teufel eine angesehene Persönlichkeit. Es bleibt dabei, daß er einer der Söhne Gottes ist. Es bleibt dabei, daß ihn Kirchenväter den obersten der Engel nennen, den ersten der Cherubim und den jüngeren oder auch älteren Bruder Christi.

Gemäß der Bibel stürzte er als Stern vom Himmel, genannt »*Luzifer*«, der »Lichtbringer«. Er ist sozusagen der früheste Aufklärer der Menschen, dies auch als Paradieses-Schlange, eine schillernde, gefährliche Figur.

In manchen Religionen der Erde ist der Teufel fast so mächtig wie Gott. Die alte persische Awesta-Religion macht aus den beiden das Götterpaar Ahuramazda (Gott des Guten) und Ahriman (Gott des Bösen).

Jedenfalls ist der Teufel ein wichtiger Mitarbeiter Gottes; in Goethes »Faust«: »Teil von jener Kraft, die stets das Böse will und stets das Gute schafft«.

Der Lyriker Charles Baudelaire dichtete verehrungsvolle »Litaneien an Satan«. Auch im Neuen Testament ist der Teufel eine zwar negative, aber hochgestellte Person, »Fürst dieser Welt«, ja »Gott dieser Welt«.

In vielen Religionen der Welt gibt es zwar einen guten Gott, im Himmel wohnhaft, aber er ist mit der Erde nicht befaßt. Die Welt ist Sache des Teufels, und er hört nie auf, die Menschen zu ärgern. Er ist, wie die englischen und amerikanischen Erforscher der Religionen der Südsee ihn benennen, ein »*trickster*« (der ständig seine Tricks abzieht).

Auch in der Gnosis, eine Mischreligion aus griechisch-antiken und christlichen Bestandteilen, gibt es die strenge Trennung zwischen Gott als reiner Geist und einem bösen »Weltschöpfer« (»Demiurgen«).

Höchst merkwürdig ist, daß es unter den zwölf Jüngern Jesu gleich zwei gibt (17 %), die Jesus ausdrücklich als Satan bezeichnet: Judas, den Verräter; aber auch Petrus (»Weg von mir, du Satan«, Matthäus

16,22 und Markus 8,33). Und der so Angeredete wurde doch der erste Papst!
In der ägyptischen Religion sind Osiris, der gute Gott des Wachstums, und Seth, der böse Gott der Wüste und Dürre, Geschwister. Dies sind auch, als Söhne Gottes, Christus und der Teufel.
Die Hölle ist den modernen Christen ein Ärgernis, und der Teufel erst recht. Gibt es ihn überhaupt? Aber natürlich. Seine reale Rolle in der Kirchen- und Weltgeschichte ist doch beachtlich. »Ob die Christen an Gott glauben, ist mir manchmal zweifelhaft, aber an den Teufel glauben sie bestimmt«, sagte mir einmal der große Konzilstheologe Karl Rahner, nur halb im Scherz.

IV. DER TOD HAT DREI KÖPFE

»Der Tod, das muß ein Wiener sein« ist eines der besten Lieder des großen Kabarettisten Georg Kreisler. Ja, die Wiener singen vom Tod, in der Hoffnung, daß der Tod sie zum Dank dafür recht lang in Ruh' läßt. Fritz Grünbaum, der genialste der Wiener Kabarettisten, hat das so ausgedrückt:

»Gestern am Abend um dreiviertel acht
hab' ich auf einmal bitter gelacht,
und hab' mir gesagt: Jetzt ist mir's zu dumm,
nächste Woche bring ich mich um.
Und seh'n Sie, seit ich dem Tod mich verschworen,
fühl ich mich direkt wie neugeboren.«

Grünbaum, der 1941 im KZ zu Tode geschunden wurde, sang auf wienerisch von dem Zusammenhang zwischen Tod und Auferstehung, dem größten Thema aller Religionen der Welt.
Martin Buber, wie Grünbaum österreichischer Jude, hat in seinen »Erzählungen der Chassidim« eine sehr ernste Geschichte »Leben und Sterben«, die eigentlich identisch ist mit dem, worüber das Publikum bei Grünbaum herzlich lachte:
»Zum Psalm-Vers: Ich werde nicht sterben, sondern ich werde leben – sprach Rabbi Jizchak: Erst muß der Mensch sich in den Tod geben, damit er wahrhaft leben kann. Aber wenn er es tut, erfährt er, daß er nicht sterben, sondern leben soll.«

Jesus Christus hat mit heidnischen Gottheiten des alten Orients gemeinsam, daß er stirbt und wieder aufersteht. Die westliche und die Ostkirche ergänzen einander darin, daß im Westen der am Kreuz sterbende Christus ungleich prominenter ist als im Osten, wo diese Prominenz der Auferstehung gebührt. Im Russischen ist »Woskressenije«, »Auferstehung«, der Name des Sonntags; jeden Sonntag steht Christus neu auf – ein wunderbarer Gedanke.
Mir gefällt auch, obwohl sie schauerlich »unchristlich« klingt, die Geschichte vom ägyptischen Gott des Wachstums und der Fruchtbarkeit, Osiris. Er stirbt, wird in kleine Teile zerstückelt und auf die Felder verteilt. Seine Mutter Isis, sie ist auch seine Schwester und Geliebte, zieht durchs Land, um die zerstückelten Teile seines Gliedes zu sammeln. Die Gläubigen ziehen mit ihr. Isis setzt das Glied wieder zusammen, führt es sich ein und gebärt einen neuen Osiris.
Auf einer etruskischen Vase, etwa 530 v. Chr., sieht man Herkules, wie er mit seiner Keule den Höllenhund Cerberus erschlägt. Cerberus hat drei Köpfe. Er ist der dreiköpfige Tod. Herkules hat keine Angst. Er tötet den Tod.
Der Held siegt, aber es ist vergeblich, wie bei Helden immer. Die Köpfe des Todes wachsen nach. Was sind die drei Todesköpfe? Erstens die Angst vor dem Tod; zweitens der Sieg über die Todesangst; drittens der Tod des Todes: die Auferstehung.
Auf dem Vasenbild sieht man auch einen Menschen, der sich ängstlich vor dem Todeshund versteckt. Es ist König Eurystheus, der den Herkules beauftragte, den Todeshund zu töten. Warum hat er Angst? Durch die Luft, vor dem Cerberus her, fliegen Schlangen. Die Schlange ist das antike Zeichen für Wiedergeburt.
Die Schlange der Wiedergeburt signalisiert: Ich bin der Tod des Todes, ich bin die Auferstehung. In einer Totenkapelle in Città di Castello, östlich der Toskana, fand ich unter dem Christus-Kreuz die lateinische Inschrift »*O MORS, ERO MORS TUA*«, »Oh Tod, ich werde dein Tod sein«.
Ist der Tod männlich oder weiblich? In vielen Sprachen heißt's *die* Tod, im Lateinischen z. B., und von da in allen romanischen Sprachen (franz. la mort, ital. la morte, span. la muerte). »*Die Tödin*« gibt's auch in allerlei mittelalterlichen und alpenländischen Sagen, so im Kärntner Möll- und Lesachtal (»die Teadin«).

Ob der oder die Tod, er oder sie steht mitten im Alltag, und der Volksmund schreckt sich davor nicht. Aus dem Mittelalter stammt der Name eines der beliebtesten Biere des Bierlandes Belgien. Es heißt »*La mort subite*«, »der plötzliche Tod«. Man lacht und schaudert und trinkt ihn.

Von Sigmund Freud, dem Vater der Psychoanalyse, stammt der treffende Satz: »Der eigene Tod ist unvorstellbar; so oft wir den Versuch dazu machen, können wir bemerken, daß wir eigentlich als Zuschauer weiter dabei bleiben.«

Freud illustrierte die Unvorstellbarkeit des eigenen Todes mit einem jüdischen Witz; Ehemann sagt zu Ehefrau: »Wenn einer von uns beiden stirbt, ziehe ich nach Paris.«

Der Todesgedanke läßt uns natürlich trotzdem nicht los. Die Kaiserin Elisabeth von Österreich, die durchaus keine Operetten-Figur war, sondern eine gescheite, in ihren Schriften bisweilen eine geniale Frau, schreibt:

»Der Todesgedanke ist in mir wie ein Gärtner, der das Unkraut jätet. Aber dieser Gärtner will allein sein, er ärgert sich, wenn Neugierige in seinen Garten schauen. Deswegen halte ich den Schirm oder den Fächer vor mein Gesicht, damit er ungestört gärtnern kann.«

Elisabeth dachte oft an den Tod. Die Religionen der Erde wollen alle den Tod in Leben verwandeln. »Der Beginn des Lebens ist der Beginn des Todes«, lautet ein Satz der chinesischen Tao-Religion. Die Gegenrichtung, vom Tod zum Leben, führt über den Weg der Liebe. Picasso, der sich zugleich als Katholik und Atheist fühlte, hat das schlicht formuliert:

»Man stirbt nicht, wenn man alt wird, man stirbt, wenn man nicht mehr geliebt wird.«

Ich werde aber geliebt, oh schönste Lebensversicherung, und ich liebe zurück, und es bleibt ein Überschuß. Denn Frauen lieben stärker als Männer; davon leben die Männer.

Das Schreibpapier liegt neben dem Butterbrot, der Stift neben dem Kaffeelöffel. Es ist fünf, mein erstes Frühstück. Mein liebes Wien graut durchs hohe Fenster. Ich bin glücklich.

»Es gibt Tage, da der Mensch aufwacht mit einem Geist, jung und kräftig... paradiesisch... verursacht durch keinen Grund, der sichtbar wäre oder leicht erklärbar... eine Art Erweckung durch Engel...«

Das steht bei Baudelaire, freilich in einem Text, der heißt: »Künstliche Paradiese (Haschisch und Opium)«. Morgenglück ist das Opium des Nenning.
»I am a happy sceptic« (James Grant, Börsen-Analyst, »New Yorker«, 13. 1. 97). »Ich bin hoffnungslose Optimistin« (Lea Rabin bei Biolek, 16. 4. 97).
»Der Tod soll – ohne billigen Betrug – sein Ansehen verlieren. Der Tod ist falsch. Es ist unser Sinn, ihn falsch zu finden« (Elias Canetti, Aufzeichnungen, Bd. IV).
Von gescheiten Atheisten kann man immer lernen, auch wenn sie einen Unsinn reden.
»Er ging leise fort, wie einer, der eine langweilige Filmvorführung verläßt, um die anderen nicht zu stören«, würdigte Tucholsky den Tod eines Freundes.
Dann von sich selbst: »Wenn ich jetzt sterben müßte, würde ich sagen: Das war alles? – Und: Ich habe es nicht so richtig verstanden. – Und: Es war ein bißchen laut ...«
So 1935, gegen Weihnacht, knapp vor seinem Selbstmord.
Hilfreicher Zettelkasten. Aber das sind alles Stilisierungen. *»Das Theater mit dem Tod mißlingt immer«*: Thomas Bernhard in »Heldenplatz«, 1988, kein Jahr vor seinem Tod.
Wenigstens sollen die Ärzte mit mir keine Freude haben, herumschneiden und so. Mein Krebs ist keine Krankheit, sondern ein Teil von mir. Ich will ihn nicht bekämpfen, er gehört zu mir. »Mein Basaliom bin ich«: ich bin der Ludwig XIV. meines Lebens. Die rote Erhabenheit auf meiner Haut ist ein Signal, ein rotes, am Gleis zum Tod. Aber es steht eben noch auf Rot.
»Memento mori«, »Gedenke des Todes«, Ordensgruß der Trappisten, ist Küchenlatein (Sellner, Latein im Alltag) für richtig: »Memento moriendum esse«, »Gedenke, daß du im Absterben bist«.
Im Absterben läßt der große Tod noch Raum für schöne kleine Tode. »La petite mort«, »der kleine Tod«, ist auf französisch, eh' scho' wissen, der Orgasmus. Mein dicker Klotz (Handwörterbuch der lateinischen Sprache, 1857) sagt: bei den Lust- und Liebesdichtern Ovid und Properz heißt *»mori«*, außer »sterben«, auch: »sterblich verliebt seyn, aufgelöst seyn in Liebeslust«.
Ach was. Ich habe Angst. Wie helfe ich mir, du mir, sie mir, die

Tödin; in den südlichen Kultursprachen ist er heimelig weiblich, der Tod. Léon Bloy, in seiner Todesstunde gefragt, was er empfinde, soll gesagt haben: »*une immense curiosité*«, »eine ungeheure Neugier«. Oh Gott, das wäre viel besser als Angst. Aber wahrscheinlich ist es gelogen, Literaten-Stilisierung.
Der Tod kommt vom Biertrinken, meinte Kant, berichtet De Quincey (»Die letzten Tage des Immanuel Kant«, 1827). De Quincey nahm statt Bier Opium. Ich habe die längste Zeit meines Lebens kein Bier getrunken. Jetzt trinke ich Bier. Wie heißt die stärkste belgische Biersorte? »*La mort subite*«, »Der rasche Tod« (»Süddeutsche Zeitung«, 31. 10. 94, S. 38).

Im 9. bis 13. Himmel

I. DAS BETONIERTE PARADIES

»They paved paradise
And put up a parking lot
With a pink hotel...«

»Sie betonierten das Paradies und machten einen Parkplatz mit einem rosa Hotel« – sang Joni Mitchell in den siebziger Jahren. Ja, damals war das eine paradiesische Vorstellung vom zerstörten Paradies! Wenn man sich ansieht, was inzwischen zusätzlich an Zerstörung der Erde vollbracht wurde: der Fortschritt schreitet fort.

Und Raum ist für noch mehr Fortschritt. Noch immer ist unsere Erde keine komplette Hölle, ein Paradies aber auch nicht.

Das Paradies gibt's in fast allen Religionen der Erde, in vielen Spielarten. Vom buddhistischen Paradies fand ich ein wunderschönes Bild an der Wand eines Tempels in Bangkok, 19. Jahrhundert. Im üppigen Grün tollen lauter Elefanten herum, weiße, schwarze, rosarote und ein grüner.

In einer offenen Halle sitzen viele Buddhas, genauer: Boddhisattvas. Das sind »werdende Buddhas«, sie meditieren und warten darauf, daß sie perfekte Buddhas werden. Es ist also eine Art Wartehalle im Paradies. Die Entwicklung geht weiter:

Die Boddhisattvas (»Buddhawerder«) kehren nämlich auf die Erde zurück, helfen dort den Menschen. Sie wollen, daß alle Menschen Buddhas werden, und verzichten, aus Menschenliebe, selber im Paradies zu bleiben und es dort schön zu haben.

Gott hat die Erde als Paradies geschaffen, und was haben wir daraus gemacht? In der vatikanischen Bibliothek befindet sich die »Biblia de Planisio« (1632); in einer wunderschön bunten Illustration sieht man Gott, wie er die Erde mit Bäumen versieht, den blauen Himmel mit Vögeln und das Wasser mit Fischen.

Meist ist Gott allein am Werk, hier aber, ein seltenes Bild, als Dreifaltigkeit: Christus wächst ihm aus dem Nacken, und auf der Schulter sitzt ihm der heilige Geist, als Taube.

Im christlichen Paradies gibt's viele Tiere und Pflanzen, Menschen aber fürs erste nur zwei, vielleicht drei: die Schlange ist manchmal in Menschengestalt dargestellt und sieht Eva sehr ähnlich. In den meisten Religionen ist das Paradies viel dichter bevölkert als nur mit Adam und Eva; im chinesischen Paradies Kun-lun wimmelt es von Menschen.

Das Wort »Paradies« kommt vermutlich aus dem alten Persischen und heißt »Umzäunung, Ummauerung«. Die Gärten der persischen Könige waren riesige Parkanlagen hinter Mauern, durchzogen von Bewässerungskanälen.

Es flossen im Paradies, berichtet die Bibel, nicht weniger als vier Gewässer, eines in jede Himmelsrichtung. Sie entspringen unterm Baum des Lebens und der Erkenntnis, und haben paradiesisch schöne Namen: Pison, Gihon, Hidechel und Euphrat. Letzteren gibt's heute noch. Wo sind die anderen?

Daß Gott die Erde schuf als Paradies ist nur die idyllische Seite der Weltschöpfung, im übrigen ging's dabei ganz schrecklich zu, gemäß dem Alten Testament, und noch ärger gemäß den vorderasiatischen Schöpfungsgeschichten, die viel älter sind als die Bibel.

In diesen Geschichten gibt es einen kraftvoll männlichen, heute würde man sagen: machistischen Schöpfergott, der die weibliche Ur-Materie vergewaltigt und in Stücke reißt, woraus er Himmel und Erde macht.

Dieses Ur-Weib ist das Nichts, aus dem Gott alles schuf *(creatio ex nihilo)*. Weib ist Nichts: natürlich haben sich feministische TheologInnen dazu allerhand Unliebenswürdiges einfallen lassen.

Im Hebräischen heißt die Ur-Materie *Sheol* (»Unterwelt«) oder

Rahab (»Meeresbrausen«). Beide sind weiblich. Die Ur-Materie ist eine Art weiblicher Ur-Drachen:

»Nackt liegt die Sheol vor ihm...
Die Meere peitscht er und schlägt
durch seine Kraft die Rahab nieder...
Und seine Hand durchbohrt den Drachen.«

So schildert das Buch Hiob, in welchem der wahrscheinlich älteste Schöpfungsbericht der Bibel erhalten ist, die Taten des Schöpfergottes Jahwe.

Noch genauer der Prophet Jesaja: »Du Arm Jahwes... Du warst es doch, der die Rahab zerhieb, diesen Drachen durchbohrte.«

Gott, als schöpferischer Manngott, bearbeitet die Materie (deutsch: »Mutterstoff«) mit einer Roheit, die uns frauenfreundlich Gesinnten keine Freude machen kann. Sehr viel moderner vollzieht sich die Schöpfung im Tantra-Buddhismus, verblüffend nahe unserer Physik der Elementar-Teilchen:

Winzige, unsichtbare Kraftpunkte namens »*bindu*« konstituieren die Ur-Materie. Es gibt sie in drei Zustandsformen: Leere, Energie und träge Materie.

Die alten Mythen sollen uns nicht schrecken, sondern freuen. Sie geben Stücke Wahrheit wieder. In der Bibel findet sich auch (Psalm 33; Sprüche Salomos 3; Weisheit Salomos 7; Jesus Sirach 24) ganz schön viel von der *Sophia* (hebr. *Kochma*) einer weiblichen Schöpferin von Anfang an. Fast alle Bibel-Lexika schweigen über die Sophia ganz auffällig. Desto mehr reiten die feministischen TheologInnen auf ihr herum; eine gerechte Wiedergutmachung.

Gott ist Mann, Gott ist Frau, Gott ist Gott.

Die heutige »grüne« Ökologie- und Naturschutzbewegung weiß meist selber nicht, daß sie religiöse Wurzeln hat. »*Natur*« ist ja nur ein lateinisches Wort für »*Schöpfung*«; und Respekt vor der Schöpfung ist unvollständig ohne Respekt vor dem Schöpfer.

In der Bibel ist der Prophet Jeremia zornig gegen jene, »die zum Holz sagen: mein Vater, und zum Stein: du hast mich gezeugt«. Von der Anbetung der Natur weist er weiter zur Anbetung Gottes.

In der Ostkirche wird zu Ostern gesungen: »Nun ist alles mit Licht erfüllt, Himmel, Erde, Unterwelt. Die ganze Schöpfung feiert die Auferstehung Christi, denn Christus ist die Ursache der Schöpfung.« Christus als Gott von Anbeginn ist der vollendete Oster- und Frühlingsgott, sterbend und auferstehend. Diesen feiern unter vielen Namen (Osiris, Tammuz, Adonis, Attis) alle Religionen des alten Orients, und ebenso die griechischen Mysterien des Dionysos und Zagreus. Das nimmt ihm nichts von seiner Unvergleichlichkeit, im Gegenteil: Er ist überall und immer. Er ist Schöpfer der Natur als Paradies.

In den »grünen« Parteiprogrammen kommen Schöpfergott und Schöpfergöttin nicht vor. Die Gleichung Natur (lateinisch) ist Schöpfung (deutsch) kommt dort nicht vor. Gott schadet das nicht, den »Grünen« schon.

II. IM 13. HIMMEL DER KINDER

Ich wohne gern in der Stadt, und hab' das Glück, daß ich, trotz Stadt, viel Himmel sehe, beim Blick aus dem Fenster. Wer schaut schon auf den Himmel. Man schaut fern, man schaut sich die Leute an und richtet sie aus – alles, nur auf den Himmel schaut keiner.

Dabei geht's dort so dramatisch zu. Die Farben, die ziehenden Wolken, die Sterne. Mich begeistert das.

Nichts wechselt rascher als der Himmel. Symbol der Ewigkeit, ist er so wandelbar, daß viele Religionen der Welt nicht auskommen mit einem einzigen Himmel. »Im *siebenten* Himmel sein«, sagen wir, einer christlichen Tradition folgend, die aus den Religionen Vorderasiens und aus dem Judentum kommt.

Die Azteken im alten Mexiko hatten *neun* Himmel, ihre Tempelpyramiden daher neun Stockwerke; in ihrer Spätzeit stockten sie auf *dreizehn* Himmel auf. Der 13., oberste Himmel gehörte den Kindern. Von dort fielen sie herunter auf die Erde, dorthin stiegen sie auf, wenn sie starben.

Die Schöpfung der Welt begann damit, daß Gott Himmel und Erde trennte. Aber die Trennung ist nicht komplett. Es gibt eine Art Pendelverkehr. Immer wieder steigt Göttliches vom Himmel herab und Menschliches zum Himmel auf.

Der Apostel Paulus berichtet von sich (2 Korinter 12,3): Er war entzückt bis in den *dritten* Himmel: entzückt ins Paradies. Auffällig ist, daß für »entzückt«, wie Luther übersetzt, im griechischen Original ein viel gewaltsameres Wort steht (»*harpagenta*«, »ergriffen«, geraubt, vergewaltigt), desgleichen in der lateinischen Vulgata (»*raptum*«).
Wird man ins Paradies hineinvergewaltigt? Was kann einem Schöneres passieren? Auffällig wiederum, daß das Vergewaltigungs-Paradies nur der 3. Himmel ist, es gibt nämlich 7 (christlich; in anderen Religionen auch 9 bis 13).
Paulus erzählt von seinem Raptus in den 3. Himmel und gleich darauf vom »Pfahl ins Fleisch«, der ihm gegeben sei von »des Satans Engel, der mich mit Fäusten schlägt«. Unreine Interpreten nahmen dies als verhülltes Geständnis der Homosexualität des Apostels. Ist der 3. Himmel der Himmel der Schwulen?
Aus dem angeblich finsteren Mittelalter gibt es wunderbar rührende Bilder von der Himmelfahrt Jesu, man sieht nur die Füße des Aufschwebenden, rundum die staunenden Jünger. Zurück bleiben, deutlich sieht man's auf den Bildern, zwei letzte Fußstapfen Jesu, zur Erinnerung.
Jesus ist unvergleichlich, weil er Christus wird, Retter, Heiler, Erlöser. Zum Himmel aufgefahren sind ihm voraus auch schon im jüdischen Glauben die Propheten Henoch und Elija, dieser im feurigen Wagen mit Pferden im Sturmgewitter.
In den Himmel kommen also auch Pferde. Bleiben sie dort? Ist es möglich, daß Gott brave Pferde, die den ganzen weiten Weg bis ins Paradies liefen, von dort fortweist? Natürlich nicht. Bei Wilhelm Busch darf auch ein braves Schwein in den Himmel, auf Fürsprache der allgütigen Gottesmutter.
Wilhelm Busch war streng antiklerikal, aber dem Reiz der Jungfrau Maria erliegt er. Seine Bildergeschichte handelt vom heiligen Antonius von Padua. Er verwechselt ihn mit Antonius dem Einsiedler, *das* ist der mit dem Schwein, ein Ägypter, 900 Jahre vor dem Franziskanermönch Antonius von Padua. Aber das darf man Busch als Antiklerikalem verzeihen, zumal er die Gottesmutter so zärtlich zeichnet, samt Antonius und dem Schwein, dessen ständigem Hausgenossen (es schnüffelt für ihn Trüffeln in der Einsamkeit).

»Doch siehe aus des Himmels Tor
Tritt unsre liebe Frau hervor…
›Willkommen, gehet ein in Frieden
Hier wird kein Freund vom Freund geschieden.
Es kommt so manches Schaf herein,
Warum nicht auch ein braves Schwein‹ …
Da grunzte das Schwein, die Englein sangen,
So sind die beiden hineingegangen.«

Unbequem, aber häufig in den Religionen der Welt, ist der Verkehr zwischen Erde und Himmel mittels Leiter. In der jüdischen wie christlichen Bibel sieht Jakob im Traum die Engel auf- und niedersteigen auf der Himmelsleiter und zuoberst Gott. Auch der Prophet Mohammed stieg von Jerusalem auf einer Leiter bis in den siebten Himmel, weiß eine islamische Legende.

Die Schamanen, Zauberpriester bei den sogenannten »primitiven« Völkern Zentralasiens und des alten Sibirien, versetzten sich in Ekstase und verkehrten auf einem Seil mühelos zwischen Himmel und Erde. Himmelfahrt gelingt nicht immer. Alexander der Große, berichtet die Legende, wollte nach Eroberung der Erde zum Himmel aufsteigen, durch die Lüfte, mit Hilfe von zwei Greifen, Fabeltiere gemischt aus Löwe und Adler. Aber er stürzte ab. In der Kirche San Marco in Venedig sieht man ihn abstürzen, als Warnung vor Hochmut und Neugier.

Wir Modernen freilich flogen schon zum Mond; aber von da bis ins Weltall ist's noch sehr weit.

Lehrreich die Geschichte vom Platzen eines Apollo-Raumschiffes, es ist schon etliche Jahre her. Von oben wollte eine mitreisende Wissenschaftlerin eine »lecture« an die Menschheit richten, eine Vorlesung, wie weit der Fortschritt uns schon gebracht habe und wie viel weiter er uns noch bringen werde. Gott war an diesem Tag grantig, es war ihm zuviel. Ein Feuerball war alles, was blieb vom Raumschiff und von der vorlauten Wissenschaftsfrau.

Da schwingt bei mir eine Genugtuung mit, die unchristlich ist. Gott sei den armen Seelen aller RaumfahrerInnen gnädig.

Der Himmel gilt in den meisten Religionen der Welt als *männlich*. Eine schöne Ausnahme machten die alten Ägypter. Die Himmelsgöttin *Nut*, »Mutter der Götter und Menschen«, beugt sich in einer riesigen Kurve über die Erde, Fußsohlen und Handteller berühren die Erde, ihr schöner, sehr schlanker Leib ist das Himmelsgewölbe. »Mutter Nut gibt dir Frieden. Sie legt ihre Arme um deinen Kopf. Sie beschützt dein Leben und sorgt für deine Erlösung.« – Dieser ägyptische Hymnus erinnert an unsere Maria, Gottesmutter und Himmelskönigin. Ähnlichkeiten mit den ägyptischen Muttergöttinnen Nut und Isis (die auch ein Kind im Arm hat) nehmen Maria nichts von ihrer Unvergleichlichkeit.

Der männliche Himmelsgott ist der höchste aller Götter in vielen Religionen der Erde; bei den alten Griechen (Zeus) und Römern (Jupiter), ebenso in China, wo der Kaiser einst »Sohn des Himmels« war.

Ein Wiener Religionsgeschichtler, Prof. Wilhelm Schmidt, katholischer Ordenspriester, schrieb monumentale zwölf Bände »Der Ursprung der Gottesidee« (1912–1955). Er war einer der Lehrer Kardinal Königs. Schmidt findet den Himmelsgott als »höchstes Wesen« vor allem bei sehr urtümlichen Naturvölkern. Dort ist er der alleinige Gott und Vater.

Pater Schmidt schloß daraus auf eine dem Christentum ähnliche Ur-Religion. Juden und Muslime, in der aktuellen Welt einander feind, haben gemeinsam die strenge, großartige Entfaltung des einen und einzigen Gottes. Im Christentum kriegt er dann auch noch einen konkreten »Wohnsitz« im Himmel. Im Buddhismus fehlt beides, Person und Ort.

Desto eindrucksvoller beschreibt Buddha (»der Erleuchtete«) seinen Mönchen das Nirwana, kein leeres Nichts, sondern das »Feste, Sichere, Einfache, Vollkommene, höchste Gut und höchstes Ziel«. Mir ist beim Lesen buddhistischer Schriften immer wieder aufgefallen, wie genau und liebevoll die *Natur* geschildert wird – als Schöpfung eines unausgesprochenen Gottes.

Ja, wenn man Himmelschauen statt Fernschauen betreibt: täglich das Himmelsdrama der Farben und Wolken; nachts der Sternenhimmel, den auch die Stadt nicht auslöscht, nur trübt – dann sieht man gar nicht ein, wenn wer sagt: »Den Himmel gibt's gar nicht.« –

Wieso? Ich sehe ihn! In meiner Biographie, mit der ich jetzt allmählich beginne, schrieb ich kürzlich den sonderbaren Absatz:
»Ich sehe den Himmel mit Begeisterung, aber auch streng wissenschaftlich. Die moderne Wissenschaft sagt: es gibt Raumfalten. In diesen Raumfalten, sage ich, gibt es reichlich Platz für den lieben Gott, Christus, den Heiligen Geist, die Gottesmutter Maria und alle die unentbehrlichen Sehnsüchte aller Religionen dieser Erde.«
Viele Theologen kriegen die Fraisen (Ängste auf österreichisch), wenn man ihnen vorhält, wie *ähnlich* Religionen sind. Überall Gott, überall Himmel, Paradies, Gottesmütter, Jungfrauensöhne, sterbende und auferstehende Götter.
Pedantisch bestehen vor allem katholische Theologen auf der Einzigartigkeit des Christentums. Sie haben recht. Aber warum die Ängste? Ich bin froh, daß es überall Religion gibt. So wie multikulti, bin ich auch multireli.
»Die Wirklichkeit, die jetzt christliche Religion genannt wird, gab es schon bei den Alten, und sie fehlte nicht von Anbeginn des Menschengeschlechtes, bis Christus im Fleisch erschien, von wann ab die wahre Religion, die schon da war, begann, die christliche zu heißen.«
So der heilige Augustinus, wahrhaft ein Kämpfer gegen alle »falsche« Religion (zitiert bei Christa Mulack, Die Weiblichkeit Gottes, 1983, S. 7).
Kürzer und besser steht's in den »Fragmenten« des Novalis: *»Es gibt keine Religion, die nicht Christentum wäre.«*

III. PARADIESISCHE RUHE

In der Ebene von Zentral-Java, umgeben von vier Vulkanen, je 3000 m hoch, erhebt sich der Riesentempel von Borobudur, in sechs Terrassen. Das Leben des Buddha schildern 1604 steinerne Reliefplatten, dazu 504 steinerne Sitz-Statuen des Meisters.
Doch je höher man steigt, desto deutlicher weicht die Fülle der Bilder. Die oberste Terrasse ist *gänzlich leer*, abgesehen von einem einzigen, still dasitzenden, in sich versunkenen Buddha.
Die Tore durchschreitend und die Stiegen steigend, die von Stockwerk zu Stockwerk leiten, vom Andrang der Erscheinungen hinauf

ins Nirwana der Ruhe, zitiert man unwillkürlich den buddhistischen Kernsatz:
»*Inquietum cor nostrum donec requiescat in te*« – »Unruhig ist unser Herz, bis es ruht in dir.«
Der buddhistische Satz stammt vom heiligen Augustinus, er steht am Anfang seiner Autobiographie »Bekenntnisse«. Genauer eigentlich »Geständnisse« (»*Confessiones*«). Liebesgeständnisse zu Gott, der ein Gott der Ruhe ist. Gott ist die Ruhe, und die Ruhe ist Gott. Augustinus war ein guter Buddhist. In seiner wilden Jugend drehte sich das Rad der Vergnügungen, Laster, Sünden; in der zweiten Hälfte seines Lebens war sein Ziel die heilige Ruhe.
»Oh törichter Mensch... alle Ruhe war dahin und aller Verstand, meine Seele zerschlagen und blutend, nirgends kam sie zur Ruhe, nicht im lauschigen Hain, nicht bei Spiel und Gesang, weder im süß duftenden Bad, noch bei üppigen Gastmählern, noch in der Wollust der Pfühle und Betten, auch nicht über Büchern und Gedichten.«
»Drum sage ich euch, oh Mönche, die Erscheinungen dieser Welt sind bestimmt, um zu verschwinden.«
»Die Dinge werden und vergehen. Sind sie vollendet, altern sie und gehen zugrunde. Aber auch wenn sie nicht altern, geht trotzdem alles zugrunde.«
»Oh, vergänglich sind die Erscheinungen dieser Welt. Ihr Los ist, zu erscheinen und zu vergehen. Nach ihrem Kommen kommt ihr Zugrundegehen. Erst ihr Ende ist die Glückseligkeit. Wie die liebliche Lotosblüte unbefleckt bleibt vom umgebenden Schmutzwasser, so bin ich, der Buddha.«
Wer sich verwirren läßt vom innig identischen Wechselgesang des Augustinus und des Buddha (von den obigen Zitaten ist das erste von Augustinus und das nächste von Buddha usw.), ist selber schuld. Er hat nichts begriffen.
Vielleicht kann ich's ihm erklären durch weitere Komplikation:
Nicht nur der heilige Augustinus ist ein guter Buddhist, sondern auch der echte Wiener, der ich bin. Der echte Wiener ist Austro-Buddhist. Er will jederzeit seine Ruhe, auf wienerisch »Ruah« genannt. Sein gemischt buddhistisch-augustinisches Lebens- und Lustziel ist: »Mei' heilige Ruah' will i hab'n.« »Inquietum cor nostrum, donec requiescat in te.«

Die Logik ist eine Teufelin. Augustinus ist Buddhist, die Wiener sind Buddhisten, also ist Augustinus Wiener. Und siehe, es stimmt: der liebe Augustin ist *der* Wiener schlechthin. Er fiel in die Pestgrube (1679) und stieg gesund daraus hervor; das ist die Geschichte Österreichs. Der liebe Augustin war wie der heilige Augustinus sowohl ein fideler Kerl wie ein streng Ruhebedürftiger.
Die paradiesische Ruhe ist nicht selbstverständlich. Das Paradies ist in vielen Religionen ein unruhiger Ort, mit Musik und Gesang, Essen und Trinken, und Liebesleben in der muslimischen Abteilung (Koran, Sure 55, Verse 56ff.).
»In den Paradiesgärten befinden sich, die Augen niedergeschlagen, weibliche Wesen, die weder Mensch noch Dschinn (Geist) zuvor entjungfert hat. Welche von den Wohltaten des Herrn wollt ihr denn leugnen? Sie sind, wie wenn sie aus Hyazinth und Koralle wären... Huris, in Zelten eingesperrt. Welche von den Wohltaten des Herrn wollt ihr denn leugnen? Weibliche Wesen, die weder Mensch noch Dschinn zuvor entjungfert hat, und ihr liegt auf grünen Decken und schönen Abkari-Teppichen.«
So weit brauche ich nicht zu schweifen. Schon westlich von Wien, in den Vor- und Hauptalpen findet sich die dem wienerischen Ruhebedürfnis stracks entgegengesetzte Vorstellung vom lebhaften Treiben im Paradies. Betritt ein Alpenländler ein Wirtshaus, wo es hoch hergeht, sagt er: »Da geht's zu wie im ewigen Leben.«
Im ewigen Leben der Christen kommt noch hinzu, daß ausschließlich unverheiratete Frauen vorhanden sind (der Tod scheidet alle Ehen) und ausschließlich unverheiratete Männer. Es sind nur noch außereheliche Beziehungen möglich wie zwischen Engeln. Oh Gott, wie's da zugeht im ewigen Leben.
Wie gelangt man von solch paradiesischer Unruhe zu paradiesischer Ruhe? Den schönsten Übergang fand die Orphik, eine griechische Erlösungsreligion (ab etwa dem 6. Jahrhundert v. Chr.). Orpheus, ihr Christus, ist Gott der Musik, nicht der lärmenden, der stillen. Getötet von rasenden Weibern (in der Christus-Geschichte sind die Juden an allem schuld, in der Orpheus-Geschichte die Frauen), schwimmt das von den Frauen abgerissene Haupt des Orpheus im Meer und singt süß.
»Nach dem Untergang der Welt wird Musik sein«, prophezeit Scho-

penhauer. Der Satz hat mir immer gefallen, und ich hab ihn nie verstanden. Bis ich auf die Orphiker stieß. Nach dem Weltuntergang ist Paradies, und im Paradies ist Musik. Holde Töne: »Kyklou te lezai kai anapneusai kakotetos«. »Dem Kreislauf entrinnen und aufatmen von der Schlechtigkeit« (Orphische Hymne).

Entrinnen, Durchatmen, Ruhen. Zwischen Buddhismus und Orphik bestehen auffallende Ähnlichkeiten. Von Indien nach Griechenland ist es nicht weit. Vorder- und Kleinasien sind alte Brücken und Krükken für kulturelle und religiöse Wanderungen. Das paßt auch für Augustinus. Ehe er katholischer Christ wurde, war er Manichäer. Die Religion des Persers Mani, eine Mischung aus Christus, Zarathustra und Buddha, ist durchsetzt von mysteriösen Bestandteilen, die nach Indien deuten (wie auch manches in den Evangelien).

Der Mensch ist Abenteurer, der Heilige erst recht. Seine Abenteuer sind Gegenbilder zu den Torheiten der Zeit. Das von der Zeit beunruhigte Herz schlägt und schlägt, bis es endlich ruht: das ist die Inhaltsangabe des Abenteuerromans.

In Ernst Jüngers »Abenteuerlichem Herzen« finde ich dessen Traum von der Klosterkirche, in deren unterirdischen Gewölben der frömmste aller Mönche getötet wird von seinen Mitbrüdern »mit Gesichtern von verknöcherter Bosheit«. Nichts davon bei Augustinus. Er stirbt im Bett.

Während draußen das römische Reich untergeht, die Vandalen vor den Mauern seiner Bischofsstadt toben, schreibt und schreibt er mit letzter Kraft, ordnet seine Bücher, macht einen Katalog seiner Werke für die Nachwelt.

Erst das Vergnügen, dann die Ruhe. Da fehlt das Mittelstück des Lebens, der Kampf. Der junge Augustinus, der Lüst- und Wüstling, kämpfte für gar nichts. Der Erwachsene, in Gott ergeben, nach Ruhe sehnsüchtig, war ein großer Kämpfer. Die Kampfeslust wächst aus der Gottesruhe, bis schließlich die Ruhe den Kampf überwächst. Das war dann ein gutes Leben.

Bei Peter Weiß, »Ästhetik des Widerstands«, finde ich eine Notiz über die Flucht Brechts vor den Nazis (S. 313 im 2. Band):

»Zu einem Koffer, den Helene Weigel und die Kinder schon zur Hälfte mit Kleidungsstücken gefüllt hatten, trug Brecht die Bekenntnisse des Augustinus, in Leder gebunden ...«

IV. GOTTESSTAAT, EINE SOZIALDEMOKRATIE

»Heute noch wirst du mit mir im Paradies sein«, sagt Jesus zu dem Verbrecher, der neben ihm am Kreuz hängt (Lukas 23,43). Erstaunlich, daß sich über dieses Jesus-Wort die Theologen wenig die Köpfe zerbrechen, die sie sonst so ausgiebig strapazieren.

»Jesus, denk an mich, wenn du in dein Reich kommst«, sagte der Verbrecher. Jesus versprach ihm das Himmelreich (Paradies) für »*heute*«. Aber noch immer ist es nicht so weit. Kein Untergang dieser Welt, kein Jüngster Tag. Hat Jesus geschwindelt, um die Leiden seines Nachbarn zu lindern oder die eigenen? Jesus, der Mensch, ertappt als Mensch?

Die Theologen tun geradezu, als wären die Ur-Christen dumme Kerle gewesen, weil sie an die »Naherwartung« glaubten und total erschüttert waren über das Ausbleiben des Paradieses. Moderne Sekten, die das Ende der Tage prophezeien, lösen sich meist kläglich auf, wenn sie sich dermaßen irren. Das Christentum, die Kirche(n) überstanden's.

Ich weiß nicht, was denn das größere Wunder ist: das Jesu Versprechen nicht eintraf, oder daß die Kirche dennoch weiterbesteht.

Die Ur-Christen riefen »*Maranatha!*«, »Herr, komm!« Der aber kam nicht. Die Welt bestand weiter. Die Jahrhunderte vergingen. Was tun? Da fand der heilige Augustinus (gest. 430) den Gottesstaat, für jene unbestimmt lange oder kurze Zwischenzeit zwischen »Herr, komm!« und dessen tatsächlichem Kommen.

Einen solchen Zwischenzustand zu etablieren in Theorie und Praxis war eine dringende Notwendigkeit. Nicht durch theologische Spitzfindigkeit, durch Sinn für Wirklichkeit vollzog sich der Aufstieg des Augustinus zum obersten Kirchenlehrer, für Jahrhunderte. Was der Realist Augustinus begründete, war die Abmilderung des Gottesreiches auf den Gottesstaat, in welchem gelebt werden konnte und mußte in Koexistenz mit einer fortbestehenden Welt.

Das war sein großer Erfolg, vergleichbar mit der Sozialdemokratie, die eine Abmilderung war des Reiches der klassenlosen Gesellschaft auf eine Zwischenzeit, in der gelebt werden konnte und mußte in Koexistenz mit dem Kapitalismus.

Die Kirche ist das vorausdämmernde Gottesreich, aber sie bewegt sich auf Erden, »in Pilgerschaft«, sagt Augustinus. Sie ist kompromißlerisch, korrumpierbar, gar nicht so schön anzusehen. Eben eine Sozialdemokratie.
»Was Jesus verkündete, war das Reich Gottes, was kam, war die Kirche« – auf diesen Punkt brachte es Alfred Loisy (gest. 1940), radikaler Bibel- und Kirchenkritiker, Ex-Priester, exkommuniziert.
»*Maranatha*«, »Herr, komm!«« (1 Korinther 16,22): Die Naherwartung ist das Ende aller politischen, sozialen, sexuellen Probleme. Das zahlt sich alles nicht mehr aus. Weil Jesus aber nicht kam, waren alle Probleme wieder da. Augustinus schrieb und schrieb, dazu das ganze Korps der Kirchenväter kleineren und größeren Kalibers. Vieltausend Seiten raschelnden Papiers – unnötig, wenn Christus gleich erschienen wäre.
Wer oder was konnte der Gottesstaat sein, provisorisch bis zum Kommen des Gottesreiches? Eine komplizierte, unscharfe Mischung aus Weltlichem und Geistlichem, aus römischem Reich und römischer Kirche, mit Vorrang für die Kirche.
Zwischen Kapitalismus und Kommunismus liegt eine Übergangsperiode, in welcher der Staat nichts anderes sein kann als die Diktatur des Proletariats: Marx. Augustinus: Zwischen dem weltlichen Staat und dem Gottesreich liegt eine Übergangsperiode, in welcher der Staat nichts anderes sein kann als die Diktatur des Gottesstaates (Kirche).
Das war für Augustinus das aufgelöste Rätsel der Geschichte.
»Was anders sind große Reiche, wenn ihnen Gerechtigkeit fehlt, als große Räuberbanden? Sind doch auch Räuberbanden nichts anderes als kleine Reiche« (»Vom Gottesstaat«, IV,4).
Augustinus wußte also sehr gut, daß der Staat ein Ungeheuer ist. Anschließend an diese Stelle erzählt der Heilige die Geschichte eines Seeräubers, der gefangen und vor Alexander den Großen gebracht wird. Mit der Schlinge am Hals sagt der Mann: »Weil ich's mit einem kleinen Schiff tue, heiße ich Räuber. Weil du's mit einer großen Flotte tust, heißt du Imperator.«
Der Gottesstaat (»*civitas Dei*«) muß alles besser können als der irdische Räuberstaat (»*civitas terrena*«). Aber Augustinus ist Realist.

»Die beiden Staaten sind in dieser Welt ineinander verschlungen und miteinander vermengt« (Gottesstaat I,35).
Der Gottesstaat auf Erden ist noch nicht das Gottesreich im Himmel, sondern »führt an der Seite des Weltstaates gleichsam ein Gefangenenleben«. Er ist, unbeschadet seines universalen Anspruchs, realistisch angewiesen auf »Eintracht zwischen den beiden Staaten« (Gottesstaat XIX,17).
Es ist dieser Realismus, der Augustinus zum großen Heiligen macht. Ein Heiliger ist kein Utopist. Weil er sicher ist im Heiligen, kann er Weltliches getrost in Rechnung stellen.
Jedes Reich auf Erden ist eine Perversion des Reiches im Himmel. Grimms Wörterbuch, die unerschöpfliche Plaudertasche, erzählt mir unter allen endlosen Bedeutungen von »*Reich*« auch die folgende: »reich im 16. 17. jahrh. ein groszer glashumpen, der in schmelzfarben das wappen des römischen reiches trug. permagna illa humpa quem vocant das römische reich.«
Damit verglichen war die Kirche immer schon ein sehr modernes, effizientes, auf Synergien bedachtes Unternehmen. Ihr strenger Bau war nötig. Ohne Ketzer ist die Kirchengeschichte nicht komplett. Mit nichts als Ketzergewimmel wäre aber aus der Kirche auch nichts geworden.
Unvorstellbar, daß sie ein Vorausglanz des Gottesreiches ist.
Mir ist sie nötig. Gerade jetzt, wo der Sozialismus tot ist und die Sozialdemokratie schwer krank und der Papst der letzte Sozialist!
Ich erinnere mich, als ich mit höheren Genossen in den siebziger Jahren am Programm der SPÖ schrieb. Da schickten wir, wenn ein Kapitel fertig war, an den großen Vorsitzenden Kreisky eine Kopie, er war gerade auf Urlaub in Mallorca.
Er rief dann an und schrie: »Seiz ihr wahnsinnig, das ist der reine Kommunismus!« – »Nein, Bruno, das ist abgeschrieben aus der päpstlichen Soziallehre.« – »Is mir wurscht, es ist trotzdem Kommunismus, das müßt ihr bitte abmildern.« Jetzt ist die Sozialdemokratie so abgemildert und der Kapitalismus so brutal, daß die Kirche, als wären wir zurück im Mittelalter, wieder übernehmen muß, was im Politquaqua die »soziale Kompetenz« heißt.

Gott macht glücklich

I. WAS IST GLÜCK?

Mein alter Fehler: Ich bin kein Selbstdenker. Es muß mich wer stoßen, fragen, anrufen. Dann aber schon. Zur Frage »Macht Gott glücklich?« setzten mich katholische Studenten in einen großen Hörsaal. Er war voll. Also mußte ich, und wollte, und war froh.
Gott macht glücklich, weil er mir Halt gibt. Das brauch' ich, in solcher Zeit, und überhaupt. Gott ist die Ruhe, und Ruhe ist göttlich. Augustinus: »Unruhig ist unser Herz, bis es ruht in Dir.«
Gott macht glücklich, weil er der Inbegriff von Lebensfreude ist. Ich bin oft melancholisch, so ab 17 Uhr täglich. Dann bin ich unleidlich, schließ' mich ab, lese, schreibe, da bin ich dann schon weniger grantig, dann leg' ich mich hin, spät, die lange, wachende Nacht ist angenehm, und schlafe dann sicher. Schlafe. In der Früh wach' ich auf und bin glücklich, aus keinem ersichtlichen Grund. Das ist ein Gottesbeweis (meinte Baudelaire).
Gott macht glücklich, weil er gut kämpfen macht. Da sind die gescholtenen Muslime vorbildlich. Sie sind gottergeben *(Islam,* Ergebung in Gott) *und* wilde Kämpfer. Christen sollten islamischer sein.
Gott macht glücklich, weil er soviel Humor hat. Er ist unser Rat, und macht uns ratlos. Er ist unsre Hilfe, und wir begreifen ihn nicht. Oh göttlicher Humor!
Als Verlag und Autor einen Titel suchten für dieses Buch, fand ich gleich einen. »Wachsende Sehnsucht«. Schön, sagte der Verlag. Dann war Vertreterkonferenz, das sind die Leute, die das Buch verkaufen sollen. Zu *soft,* sagten sie. Knallhart muß es sein. Na schön, »Gott ist verrückt«. Gekauft, sagten sie.

Dann ging ich ein bißchen herum und probierte den Titel aus, unter Literaten und Halbliteraten, sogar Theologen. Komisch, keiner fand ihn arg, sie lachten bis lächelten. Einer sagte: »Der Titel ist sachlich gerechtfertigt. Das wird ein Sachbuch.«

Was für ein Witz, daß der homo sapiens genug hat von seiner sapientia. Der weise Mensch schmeißt die Weisheit weg. Von der halben Ratio zur ganzen Religion. Vom Fanatismus der Arroganz zum Fanatismus der *Demut*. So nennt es Baudelaire: »Fanatismus der Demut. Nicht einmal danach trachten, die Religion zu begreifen« (Tagebuch »Mein nacktes Herz«, 29. Blatt, um 1860).

Rational sein heißt kalt verzweifeln. Irrational sein heißt an die Zukunft glauben.

Religion ist die letzte, größte Vernunft, die uns bleibt. Alle anderen Vernünfte waren zu klein, sie haben uns im Stich gelassen, Ismen, Wissenschaft, Technik, Konsum, blaba.

Theologen verraten sich durch ihre Sprache, wenigstens die (meisten) neueren. Sie können nicht dichten. Gott zerrinnt ihnen, statt daß er dicht wird und lustig.

»*Gebet und Lästerung* sind gleichermaßen berechtigt. Wenn wir sie gemeinsam praktizieren, nähern wir uns dem höchsten Vertreter des Zweifels« (Emil Cioran, Von Tränen und Heiligen).

Gott macht glücklich, weil er die Erklärung aller Erklärungen ist. In der Früh nehme ich ein Plastik-Kanderl (Kännchen) mit am Abend zuvor eingefülltem Wasser, damit es lauwarm ist, das haben die Blumen lieber. Neue Blätter, neue Knospen; wenn man sie täglich anerkennend anschaut, kommen sie rascher. Auch mit dem Finger hindeuten ist gut. Das Blatt ist noch eingewickelt, morgen entwickelt es sich. Das Wunder; alle diese unglaublichen Pflanzen und Tiere. Schmetterlinge fliegen über den Ozean. Fliegen, mit einem winzigen Stück Scheiße als Brennstoff, brummen den ganzen Tag. »Alles« ist toll gesetzmäßig, toll unregelmäßig, toll.

Ich kann das alles erklären: Gott ist die Erklärung aller Erklärungen.

»Ich glaube nicht an Gott, ich sehe ihn«, schrieb der großartige provençalische Insektenforscher Jean Henri Fabre. Wir besuchten sein Haus in Sérignan, d.h. wir läuteten, aber es kam niemand. Wir sahen durch das Gitter in den Garten. Alles blühte irr. Bei Frommen blüht alles irr.

Ich bin kein wirklich guter Mensch. Während ich mich freue über Gottes Schöpfung, heilsames Glück spüre, Seelenfutter sondergleichen, mach' ich mich zugleich lustig, bin arrogant und boshaft und sage: Wer nicht an Gott glaubt, ist ein Idiot.
Als Jean Henri Fabre starb (1915), passierte, was auch vom Tod Mörikes berichtet wird. Er fragte seine Hausgenossen: »Hört ihr die Musik, was für eine wunderbare Musik, woher kommt sie?« – Niemand hörte die Musik. Er schon, und starb.
Gott macht glücklich, weil ich Angst vor dem Sterben habe. Ich bin schrecklich feig. Zugleich, wenn ich ans Sterben denke, habe ich das Gefühl, das Sterben und die vorangehenden Schrecken und Schmerzen, das alles werde ich gut bestehen, *Gott sei Dank.*
Ich bin sogar neugierig. Ist das nur Schreiben oder auch Leben bzw. Sterben?
Gott macht glücklich ist Inbegriff von Schönheit. Immer noch beim Blick in die Welt, und sei sie schon halb zerstört durch Menschen, stürmt göttliche Schönheit in mein Herz. Wer grinst da? Ach ja, die Aufgeklärten. Die Aufgeklärten müssen aufgeklärt werden, sanft: daß Schönheit ein unmittelbarer Gottesbeweis ist.
Gott macht glücklich ist Inbegriff von Sinnlichkeit. Daß ich sehe, höre, fühle, rieche, schmecke und sonst noch allerhand, ist ein jedesmaliges ungeheuerliches Glück. Daß die Menschen beim Orgasmus »Oh Gott« rufen (griech. »Orgia« heißt »Gottesdienst«), ist ein Gottesbeweis.
Im übrigen ist Gottes Sinnlichkeit eine herzlich altmodische. Wie es Joseph Roth (in einem Brief an Bernhard von Brentano, 19. 12. 1925) erklärte; er war dreifach religiös, jüdisch, katholisch und kommunistisch, weshalb sich an seinem Grab (er starb 1939 in Paris) drei Priester trafen, von jeder oben erwähnten Religion einer, und fast ins Raufen gerieten. Dieser Roth also:
»Ich bin so altmodisch, die Ehe, die ich auch nicht überschätze, höher zu werten als die sogenannte Liebe. Nicht nur deren Ziel und Ende ist der Coitus, sie besteht aus einer ganzen Kette von Beischlaf, der durch Anblick und Zwiesprache ebenso gründlich ausgeübt wird wie durch die ebenfalls sogenannte körperliche Vereinigung.«
Als er dies schrieb, war Roth erst 31. Auf wie richtige Wege mann gelangt durch Impotenz!

Gott macht glücklich, weil er die Liebe ist, die durch Anblick und Zwiesprache ebenso gründlich ausgeübt wird wie durch diverse Körperlichkeiten.

Gott macht glücklich, weil er der Inbegriff von Geheimnis ist. Wissen macht Kopfweh, wenigstens den Klugen, die Dummen macht es arrogant. Geheimnis ist, wo man daheim ist, worin man ruhen kann ohne Kopfweh.

Gott macht glücklich, weil er ein dramatisches Geheimnis ist, Gott ist kein fader Monolog, der christliche Gott ist ein Mehrpersonenstück.

Ehrwürdiges Zeugnis und Gegenbild sind Judentum und Islam, Gegengift, wenn sich die Christen zu tief verwirren in ihren Dualismus (lieber Gott, böser Gott, lieber böser Gott) (Manngott, Fraugott, Mannfraugott) und ihre Trinität (Vater, Sohn, Geist; Mutter, Tochter, Sohn).

Bei aller offenkundigen Verrücktheit des Christentums, vielmehr *wegen* seiner Verrücktheit liefert mir das Christentum mehr Glück. Gott macht glücklich als Gottestheater.

Glück kommt etymologisch von Gelingen. Die Engländer haben's gut mit ihrem zweierlei Glück. »*Happy*« ist das Verweilen im Glück, »*lucky*« das Hingelangen im Glück (unser Glück ist Gelück, zu engl. luck). Das glückliche Leben bemißt sich von seinem Ende her; Gott ist das glückliche Leben und der glückliche Tod.

Oh Gott, das zu sagen, muß man ein ganzes Gebirge beiseite schieben, bestehend aus dem Granit deiner Unbegreiflichkeit, Ungerechtigkeit, Bösartigkeit. Anlangen im Glück ist Schwerarbeit. Die Leichtigkeit, Luftigkeit des Glücks erlangt im Schweiß. Gott lacht (uns aus, wir lachen mit, das ist Glück).

Glück ist, wohin die meisten nie gelangen, die Mühseligen, Beladenen, Behinderten, Gefolterten. Sogar die Kinder läßt Gott leiden. Christus läßt sie zu sich kommen; das ist schön. Und den Erwachsenen sagt er, selig sind die Armen; das ist gerecht, aber es reicht nicht. Mir fällt der große österreichische Theologe Nestroy ein. Bei ihm steht, wenn einer Gerechtigkeit will, die Antwort:

»Was wollen'S, ihr Recht wollen'S. Das Recht haben'S ohnedem. G'scheiter wär', Sie hätten ein Glück.«

Es ist unbegreiflich, daß die Armen die Seligkeit kriegen, und nicht das Glück. Das Schwärmen vom Glück ist lächerliches Privilegiertenglück.

Die Armen kommen nicht und nicht heran ans Glück. Freilich muß sie immer wieder versucht werden, die Revolution. Die sozialistische ist gescheitert, die kapitalistische fast so mangelhaft wie die sozialistische, die nächste, die christlichsoziale, steht noch aus. Wir sollten sie demnächst versuchen.

Wieso, zum Teufel, bleiben die Armen in der Bredouille, lieber Gott? Der kluge Privilegierte hingegen sichert sich sein Glück durch raffinierte Bescheidenheit. Die schönste Definition des Glücks durch Bescheidenheit steht bei Doderer (»Die Strudelhofstiege«, gegen Ende):

»Glücklich ist vielmehr derjenige, dessen Bemessung seiner eigenen Ansprüche hinter einem diesfalls herabgelangten höheren Entscheid so weit zurückbleibt, daß dann naturgemäß ein erheblicher Übergenuß eintritt.«

Gott macht glücklich, weil er nicht bloß unser geistiges Glück ist, sondern auch unser materielles. Gott ist durchaus nicht so fromm wie Fromm, der uns rein gar nichts gönnt. Erich Fromm zieht eine messerscharfe Grenze zwischen Haben und Sein. *Haben* dürfen wir nicht, *sein* müssen wir (Erich Fromm, Haben und Sein, 1976). Er ist der moralisch gewordene Psychoanalytiker. Gott ist milder.

»Und der Herr segnete hernach Hiob mehr denn je zuvor«; es ist wahr, erst reduziert er ihn vom fetten Haben aufs nackte Sein; aber dann kommt das Happy-End: »Er kriegte 14000 Schafe, 6000 Kamele, 1000 Joch Rinder« (also 2000) »und 1000 Eselinnen«.

Ferner, man beachte die geheimnisvoll falsche Reihenfolge, erst kommen die Tiere, dann, »7 Söhne und 3 Töchter... und Hiob lebte 140 Jahre... und starb alt und lebenssatt.«

Gott hält folgende Glücks-Sorten für uns vorrätig, nach Maßgabe seiner unbegreiflichen Überfülle und ebenso unbegreiflichen Enthaltsamkeit gegenüber den Armen.

Im Deutschen nur *eine* Glücks-Sorte (eben »Glück«), im Englischen immerhin *zwei* (»happy« und »lucky«), beide schon oben skizziert. Es scheinen aber die Mediterranen die eigentlich Zuständigen zu sein für Glück. Die Spanier haben *vier* Glücke, die Italiener *fünf,* die Franzosen *sieben.* Bleiben wir beim Sieger:

Le bonheur. Das echte Glück, der Herrgott in Frankreich, schön altmodisch mit Baskenmütze und vor sich ein Glas Absinth; von der billigen Sorte wurde man früher blind vor lauter Glück.
La félicité. Noch mehr Glück als obiges Glück. Von der lateinischen Wurzel her besteht es aus nichts weiter als gut genährt sein und davon blühen: *felix,* glücklich, *felare,* säugen, *filius,* Säugling; dieser ist der Glücklichste.
La béatitude. Noch mehr Glück als obiges, man ist schon eher im Himmel als in Frankreich. Nur wo ist der Unterschied zwischen den beiden? Der Herrgott *ist (ißt)* ja schon in Frankreich. Nun aber über den Abgrund, vom sicheren Glück zum wackligen:
La chance. Von vulgärlateinisch »cadentia«, das Zufallende. Ein Glück, das einmal dahin, einmal dorthin fällt, immer noch Chance, daß es richtig fällt.
Le hasard. Das richtig wacklige Glück, ein Lotterie-, Glücks-, Hasardspiel. Auch wenn man's hat, kann's gleich vorbei sein – das höchste Glück der freien Marktwirtschaft, entweder wirst du Milliardär oder kommst ins Kriminal.
La veine. Die Glücksader (lateinisch »vena«) im ansonst meist tauben Gestein. Du wirst Bergwerksbesitzer oder bleibst Bergwerkssklave oder verlierst überhaupt deinen Job.
La fortune. Das schlimmste aller Glücke, die Göttin, die auf der glatten Kugel dahinrutscht. Sie ist Sado-Masochistin, du bist ihr ausgeliefert. »Colpo de fortuna«, Glücksschlag, nennen die fatalistischen Italiener sowohl den Schicksalsschlag wie den Glücksfall.
Gott macht glücklich, aber auf eine enervierende Art. Kommt es oder kommt es nicht? So will er uns vermutlich beibringen, daß wir, statt nervös, gelassen sein sollen, egal ob es kommt oder nicht. Diese Gelassenheit gegenüber dem Glück ist dann schon das Glück selber. Dem »richtigen«, satten, übervollen Glück schaut dieses gelassene Glück freilich nicht mehr gleich. Es hat was an sich von Askese und Schmerz. Thomas Bernhard, an der Oberfläche ein Ungeduldiger, zu Wut und Beschimpfung Geneigter, überrascht wie folgt:
»Ich bin durch und durch glücklich, von oben bis unten, von der linken Hand bis zur rechten. Das ist wie am Kreuz. Das ist das Schöne dran. Eine katholische Existenz.«
Der Bernhard ist ein ganz Durchtriebener.

Wer Gott hat, muß aufpassen, daß er nicht vor lauter Glück übermütig wird, arrogant und also gottlos. Da bin ich und habe Gott, da sind die anderen, Armseligen, die haben ihn nicht. Aufpassen. Du *hast* Gott nicht.

II. AUF IN DEN SONNTAGSKAMPF

»Wachsende Sehnsucht, schrumpfende Kirche« war in diesem Buch ein Kapitel, ziemlich zu Beginn. »Mein Gedächtnis ist schlecht, die Tatsachen sind überdies immer vertauschbar«: Robert Musil; er läßt mich nicht im Stich. Dieser Tage erst fand ich für meinen romantisierenden Satz von der wachsenden Sehnsucht und schrumpfenden Kirche ein kristallines Gegenstück, marmorkühl, beim uralten Ernst Jünger (in seinem jüngsten Band »Die Schere«, 1990, da war er 95, S. 134).

»Wenn die Kirchen terrassiert werden, schwindet nicht das Bedürfnis, dem sie genügt haben; es wird im Gegenteil sehr stark.«

»Terrassieren« ist ein interessantes, ausgestorbenes Wort der feinbürgerlichen Sprache: niederwerfen, zu Boden werfen, platt und glatt machen wie eine Terrasse, dem Boden (terra) gleichmachen – und es nützt nichts, das Plattgemachte schwindet nicht, wird im Gegenteil sehr stark.

Es kommt also zur Wiederkehr des sehr Starken. Jünger, so weit ihm möglich in seiner Gelassenheit, zeigt ironische Ungeduld. Wann erscheint sie wieder, die Terrassierte (Kirche, Religion), der Terrassierte (Gott)?

»Wo von Erscheinungen die Rede ist«, überlegt Jünger, »wird meist an Geister und Gespenster gedacht. Immerhin wäre es an der Zeit, daß wieder einmal Götter aus ihrer Reserve heraustreten. Dafür gibt es, nicht nur bei Sektierern, Erwartungen.«

Es ist schlimm, wenn man gute Bücher aufschlägt, sie lenken ab vom Unwesentlichen, aber gleich nach Jünger ist es mir schon wieder passiert: Novalis, »Die Christenheit oder Europa«, ein aktuelles Buch, erschienen 1799, über die EU und den Siegeszug des Brutalkapitals in ihr. Ja, Musil, »die Tatsachen sind immer austauschbar«.

»Ruhig und unbefangen«, meint Novalis, »betrachtet der echte Be-

obachter die neuen staatsumwälzenden Zeiten... Anarchie ist das Zeugungselement der Religion. Aus der Vernichtung alles Positiven hebt sie ihr glorreiches Haupt als neue Weltstifterin hervor.«
Das Hauptleben der terrassierten (platt gemachten) Kirche ist außer glorreich auch mühselig. Es beginnt mit Kleinigkeiten, die aber in sich schon das große Ganze enthalten. Die Wiedererhebung wider den platt machenden Fortschritt ist der wahre Fortschritt.

Nun, Fortschrittsfreund bin ich. Blickt man in unsere Welt, sieht man sofort, wieviel sie nötig hat an richtigem Fortschritt. In Sachen *Sonntag* bin ich Fortschrittsfeind; wenn das ein Fortschritt sein soll, die Abschaffung des Sonntags, nahabedjehre.
Sonntagsarbeit ist an allen Ecken und Enden des modernen Lebens nötig. Da liegt nicht das Problem. Aber die Marschbataillone gegen den Sonntag bestehen aus Fundis; sie marschieren in Wahrheit prinzipiell gegen den Sonntag, gegen das Symbol für den Zusammenhang unserer Kultur mit Christentum und Kirche.
Einen geheiligten Ruhetag gibt es in allen Religionen. Strenggläubige Juden schmeißen in Israel Steine auf Autos, die am Sabbat durch ihre Wohnviertel fahren. Schade um den schönen Lack; sehr viel mehr schade um die leichtfertige Preisgabe eines hohen Symbols.
Wir haben in unserer Welt nicht mehr so viele Symbole und Werte, als daß wir leichtfertig und zynisch damit umgehen dürften.
Leichtfertig und zynisch ist die Drohung: Wenn ihr am Sonntag nicht arbeiten wollt, werdet ihr eben gar keine Arbeit haben. Friß Vogel, oder stirb: das Motto des Brutalkapitalismus. In Europa fürchten 70% aller Meinungsbefragten um ihren Job. 20 Millionen Arbeitslose, 50 Millionen unter der Armutsgrenze: das sind die jüngsten EU-Ziffern.
Die Abschaffung des Sonntags ist, was neustarkdeutsch »Knackpunkt« heißt. Was zuviel ist, ist zuviel.
Wie inhaltsleer ist die Sozialdemokratie heute (»Unsozialundemokratie« könnte man sie böse nennen). 1855 erkämpfte die Arbeiterbewegung die allgemeine Sonntagsruhe. Heute springen einige SP-Juppies gleich auf den Zug, der gegen den Sonntag losfährt.
Der Kirche (Ein- und Mehrzahl) tut es herzlich gut, daß sie in den

Kampf um den Sonntag hineingezwungen wird. Da kann sie nicht aus. Kirche ist eine geistige *und* materielle Bewegung. Der Sonntag ist ein religiöses *und* soziales Kampfziel.

Der Kampf für den Sonntag führt die Kirche auch weg von der unendlich öden inneren Zerfleischung zwischen »Progressiven« und »Konservativen«.

Die Kirche muß nach außen. Sie wird wieder zu einer christlichsozialen Bewegung, auch zu einer Ersatz-Sozialdemokratie. Sie muß hinein in die Realität.

Der sanfte Wiener Erzbischof Schönborn wurde neulich deutlich: Die Kirche wird in der Sonntagsfrage Bündnispartner suchen, wo sie sie findet. Also, sag ich, Rote, Grüne, Blaue. Und vor allem die Gewerkschaften.

Das wird beiden gut tun, der Kirche und den Gewerkschaften. Neue Bündnisse verkünden neue Zeiten.

Es geht nicht um bloßes Nein. Positives muß gefunden werden, Phantasie ist nötig. Wie wär's mit Sonntagsmessen für den Sonntag? Nicht in der katholischen Morgenfrühe, wo die meisten Christen, Gewerkschafter und sonstige Sozialgesinnte noch schlafen; sondern zu einer christlichen, postmodern günstigen Tageszeit, und in einer sehr christlichen, sehr sozialen, hoch- und populärkulturellen Gestalt.

Mit ausdrücklicher Einladung an die unglückseligen Nichts-als-Profit-Denker. Auch sie haben eine Seele. Es geht ja nicht um Konfrontation. Sondern um eiserne Behauptung des Wesentlichen in einer Zeit, die daran so arm ist.

III. MEINE ELEKTRISCHE MADONNA

Kitschiger geht's gar nicht. Die Madonna ist aus Plastik, umrahmt von bunten elektrischen Lamperln, unten im Sockel ist eine »Wunschlade«. Man kann auf kleine Zettel Wünsche schreiben und sie in die Lade stecken.

Sind die Wünsche gerechtfertigt, erfüllt sie die Maria. Werden sie nicht erfüllt, so erkennt man daran, daß sie nicht gerechtfertigt waren. Vermutlich ist meine Theologie mangelhaft.

Die Madonna steht in der Küche zwischen Teekessel und Kaffeemaschine. Auffällig ist, daß heimlich allerhand mich besuchende Atheisten Zettel in die Wunschlade stecken. »Liebe Maria, mach, daß meine Annamirl mich liebt. Dein Atheist« – heimlich lese ich nämlich, was die Leute auf ihre Zettel schreiben.
Charles Baudelaire, der große französische Dichter, ein erklärter Atheist, schreibt an seine Mutter (1861): Er wolle Selbstmord begehen, als »absolute Erlösung. Zugleich, in einem einzigartigen Widerspruch, der aber nur scheinbar ist, habe ich zu jeder Stunde gebetet. (Zu wem? Zu welchem bestimmten Wesen? Ich weiß es überhaupt nicht.)«
Zum wem beten wir, falls wir beten? Die Theologen aller Religionen der Welt erklären es uns. Aber gerade die besten Theologen wissen auch, daß sie damit nichts erklären. Der Apostel Paulus scheint der Meinung des modernen Gottlosen Baudelaire:
»*Wir wissen gar nicht, wie wir beten sollen;* aber der Geist vertritt uns bestens mit unaussprechlichem Geseufze« (Römer 8,26).
Am konsequentesten ist Buddha. Er heißt »der Erleuchtete«, aber er verweigert jede Aussage über das göttliche Geheimnis. Sein »Nirwana«, das wir als Nichts mißverstehen, ist das schlechthin »Unaussprechliche«.
Ähnlich weise ist der chinesische Taoismus. »Wer das Tao kennt, macht nicht Worte. Wer Worte macht, kennt das Tao nicht«, heißt es im Buch »Tao Te King« des Laotse.
Drum schätzen so gut wie alle Religionen der Erde das *»schweigende Gebet«* und überhaupt das Schweigen vor Gott.
Schweigen herrscht im chinesischen Himmelskult, in den alten orientalischen und griechischen Mysterien-Religionen. Im Gottesdienst des iranischen Mithras, verkörpert in der Sonne und im Stier, heißt es: »Lege den Finger der rechten Hand an den Mund, schweige, schweige, schweige!«
Auch im Judentum, im Islam und bei den christlichen Mystikern ist Schweigen ein hohes Gebot. Schweigend beten – welch wundervoller Gegensatz zum ständigen Lärm des Verkehrs, zum endlosen Gequatsche in allen Fernsehkanälen.
Boshaft könnte man sagen: Alles Moderne erkennt man an dem greulichen Lärm, den es macht. Die Religionen der Welt lehren Stil-

le. Lärm tötet die Seele, in der Stille fliegt sie auf den Flügeln der Sehnsucht.
Alles Wesentliche geht mit seinem Gegenteil schwanger. Das Schweigen vor dem Unaussprechlichen, der stille Einklang mit dem Göttlichen will doch ergänzt sein durch ein genaues Benennen, begeistertes Aussprechen, *gemeinsames* Beten und Singen.
Die Christen sollen sich nicht verstecken, sondern bekennen zur Einzigartigkeit ihrer Religion. Warum ist das so schwer, zum Teufel hinein, hätt' ich fast gesagt.
Alle Religionen der Welt kennen das gemeinsame Gebet *und* das Einzelgebet. Der Islam unterscheidet den gemeinsamen »*salât*« in der Moschee und »*dua*«, die Meditation des einzelnen.
Auffällig ist, daß in der Bibel Jesus als Anhänger des Einzelgebetes erscheint. Nach einem Volksauflauf wird's ihm zuviel, »er entwich in die Wüste und betete« (Lukas 5,16).
Oder er betet auf einem Berg (Lukas 9,28). Den Jüngern sagt er den Text des Vaterunser, aber er betet nicht mit ihnen (Lukas 11,1). Oder er setzt die Jünger wohin und geht weg, um *allein* zu beten (Matthäus 26,37).
Gerade das »Unkorrekte« an Jesus ist die Gewähr für das Nichterfundene, Echte seiner Gestalt.
Alles komplizierte Theoretisieren ist verkehrt beim Gebet. Friedrich Heiler, im einleitenden Band zu den 36 Bänden des Werkes »Die Religionen der Menschheit«, meint ganz schlicht: »Nicht daß Gott das Gebet erhört, ist das Wunder des Gebetes, sondern die geheimnisvolle *Berührung* zwischen dem endlichen und dem unendlichen Geist. Das Gebet ist der Verkehr des Menschen mit Gott und keine psychologische Angelegenheit.«
Zu den christlichen Weihnachten habe ich einen muslimischen Gebetsteppich gekriegt. Die Füße bleiben beim Knien außerhalb des Teppichs. Für den Kopf, der sich niederbeugt, gibt es eine Nische im Muster des Teppichs, rechts und links davon kommen die Hände. Der Teppich ist in zurückhaltenden Rot-Tönen, die Nische weiß eingefaßt mit bunten Bändern.
Bin ich jetzt schon in Gefahr als katholischer Christ, weil mir das Beten auf dem islamischen Teppich Freude macht?
Im Gegenteil. Der katholische Religionshistoriker, später Kardinal,

Franz König, schrieb in seinem Hauptwerk »Christus und die Religionen der Erde« sehr einfach: »Ein Mensch, der betet, hat Religion, ein Mensch, der nicht betet, hat keine Religion.«

IV. GESPRÄCH MIT DEM TEUFEL

Unlängst hat mich der Teufel erwischt beim Beten auf dem islamischen Teppich, zugleich hatte ich die elektrische Madonna angesteckt. »*Wir wissen gar nicht, wie wir beten sollen*«, beruhigt mich der Apostel Paulus. Und doch scheint die Verwendung eines muslimischen Gebetsteppichs zu christ-katholischen Zwecken bedenklicher zu sein, als mir Multikulti-Multireli-Fan vorkommt.

Der Teufel also erschien mir und las mir vor, es sei dies seine Lieblingslektüre, sagte er, der Teufel ist ja gebildet: Emil Cioran, »Von Träumen und Heiligen« (1986):

»Gotteslästerung und Gebet sind gleichermaßen gerechtfertigt. Wer sie gemeinsam vorbringt, nähert sich dem höchsten Vertreter des Zweifels.«

Der verrückte, großartige rumänische Philosoph der Verzweiflung (gest. Paris 1995). Sein Bild hängt in einem freien Winkel meiner Bibliothek; meine Lebensfreundin besteht darauf, weil er so irre blickt, daß er mit einem von ihr eigens hierfür bereitgestellten Tuch verhängt bleibt; nur einmal im Jahr, am Auferstehungstag, wird das Tuch abgenommen, und er darf irr schauen.

Gott ist der Herr allen Zweifels, der Teufel sein getreuer Diener.

Wenn der Teufel mich besucht, das tut er öfters, sieht er jedesmal anders aus. Diesmal wie der gute alte Marx. Dieser selber sei längst im Himmel, plauderte der Teufel, und zwar wegen seiner Verdienste um die Ablehnung eines jeglichen Marxismus. Daß Religion »Opium des Volkes« sei, habe man positiv aufzufassen, meint der Teufel. Der Mensch brauche Gefühle, tiefe, hohe, schöne, wie sie die Droge gibt, verständig angewendet, versuchte mich der Teufel.

Religion sei das beste Anti-Drogen-Programm, schwenkte der Teufel ins Allgemeine. Da ist was dran, gab ich dem Teufel recht.

Ja, zwischen Himmel und Hölle bestehen gute alte Verbindungen. So überraschte mich nicht sonderlich, was der Teufel nun zu seinem

Gesprächs- bzw. Versuchungsgegenstand wählte. »Du betest immer öfter«, sagte er mit gotteslästerlichem Augenaufschlag. *»Du machst dir Religion«.*
Ich kannte das Zitat, es ist von Novalis (gest. 1801), welcher so religiös war, daß er die Religion durchschaute und desto mehr an ihr hing. Zugleich fromm und grob aufklärerisch: »Beten ist das in der Religion, was Denken in der Philosophie. Beten ist Religion-Machen. Der religiöse Sinn betet, wie das Denkorgan denkt.«
Beten heißt Religion-Machen, und der Teufel gehört zu jeder ordentlichen Religion. Baudelaire, der große Atheist, hat zu ihm gebetet, aus tiefem Herzen, in seinen »Litaneien an Satan«, eine leidenschaftliche Ehrenrettung des Teufels als gefallenem Engel, Sohn Gottes und großem Herrn.
»Baudelaire hat es gut gemeint«, sagte der Teufel, »aber es war unnötig, ich komme ohnehin im Vaterunser vor.«
Er behauptete, wenn es im Vaterunser am Schluß heißt: *»Und führe uns nicht in Versuchung«* – könne logischerweise nur der Teufel gemeint sein, und nicht der liebe Gott. Der Versucher ist der Teufel, beharrte er.
»Sondern erlöse uns von dem Bösen« – eigentlich »befreie uns« (*»libera nos«*) – da sei nicht *»das* Böse« gemeint, vielmehr *»der* Böse«, also er, und wer denn da von wem befreien soll. Erst also führt uns der böse Gott in Versuchung (das kann er, sonst müßten wir nicht bitten, daß er es nicht tut), dann aber befreit uns der gute Gott vom bösen, Gott befreit uns von Gott?
Der Teufel ist ein Logiker, daher versteht er nichts.
Jedenfalls brach ich an dieser Stelle das Gespräch ab und erzählte nur noch rasch von einem Kollegen Fernsehmoderator, den ein fundamentalistischer Pfarrer in Verwirrung stürzte, der, statt in der Diskussionsrunde seinen Beitrag zu liefern, die Anwesenden aufforderte, mit ihm zu beten. Es war schrecklich peinlich, und – fragte der Kollege – was hätte ich an seiner Stelle gemacht.
Ich weiß es auch nicht, vielleicht hätte ich gesagt: Das ist gegen die Programmrichtlinien, oder: Gib nicht so an, du Pharisäer.
Wenn ich sicher bin, daß niemand kommt, knie ich in der Küche vor meiner Plastikmaria und bete.
In den Kirchen schaue ich, ob es in einem stillen Eck einen Betstuhl

gibt, gepolstert soll er sein und nicht vor einer dieser furchtbaren Lourdesmarien; in der Kirche bin ich heikler als in der Küche.
In den Antiquitätengeschäften schau' ich, ob ich wo einen schönen alten Betstuhl finde, aus hellem Kirschholz mit Plüschpolster. So was gibt es nirgends. Ich gehe in unserer Wohnung herum und schau', wo ein guter Platz dafür wäre.
Nachts, wenn ich neben dir liege, träume ich, daß du auf einem solchen Betstuhl aus Kirschholz und rotem Plüsch kniest, und ich heb dich auf und treib es mit dir von hinten.
Bei meinen morgendlichen Atemübungen (20mal ein und aus, jedesmal von ganz tief aus dem Unterleib bis ganz hoch zur Scheitelspitze, das dauert, wenn ich gut beisammen bin, 20 Minuten) verwende ich das »Vaterunser« und »Gegrüßet seist Du Maria« als Musik des atmenden Körpers.
Wenn ich beim Zahnarzt warte oder wenn er bohrt, bete ich, überhaupt bei aufregenden Ereignissen oder wenn mir langweilig ist.
Wenn jemand kommt und sagt: mir scheint, du wirst alt – sage ich: ja, mir scheint, du hast recht. Dann schau' ich ihn an und versuche mir vorzustellen, wie er aussehen wird, wenn *er* alt ist. Ich sage ihm aber nichts. Irreligiöse Gefühle darf man nicht verletzen.
Ich sage vielleicht statt dessen: Ja, meistens kriegt man den religiösen Wahn als Kind; man klettert dann auf sein Sesselchen und predigt (oft besser als die Pfarrer). Ich komme jetzt in die religiöse Kindheit.
Wenn jetzt jemand kommt und sagt: Aha, du betest, das ist schon gut so, jetzt bist du weich, jetzt erkläre ich dir, was du tun und was du lassen sollst, denn du hast nicht den rechten Glauben – dann jag' ich ihn fort.
Am nächsten Tag ruf ich ihn an und sag': Komm, reden wir; wer weiß.

I. HEIMAT, SÜSSE FALLE

Paradies ist kein abstraktes Jenseits. Wir waren schon dort! Wer ist wir? »*Menschheit ist eine humoristische Rolle*«, sagt Novalis (»Blütenstaub-Fragmente« Nr. 62. 1797). Wahrhaftig, da waren wir Humorvögel im Paradies, und haben es verpatzt.

Die Austreibung aus dem Paradies durch unsere Schuld, unsere Schuld, unsere größte Schuld – ist das erste Kapitel in der Geschichte der »grünen« (ökologischen) Bewegung.

Das Paradies ist in der Bibel konkret »historisch«. Die Paradiesesgeschichte enthält eine Reihe geheimnisvoller geographischer Namen; die vier Paradieses-Flüsse und die Länder, aus denen sie kommen, sind Gegenstand gelehrten Streits, Mesopotamien, Arabien, Äthiopien, irgendwo war's.

Ja, das Paradies war. Das Paradies kann wieder sein. »*Heute* wirst du mit mir im Paradies sein«, sagt Jesus zum neben ihm hängenden Räuber, Mörder, oder was er eben war. Das ist hoffnungsvoll; Räuber, Mörder der Natur und Menschheit sind auch wir. Heute nicht, morgen nicht, *übermorgen* werden wir im Paradies sein. Das ist dann das letzte Kapitel in der Geschichte der »grünen« (ökologischen) Bewegung.

Ernst Bloch sagt (verkürzt): »Heimat ist, wo wir noch nie waren«, am Schluß seines monumentalen Wälzers »Das Prinzip Hoffnung«. Er hat recht. Wir ahnen die Heimat; waren fast dort; bleiben nicht dort, oh Schande; könnten wieder dort sein, in der »richtigen« Heimat, wo wir noch »nie« waren. Wir waren schon im Nie!

Der mystische Marxist ist ein gut verständlicher Theologe. Paradies ist Heimat; Heimat ist Paradies.
In Wahrheit geht's gar nicht um weiß Gott was. Bitte ein bißchen Paradies! Gibt es ein bescheideneres Paradies als das des Karl Marx und Friedrich Engels (»Die deutsche Ideologie«, 1845, da waren sie feurige Jünglinge, 27 bzw. 25 Jahre):
»In der kommunistischen Gesellschaft, wo jeder nicht einen ausschließlichen Kreis der Thätigkeit hat, sondern sich in jedem beliebigen Zweig ausbilden kann, (wird) mir eben dadurch möglich, heute dies, morgen jenes zu tun, morgens zu jagen, nachmittags zu fischen, abends Viehzucht zu treiben, nach dem Essen zu kritisieren, wie ich gerade Lust habe; ohne je Fischer, Hirt oder Kritiker zu werden.«
Der Paradiesnik hat es schön, aber anspruchsvoll ist er eigentlich nicht: Das ist Marxismus in seiner Jugendblüte, da ist alles drin, was nötig und lustig ist, Jagd, Fischerei, Viehzucht, Abendessen und gemütlich herumkritisieren.
Ich empfehle die kommunistische Religion, als eine einst richtige und wieder wichtig werdende im Zeichen des Brutalkapitals. Marx und Engels gehören zur bunten Vielfalt der Religionen der Welt und ihrer Paradiese.
In einer barbarisch gleichgeschalteten globalen Wirtschaft ist derlei nicht möglich, in einer kleinteiligen »grünen« Wirtschaftsweise natürlich schon. Die klassenlose Gesellschaft ist keine Einzahl, sondern eine Mehrzahl, eine friedliche Zusammenfügung vieler Heimaten. Die klassenlose Gesellschaft ist die ökonomische Grundlage für Heimat-Wirtschaft statt Global-Wirtschaft.
Ja, das schmeckt seltsam. Gleich hageln die Adjektiva. Religiös, sektiererisch, literarisch, romantisch, ja, und utopisch, irrational.
Aber die Sehnsucht bleibt. Es *gibt* die »Heimat, wo wir noch nie waren« (Ernst Bloch). Es *gibt* den »Schatten an der Mauer, von Ästen bewegt im Mittagswind, Teilnahme am Himmelsspiel« (Gottfried Benn). Es *gibt* »ein seltenes Ankunftsgefühl, verbunden mit dem frischen Rotbraun des gerade umgegrabenen Gartens« (Peter Handke). Es *gibt* »beinahe eine Art Festung, in der man sich wohlig geborgen fühlt« (Friedrich Torberg). »Du mein Ort, du kein Ort, über Wolken, unter Nacht, über Tag. Ich deine Welle, du meine Erdung« (Ingeborg Bachmann).

Oh Gott, was für ein Chor. Bloch, Benn, Handke, Torberg, Bachmann, immer abwechselnd, einmal links, einmal rechts, das hab' ich absichtlich so ausgewählt. Man muß die Linken ärgern, indem man Rechte zitiert, man muß die Rechten ärgern, indem man Linke zitiert. Die Wahrheit ist nicht links oder rechts, sondern Stücke Wahrheit sind links und rechts und unten und oben.
Heimat ist ein Stück Wahrheit, ein Vordergrund und Hinterhalt, und keiner kommt unbeschädigt dran vorbei. Heimat ist ein Rufzeichen und ein Fragezeichen.
Der letzte erhaltene handschriftliche Satz von Martin Heidegger vor seinem Tod (1975) lautet: »Denn es bedarf der Besinnung, ob und wie im Zeitalter der technisierten, gleichförmigen Weltzivilisation noch Heimat sein kann.«
Ob und wie? Und ob und wie! Wer auf Heimat verzichtet, verzichtet auf ein mögliches Stück Paradies. Das ist dumm.
»Region« ist die Ausrede für alle, die sich nicht getrauen, *»Heimat«* zu sagen. Und erst recht für alle, die Heimat redlich hassen. Und zwar sind sie desto gehässiger, je tiefer ihre innerste Sehnsucht ist nach Heimat und Halt.
Mir sind die redlichen Heimathasser lieber als die Vorsichtigen, die »Heimat« schon sagen möchten, aber »Region« sagen, um sich keine politischen Verdächte einzuwirtschaften.
Es ist ein Teufelskreis. Weil jene vielen, die »Heimat« sagen möchten, sich fürchten, »Heimat« zu sagen, werden jene wenigen, die »Heimat« trotzdem sagen, desto gehässiger heruntergemacht von den Heimathassern.
Hoch lebe die Region! Zauberwort für Verschweiger und Verharmloser. Heimat ist ein wenig Paradies, Region ist sehr viel Heuchelei. Freilich ändert sich das jetzt zum Schlimmbesseren. Im Zuge schleichenden Rechtsrucks wird Heimat ein passendes Modewort im fremdenverkehrsfördernden Kulturbetrieb. Wer alles heute schon wieder von »Heimat« redet und mit ihr in Wahrheit nichts am Hut hat – das ist arg.
Heimat wird wieder, was auf anglodeutsch »trendy« heißt.
»Region« und »Heimat« stehen in einem Zusammenhang, in welchem kompliziertes Herumreden die bessere Lösung ist, verglichen mit der Wahrheit.

In Wahrheit bleibt »Region« ein Kunstwort zur Behübschung der Integration EU-Europas, sprich: Konzentration und Zentralisation. Integration ist die Einschmelzung aller Heimaten in eine große Nicht-Heimat. Daraus folgen Halt- und Rat-, Hilf- und Heillosigkeit, Depression und Desperation der Seelen. Und das wird nicht besserbar durch Konsum, Konkurrenz, Jobangst, Jobverlust, Wachstum, Weltmarkt und andere Borniertheiten.
Auf Wissenschaftsdeutsch heißt Heimatgefühl »kognitive und emotionale Regionalidentitätsakzeptanz«. Oh Heimat, ich krieg' Regionsweh nach dir.
Dürftiges Ergebnis der neuen »Regionalwissenschaft«: Heimatgefühl läuft über Ästhetik und Geschichte. »So schön wie bei uns ist's nirgends«. Und, Zitat vom Feinsten: »Ich will nur dort sein, wo schon etwas gewesen ist« (Ingeborg Bachmann).
Geschichte ist die große Feindin aller Modernität. Vergangenheit ist unausrottbar. Vergleiche mit der Vergangenheit können schiefgehen zuungunsten der Gegenwart und erst recht zuungunsten der Zukunft. Dieses Risiko will Modernität nicht eingehen.
Alle Geschichte ist verdächtig; alle Schönheit ist verdächtig. Wer Schönheit schön findet, ist reaktionär. Wer reaktionär ist, findet Schönheit schön.
Mehr noch als Geschichte ist Schönheit die Feindin von Gegenwart und erst recht Zukunft. Training auf Häßlichkeit ist Überlebenstraining. Wir müssen das Hexeneinmaleins lernen: Häßlich ist schön, und schön ist häßlich.
Schöne häßliche Zukunft: Unter dem Kommando des sich konzentrierenden Kapitals werden die Heimaten, genannt Regionen, eingeebnet. Ihre schönen Idiosynkrasien sind ebenso viele häßliche Hemmnisse für die Einheit des Marktes. Die Vernichtung der Regionen geschieht unter ständigem Absingen von Hymnen auf den Regionalismus.
Heimat ist verdorben worden in der Nazizeit. Ja. Aber den Reichtum der Heimat preisgeben ist Pseudo-Antifaschismus; Angst statt Mut zum Eigenen und Eigensten. Wer Heimat braucht, darf nicht zurückweichen vor faschistischer Verdrehung.
Aufklärung über Faschismus, auf daß er nie wiederkehre, ist die vornehmste praktische Aufgabe dessen, was »Zeitgeschichte« genannt

wird. Zeitgeschichte ist was typisch Deutsches. Als ob nur unsere Zeit Gegenstand von Geschichte wäre. Als ob nicht alle Geschichte Zeitgeschichte wäre. Zeitgeschichte ist die sehr deutsche Kunst, alle Geschichte zu verdrängen, die nicht Geschichte des Faschismus ist.
Man kann gar nicht genug tun gegen den Faschismus. Aber es gibt einen Antifaschismus, der das von ihm Bekämpfte durch ständige Beschwörung neu hervorbringt, um es neu bekämpfen zu können durch ständige Beschwörung. Da capo sino al fine.
Zeitgeschichte ist immer zu kurz gegriffen. Zeitgeschichte heißt: Allzutief in die Geschichte will ich nicht. Ich bleibe in der kürzlichen Vergangenheit; und wenn ich sie, wegen zu kurzen Griffes, nicht begreife, desto schlimmer – nein, nicht für mich, sondern für die Vergangenheit. Ich denunziere sie, bewältige sie, treibe Vergangenheitsvergewaltigung. Ich greife ihr an die Gurgel und rufe: Kusch, jetzt rede ich.
Ja, das ist ein etwas ungerechtes Porträt des Zeitgeschichtlers.
Ja, die deutschen Ideologen hatten den engsten Begriff von Heimat. Aber die deutschen Philosophen und Dichter den ideologiefreiesten, weitesten. Bei Herder reicht der Bogen von Heimat als einige Fußbreit Heimaterde – bis Heimat als die ganze Erde, planetarische Heimstätte für Weltbürger.
Ungeheuerlich, daß der Marxist Ernst Bloch sein »Prinzip Hoffnung« nach mehr als anderthalbtausend Seiten, zehn Jahren Schreibarbeit (1938–1947), beschließt mit einem letzten Wort, das lautet: »*Heimat*«.
Meist wird Blochs Schlußsatz zitiert als: »Heimat ist, wo wir noch nie waren.« Wie so oft bei Zitaten, die wirklich weiterleben, ist das eine den exakten Wortlaut überflügelnde Vereinfachung, eine Deutlichkeit, deutlicher als der Autor.
Der letzte Satz des »Prinzips Hoffnung« lautet (Subjekt des Satzes ist: »der Mensch«):
»Hat er sich erfaßt und das Seine ohne Entäußerung und Entfremdung in realer Demokratie begründet, so entsteht in der Welt etwas, das allen in die Kindheit scheint und worin noch niemand war: Heimat.«
Oh, der große Hexenmeister. In seinem Alchemisten-Kolben kocht er Disparates, bis es zusammenschmilzt, krumm oder grad.

Revolution ist nicht Vollzug einer unerhörten Zukunft, sondern Vollendung einer vertrauten Vergangenheit. Revolution ist wahrgewordener Kindertraum.

Bei Marx, dem jungen (1843, 25jährig, Brief an Ruge; es ist Blochs Lieblingszitat) träumt den Kindertraum von Revolution die ganze Welt:

»Es wird sich zeigen, daß die Welt längst den Traum von einer Sache besitzt, von der sie nur das Bewußtsein besitzen muß, um sie selbst zu besitzen.«

Ja, was denn für eine »Sache«? Bloch flippt urplötzlich aus aller linken Orthodoxie und exhibiert sich als Romantiker. Die »Sache« nennt er nicht Sozialismus, Kommunismus, klassenlose Gesellschaft, sondern schrecklich schlicht, zwei Silben, sechs Buchstaben: Heimat.

Ja Heimat, ein Skandal.

Alle wichtigen politischen Begriffe haben in letzter Instanz religiöse Wurzeln. Wir müssen Heimat nur weit und kühn genug zurückverfolgen, und wir landen im Paradies.

Religion ist Sehnsucht aus dem Elend des Ist-Zustandes in einen besseren. Draus folgt: Heimat ist eine religiöse Kategorie.

Heimat ist sowohl das vergangene Paradies wie das künftige. Das längst Vergangene und das längst noch nicht Kommende finden zu einer rührenden, rührseligen, seligen Einheit und Einfalt.

Natürlich ist die Heimat aller Völker schön, vielleicht schöner als unsere eigene Heimat. Jede fremde Heimat hat nur den einzigen Makel, daß sie nicht *meine* Heimat ist. Wer sagt: »So ein Blödsinn, Heimat ist überall« – hat ganz recht. Heimat ist überall, nur *meine* Heimat ist hier.

Das Paradies hat seinen Namen davon, daß es umgrenzt ist. Das Wort kommt aus dem alten Persischen (Awestischen). »Pairi-daeza« ist das »Um-mauerte«. Der *»hortus inclusus«*, »der verschlossene Garten« ist in der lauretanischen Litanei das Schmuckwort für die Jungfrau Maria, die im Paradiesgärtlein sitzt, umgeben von Tieren und Pflanzen, Kräutern und Bäumen, Wiesen und Gewässern.

Griechisch »skandalon« ist das Fallholz, jener entscheidende Bestandteil der Falle, an die das Tier mit der schnuppernden Schnauze anstößt. Das Fallholz fällt, die Falle schnappt zu.

Heimat, süße Falle, schnapp zu, Paradieses Vorausglanz.

II. FAMILIE, HERBE ZUFLUCHT

Der katholische Familienverband soll aufpassen, und alle anderen Wahrer von Familie und Familienwerten, daß sie nicht den Zug versäumen bzw. das Flugzeug. Denn rasend schnell geht's dahin:
Der alte Kapitalismus hat die alte Familie gnadenlos zertrümmert, da helfen keine Sprüche. Der neue Kapitalismus schafft neue Grundlagen für die Auferstehung der Familie, freilich nicht der alten.
In der neuen Gesellschaft der Arbeitslosigkeit kann der einzelne mehrheitlich nicht florieren, durch noch soviel Tüchtigkeit nicht; *Gemeinschaft* wird Voraussetzung fürs Überleben – in ganzer Breite von braver Familie über alternative Familie, Arbeitslosen-Kommune, Obdachlosen-Vereinigung bis zur Bandenbildung. Auch Kriminalität ist eine Familienform.
»*Familienbande* hat einen Beigeschmack von Wahrheit«, orakelt Karl Kraus, »Die Fackel« Nr. 237/1907. Die Bekämpfung der Kriminalität durch einen Staat, der selber nichts mehr zu bieten hat, ist sowohl notwendig wie grotesk.
Der Kapitalismus, der die Menschen vom Land in die Stadt holte, gab ihnen dort Arbeit – ein altes Lied, das nicht mehr klingt. Es war Arbeit, mit der keine Großfamilie ernährbar war, bestenfalls die Kümmerform der 1-Mann-1-Frau-1-Fernseher-Familie. Die effizienteste Familie wurde die Nullfamilie: der Single, der sich mit hängender Zunge deppert verdient und alles Geld gleich wieder deppert hinaushaut.
Ich spreche im Perfektum; das alles gibt's noch, aber nimmer lang. Vergangenheitsmusik. Wir kriegen das hölzerne Eisen, den Widerspruch in sich: die *westliche Armutsgesellschaft.* Die Familie, bisher ärgstes Hindernis für Wohlstand, wird zur Rettungsinsel im Strom der neuen Armut. Die Menschen, die jetzt werden, sind die arbeitslos Werdenden. Die Vollbeschäftigten und Sozialversicherten sind höhnisch ausgezogen aus der Familie, sie werden gedemütigt zurückkehren.
Die Vielfalt der neuen Familienformen ist nicht abzusehen. Abzusehen ist, daß der einzelne, Einsame, nicht überleben kann in der neuen Armut.

In der neuen Armut wird die Familie ein sehr geeignetes Gefäß der *neuen Bescheidenheit.* Real war die Familie schon immer eine Gesellschaft mit beschränktem Konsum (Ges.m.b.K.). Je zahlreicher die Familie, desto beschränkter der Konsum. Das machte die Familie zu einer exotischen Erscheinung im allseitigen Supermarkt.
Man lasse sich von der provisorischen Fortdauer der Konsum-Orgie nicht blenden: Wenn »alle« arbeitslos sind, kann »keiner« mehr was kaufen. Finale der Wohlstandsoper. Götterdämmerung.
Was wird aus dem vielbeklagten *Egoismus,* wenn er kein Schlachtfeld mehr vorfindet, auf dem jeder jeden totkonkurrenziert, jeder jeden übertrumpft auf dem Laufsteg der Konsumidiotie? In der neuen Armut wird zur neuen Überlebenswaffe der Nicht-Egoismus, der Zusammenschluß in der neuen Widerstands-Familie.
»Die Jugend hat keine Ideale mehr.« Papperlapapp. Wer in der neuen Armut überleben will, entwickelt mit schöner Automatik das familiäre Ideal des Zusammenhaltens. »Es gibt kein Schlechtes, was nicht hat sein Gutes«, sagte einst die Frau Pollak.
Es lebe der Kapitalismus! Er ist der bewährteste Proteus der Weltgeschichte. Er legt ein Welt-Ei nach dem anderen, so geschwind, daß kein Sozialismus/Kommunismus/Sozialdemokratismus mit ihm Schritt halten kann, und natürlich auch die Kirche nicht, die bewährteste Schildkröte der Weltgeschichte.
Der Kapitalismus ist in seiner Geschichte der fantasievolle Schöpfer von unerhörtem Reichtum und unerhörter Armut, glänzender Zivilisation und rohester Barbarei, Weltfrieden und Weltkrieg, Geist und Ungeist. Der Kapitalismus schafft jeweils »ganz andere Wunderwerke« (Karl Marx).
Derzeit erbaut er die Gesellschaft ohne Arbeit; 20% werden einen Job kriegen, 80% keinen. Die Prognose von Hans Peter Martin (»Die Globalisierungsfalle«) ist korrekt. Versprechungen auf Vollbeschäftigung und soziale Sicherheit sind eine rührende Mischung aus Nostalgie und Populismus.
Die neue Familie, in ihren sämtlichen Formen, wird keine kinderreiche sein können in der neuen Armut. Gibt's wenig Gräslein, gibt's wenig Häslein. Überhaupt gibt's zuviel Menschen auf Gottes schönem, halb kaputtem Globus.
Die Familie wird in ihren neuen Formen nicht die biologische sein.

Familie war in der Sozialgeschichte stets eine Gemeinschaft aus Verwandten und Unverwandten, legitimen und illegitimen Frauen, Bevorrechteten und Abhängigen, wobei die biologisch Unverwandten stets die zahlreicheren waren.
Wir Christen können unverzagt sein. Auch die heilige Familie ist keine biologische. Christus ist ein uneheliches Kind, der heilige Geist nicht gezeugt, sondern »gehaucht« (wie's im Theologen-Slang heißt). Die Kirche bietet alles, was man braucht; auch das pikante historische Beweismittel der »*familia pontifica*«. Die »päpstliche Familie« ist natürlich keine natürliche, sondern besteht aus theoretisch stets total Unverwandten, ein buntes Insgesamt von Klerikern und Laien bis hinab zu den Schweizergardisten, Sänftenträgern und Lenkern des Papamobils.
Nach diesem Muster der päpstlichen Familie wird, mutatis mutandis, auch die neue Familie zusammengesetzt sein, die herbe Zuflucht der Arbeits- und Sozialnetzlosen.
Sollte es möglich sein? So sehr reibt Gott uns unser Versagen hinein ins Herz, daß wir die Familie, von der Christus und die ersten Christen herzhaft wenig hielten, nun aufgetischt bekommen, nachdem sie fast schon kaputt war, als provisorische Behausung in der neuen Armut, die ja gleichfalls nur ein Provisorium ist.
Definitiv abtun wird den neuen Brutalkapitalismus die kommende christlichsoziale Revolution.
Hört sie wer kommen? Ja, da muß man feine Ohren haben.

III. ERZIEHUNG ZUM PARADIES

Paradies ist, wo wir schon waren: Aus dem großen Paradies schmiß uns seinerzeit der liebe Gott. Aus dem kleinen Paradies, Heimat, schmeißt uns die politische Korrektheit. Aus dem Jugend-Paradies schmeißt uns das Alter.
Wir sind Herausgeschmissene. Wir flippen nicht aus, wir werden ausgeflippt.
Paradies ist, wo wir trotzdem sein werden: *Heute noch* durch die Liebe; Liebe ist immer eine Möglichkeit. *Morgen* oder übermorgen durch die Hoffnung; Hoffnung ist immer eine Notwendigkeit.

Wir wollen zurück ins Paradies. Wir wollen vorwärts ins Paradies. Wir wollen vorwärts ins Paradies zurück.
Ernst Bloch meinte, Heimat sei, wo wir noch nie waren. Aber in der Jugend *fast* doch, meinte er; und in der Zukunft *gewiß*, sie dämmert angeblich deutlich voraus. Bloch meinte den Sozialismus/Kommunismus; er hat sich sehr getäuscht. Sein öffentliches Transportmittel Hoffnung bleibt das Mittel der Wahl, doch muß die Hoffnung solider gegründet werden als auf Ismus. Ohne Religion läuft nichts mehr.
»*Heute noch* wirst du mit mir im Paradies sein«, meinte Jesus. Er täuschte sich. Genau besehen täuschte sich Jesus viel schrecklicher als Bloch, weil doch das Paradies Jesu viel erstrebenswerter ist als der Sozialismus Blochs.
Der Apostel Paulus empfahl eine gehörige Mischung aus Hoffnung und Geduld; eine realistische Rezeptur (Römer 8,24):
»Denn wir sind gerettet durch die Hoffnung. Aber die Hoffnung, die man sieht, ist nicht Hoffnung. Wie kann man auf etwas hoffen, das man ohnehin sieht? Aber wenn wir auf das hoffen, was wir nicht sehen, dann müssen wir geduldig sein.«
Ein vernünftiger Mensch sagt, wenn etwas sein soll, was noch nicht ist: Dazu muß man eben *erziehen.* Wer sind die Erzieher? Wo sind die Erzieher? »Der Erzieher muß erzogen werden« (Marx).
Unsere Erziehung läßt sich definieren als Austreibung des Paradieses aus den jungen Köpfen, Austreibung der Hoffnung, Austreibung der Geduld. Unsere Erziehung ist Einübung in die Hölle, Einübung in Verzweiflung, Einübung in die Ungeduld.
Wir wollen alles sofort, sagen die Jungen. Gar nix kriegt ihr, sagen die Erwachsenen. Folglich: Alles sofort ist nix jemals.
Wenn in jungen Herzen und sonstigen Eingeweiden so wenig Hoffnung ist, so deswegen, weil die dort naturhaft wohnende Hoffnung ausgetrieben wird. Ein Verbrechen, nicht nach dem Strafgesetz, folglich straffrei. Wir brauchen eine *Erziehung zum Paradies:* daß es war; daß es sein wird; daß es jetzt schon sein kann, wenigstens ein hoffnungsvolles bißchen Paradies.
Übertreibung? Alle allgemeinen Sätze sind falsch. Aber es gibt Übertreibungen, die vorwärtstreiben. Wer treibt? Elternhäuser? Schulen? Gurus? Seltsam: bei der nötigen Erziehung zur Hoffnung

denkt man an vorwärtstreibende Kirche(n) am allerwenigsten. Ich schon; aber ich gehe immer einige Schritte zu weit voraus.
Ich behaupte: die Erziehung zur Hoffnung ist eine extrem christliche Aufgabe.
Gott und Schule kommen gemeinsam vor im Seufzer der Schulabgänger: Gott sei Dank, jetzt bin ich die Schule los. Ja, das ist nur eine Redensart. Immerhin kommt Gott drin vor; da muß man schon dankbar sein.
Das Leben nach der Schule ist auch kein Honiglecken. Das ist der Skandal unserer Gesellschaft: sie ist die Fortsetzung der hoffnungslosen Schule mit anderen Mitteln, die die gleichen sind, nur ärger. Unsere Gesellschaft ist die Hochschule der Hoffnungslosigkeit.
Die Erwachsenen betätigen sich bei den Jungen als Teufelsaustreiber. Den jungen Menschen wird der Teufel Hoffnung ausgetrieben. Er ist gefährlich, er erfüllt sie mit Phantasie, Sehnsucht, Begierde nach Zukunft. Der Teufel Hoffnung macht ungeeignet fürs erwachsene Leben in einer hoffnungslosen Gesellschaft.
Die Teufelsaustreiber der Hoffnung sind ironischerweise oft gute Christen.
»Religion ist dazu da, die Leute brav zu machen«. Der Spruch stammt vom NS-Gauleiter Bürckel, Hitlers Statthalter in Wien nach dem Einmarsch der deutschen Truppe 1938. Die NS-Herrschaft ist vorbei, der Spruch nicht.
Man sollte jedem, der über Paradies, Phantasie, Utopie verächtlich redet, eins über den Mund geben, demokratisch gewaltfrei, versteht sich, vielleicht mit dem Neuen Testament in der Hand.
Warum bin ich so aggressiv? Aus Unsicherheit. »Wir sind Christen, und haben keine Ahnung, was Christentum ist« (Kierkegaard). Wider die Arroganz des Glaubens steht der Satz des ehrlichen Markus (9,24): *»Ich glaube, lieber Herr, hilf meinem Unglauben«.*
»Lieber« vor »Herr« steht nicht im Urtext, das hat der herzliche Luther dazugetan; dafür läßt die coole »Einheitsübersetzung« (1980) auch *»Herr«* weg, und auch, daß dieser Satz *geschrien* wird. Was für Übersetzer waren da am Werk?
Das Schreien an einen lieben Gott, der vom Unglauben zum Glauben hilft – ist gemeinsam den Gläubigen wie Ungläubigen. Die

Gläubigen wissen nicht, wie Gott ist, die Ungläubigen nicht, ob er nicht doch ist. Gott ist »der Gott der Hoffnung« (Römer 15,13). Wer den jungen Menschen Hoffnung austreibt, ist schlimm dran. Der Gott der Hoffnung wird ihm schwer verzeihen.

Hauptaustreiber von Hoffnung ist der Brutalkapitalismus. Er zerstört das biblische Band zwischen Arbeit und Hoffnung und stellt ein neues her, zwischen Arbeits- und Hoffnungslosigkeit.

Der Apostel Paulus ist im Streit mit der Gemeinde von Korinth, die er begründet hat und betreut, weil sie ihn zwar die Apostelarbeit machen läßt, aber nicht zahlen will, und übrigens auch nicht will, daß er hat, was die andern Apostel auch haben, nämlich eine »Schwester zur Frau« (übersetzt Luther unverblümt). Sie zerreißen ihm das Band zwischen Arbeit und Hoffnung, klagt er:

»Wer pflügt, soll auf Hoffnung pflügen; wer drischt, soll auf Hoffnung dreschen« (1 Korinther 9,10).

Der Streit zwischen dem Apostel und der Gemeinde, von der er gerechten Lohn will, ist vergleichsweise idyllisch. Heute setzt das Brutalkapital, hoch gerüstet mit jobvernichtender Technologie, Abermillionen auf die Straße und kürzt ihnen auch den Krepierhalfter namens Sozialstaat.

Im Christentum, mit dem junge Menschen erzogen werden, kommt das Brutalkapital nicht vor. Natürlich muß man dennoch bei dem bleiben, was Bertolt Brecht sehr christlich formuliert hat: *»Ändert die Welt, sie braucht es!«*

Es ist kein Zufall, daß die Bibel immer wieder zum ersten »Parteiprogramm« wird, für alle jene, die die Welt verändern wollten. Bauern, die gegen ihre Herrn marschierten; Bürger, die gegen absolute Monarchen Revolution machten; die Arbeiterbewegung, die sich gegen ungerechte Wirtschaft und Gesellschaft kehrte – sie alle beginnen ihre frühen Kämpfe mit der Bibel in der Hand.

Auf, christliche Erzieher; man muß sich also wehren. Lehrziel: Widerstand (»non conformari huius saeculi«, fordert die Bibel; »nicht sich fügen diesem Zeitalter«).

Lehrziel: Solidarität, ein ehrwürdig gealterter Fünfsilber für Liebe, die ewig frische.

Na, das schau' ich mir an: Erzieher zu Widerstand und Solidarität. Wie lang sind sie Erzieher? Wie schnell sind sie draußen? Wie brav

müssen sie sein, daß sie nicht hinausfliegen, auf den großen Haufen der schon Hinausgeflogenen.
Oh Gott, was ist denn *Erziehung?* Etwas Gewalttätiges. Unsre Kinder solange erziehen, bis sie erzogen sind. Er- ist die Vorsilbe für Endgültigkeit: trinken, ertrinken; schießen, erschießen; ziehen, erziehen.
Kinder wie Spalierobst. Zieht man lange genug ohne Gnade, wachsen die Zweige brav nach dem Raster des Spaliers.
Erziehung als Vergewaltigung. Da muß ein Fremdwort her, das schwammiger ist. *Pädagogik.* Doch wir haben Pech. Im griechischen Wortsinn ist dies die Knabenführung, Knabenverführung, Kinderverführung. Postpostmoderne Hysterie: der Erzieher, der den zu Erziehenden zieht, an den Ohren oder sonstwo.
Was tun bzw. lassen? Erziehung soll doch Liebe sein. Pädagogischer Eros. Ach, die Griechen waren – außer Väter der Zivilisation, Demokratie, Philosophie – schlicht schwul und pädophil.
So kommen wir nicht weiter. Vielleicht sollten wir's wieder einmal mit *Bildung* versuchen. Pfui, sie ist deutsch, klassisch, romantisch, konservativ. Bildung nach welchem Bild?
Wir haben kein Bild für Bildung nach einem Bild.
Der *Pädagoge* war ursprünglich gar nichts Besonderes im Griechischen. Er war der Sklave, der die Kinder gutsituierter Eltern zur Schule begleitete. Er trug ihnen die Schultasche, so muß man sich's vorstellen, und paßte auf, daß ihnen nichts passierte beim Gang durch die Stadt.
Nicht Erzieher, nur Begleiter. Ein Hinweis zur Bescheidenheit. Lehrer, seid nicht so arrogant.
Im schwankenden Sozialstaat schwankt der Erzieher. Wie kriegen die Shareholder ihren Value? Eine freie Wirtschaft kann sich nicht kümmern um Jobs, gar die von Erziehern. Freigesetzte Erzieher auf dem freien Markt. Oder noch nicht freigesetzte Erzieher, die aber schon zittern. Das wird eine Erziehung.
Aufgepaßt, ihr Jungen. Jobs fürs Leben können wir euch keine bieten, Ziele fürs Leben auch nicht. Also jetzt seid mal schön brav.
Lehrziel: Wir brauchen eine gesunde Wirtschaft. Eine gesunde Wirtschaft ist eine, die euch nicht braucht. Das ist die Chance eures Lebens, ihr Jungen.

Lehrziel: Think! Bedenkt, daß Denken heißt, rechtzeitig daran denken, daß man rechtzeitig zu denken aufhören muß. Nur so bleibt ihr brav. Die Logik ist eine Teufelin: Wenn wir »alle« keine Arbeit mehr kriegen, kann »keiner« mehr was kaufen. Kapiert?
Postpostmoderne Pädagogik ist die Erziehung zur Arbeit in Zeiten, wo es keine mehr gibt. Erziehung zur Leistung, wo die Leistung darin besteht, ohne Job bei guter Laune zu bleiben. Erziehung zum Konkurrenzkampf, bei dem die Jungen gar nicht mehr auf das Schlachtfeld Arbeitsmarkt gelangen. Konkurrenz gibt's für sie nur noch als Computerspiel oder im Park, wo konkurrierende Jugendbanden Terminator spielen.
Postpostmoderne Pädagogik ist Verlegenheits-Pädagogik: Die jungen Menschen sind eine Verlegenheit, weil sie keiner mehr braucht. Wie kann man sie am saubersten entsorgen? Der Lehrer wird zum Schwerarbeiter auf der Sondermülldeponie Jugend.
Am zukunftsträchtigsten sind die Lehrer, die selber keine Arbeit mehr kriegen (massenhaft). Sie sind eine Ressource der historischen Entwicklung. Arbeitslose Lehrer, unnütze, verdächtige, frustrierte Intelligentsija – sind eine Voraussetzung von Revolution; weiß ich als Liebhaber der Geschichte.
Deswegen liebe ich sie ja, die dicke Dame Weltgeschichte, weil sie sich zur rechten Zeit umwälzt, heimtückisch. »Das Große bleibt groß nicht, und klein nicht das Kleine«, singt Brecht aus seinem Grab in der Ex-DDR. Der Schoß ist fruchtbar noch.
»Nur Dummköpfe glauben an blutige Revolution« (Robert Musil). Genau darum sind Erzieher so wichtig.
Jetzt seid bitte aber auch danach, liebe Erzieher.

Der liebe Gott ist verrückt. Indem er alle bisherige Erziehung auf den Kopf stellt; es war Erziehung zur Arbeit; eröffnet er die Möglich- und Notwendigkeit einer Erziehung zum Paradies. Erlösung und Befreiung: es gibt ein anderes Paradies als das Paradies, wo alle Arbeit haben.

IV. JETZT BRAUCHEN WIR ENGEL

Jetzt müssen besonders viele Engel herumfliegen. Wie sonst sind wir noch zu retten? 48,5 Prozent der Leute glauben, daß sie einen Schutzengel haben, erhob das Bonner Marktforschungsinstitut »Forsa« (Dezember 1996). Andere, etwa gleichzeitige Umfragen: 54 % meinen, ja, es könnte Engel geben, 27 %, es sei ihnen schon einer begegnet im Traum.

Auf dem Buchmarkt sind 542 Werke über Engel (1996). Engel boomen in der Esoterik. Für die Kirche(n) sind Engel eher eine Verlegenheit. Zu Unrecht. Engel sind unentbehrlich.

Es gibt sie in so ziemlich allen Religionen der Erde, in der einen oder anderen Form. Auch die strengsten Ein-Gott-Religionen haben ganze Scharen von Engeln. »Allah und seine Engel« ist eine stehende Redewendung im Koran. In der 3. Sure, Vers 125 sind es 5000.

Im Mittelalter stritten Theologen, wieviel Engel auf einer Nadelspitze Platz haben. Unsinn?

»Es gibt derzeit einen Engel-Boom«, konstatierte Yvonne-Denise Köchli in der »Weltwoche«, Zürich (1996). Dort gibt's eine Boutique »Seraphim«, in der Weiten Gasse, mit nichts als Engeln in allen Farben und Größen. Auch die Bodylotion »Angelessa« ist erhältlich. Die Handelskette Migros machte eine große Engel-Ausstellung, und der Universitätsdozent für Völkerkunde, Jürg von Ins, schreibt:

»Nach einer kosmischen Sendepause scheinen sich die Engel wieder vermehrt bei uns zu melden. Sie haben wohl eine neue Botschaft zu übermitteln, neuen Trost zu spenden. Das Auftauchen von Engeln scheint überhaupt immer mit dem Versuch zusammenzuhängen, das Neue, das sich plötzlich zeigt, zu verstehen.« Das wußte schon die Heilige Hildegard von Bingen, gestorben 1179 (jetzt so beliebt wegen ihrer Bio-Medizin und Bio-Kochkunst). Die Engel, schreibt sie, sind »die Flügel der Sehnsucht unseres Herzens«.

Das ist das Körnchen Wahrheit an katholischen Sekten wie dem verdächtigen »Engelwerk«. Die Engel sind, das ist der ursprüngliche Sinn des aus dem Griechischen kommenden Wortes, *»Boten«*.

Sie umstehen Gottes Thron. In manchen Religionen reitet Gott auf ihnen. Als Mischwesen aus Adler, Löwe und Mensch standen sie im

Tempel von Jerusalem. In die jüdische Bibel kamen sie aus den älteren Religionen im benachbarten Mesopotamien. In Assyrien hatten sie einen Vollbart.

»Wer, wenn ich schriee, hörte mich denn aus der Engel
Ordnungen? und gesetzt selbst, es nähme
einer mich plötzlich ans Herz: ich verginge vor seinem
stärkeren Dasein...
Ein jeder Engel ist schrecklich.«

So Rilke, zu Beginn seiner »Duineser Elegien« (1912 bis 1922). Engel sind nicht nur gut. Der Teufel ist ein gefallener Engel. Und die Juden der Bibel wußten vom Würg-Engel, den Gott aussendet als Bote seines Zorns. Er tötet z.B. 185 000 feindliche Assyrer in einer einzigen Nacht.

Von da ist's ein weiter Weg zu den Engeln, die Boten der Liebe und Sehnsucht sind.

»Sagt mir doch nicht
Es gäbe keine Engel mehr
Wenn Ihr die Liebe gekannt habt
Ihre rosigen Flügelspitzen
Ihre eherne Strenge.«

Marie Luise Kaschnitz (gest. 1974). Tatsächlich, heutzutage brauchen wir Engel so dringend wie noch nie. All unsere komplizierten Maschinen, Computer, Autos, Flugzeuge, Weltraumraketen – wer glaubt, daß diese Dinger funktionieren ohne Schutzengel, *der* ist wundergläubig.

Die Engel sind unmittelbar von Gott geschaffen, *»Kinder Gottes«* heißen sie in der Bibel. Es können Söhne sein oder Töchter. Das Wort »Engel« kann ursprünglich, wie griechisch »Angelos«, weiblichen wie männlichen Geschlechtes sein.

Aber immer handelt sich's um erwachsene, ernsthafte Gestalten. Unsere Kitsch-Englein mit dem hübschen Popo stammen aus dem Barock, von den *»putti«,* die auf den Altären herumflattern. Italienisch »putto, puto« heißt »Knabe«.

Seine sprachliche Verwandtschaft ist verdächtig; »putta«, »Mädchen«, heißt italienisch, spanisch, portugiesisch die Dirne (provenzalisch, italienisch auch »putana«, französisch »putain«). »Puto« ist im Spanischen und Portugiesischen gar der »Schandknabe«.

Werden die süßen Putti-Engel als Lustknaben ironisiert, oder die Lustknaben als Engel erhöht? Im Barock treffen sich Theater, frommer Augenaufschlag und Zynismus.
In Tony Kushners Stück *»Angels in America«* kracht ein riesiger Engel durch die Zimmerdecke, und ein Aids-Kranker ruft in seinem Bett: »Großer Gott... total Steven Spielberg.«
An den Engeln kommt auch die moderne Kunst und Literatur nicht vorbei. *»Die Notwendigkeit des Engels«* spielt beim marxistischen Kulturphilosophen Walter Benjamin ihre Rolle, wie auch beim Maler Paul Klee: Er zeichnet 1920 einen ernsthaft blickenden Engel, der spielerisch abhebt von einer langweiligen Geraden, als die sich unsere Welt darstellt.
»Angelus novus«, »Der neue Engel«, nennt Klee sein Bild. Vielleicht sollten wir das Radio abdrehen, und den Fernseher, und schon fliegt in der Stille ein Engel durchs Zimmer.

Plötzlich war ein Gedränge und Flügelschlagen im finsteren Studio hoch über den Fauteuils der Talkshow »Club 2«. Thema war »Gibt es Engel?« (1994). Dann kamen viele Briefe.
Engel interessieren mehr als Politiker. Sind da »die Leute« schuld oder die Politiker? Im Quacksprech heißt das: die Menschen sind »politikverdrossen«. Engelverdrossen sind die Menschen nicht.
Da schrieb mir eine liebenswürdige Dame doch glatt: »Hochverehrter Herr, teile Ihnen mit, daß bei Ihrem Club 2 das Wichtigste nicht erwähnt wurde, daß nämlich der Nenning selber ein Engel ist. Solches Ihnen mitzuteilen beeilt sich Ihre...«
Ich beeilte mich, es nicht zu glauben. Nein, ich weiß, daß ich kein Engel bin. Aber gefreut hab ich mich natürlich schon über die Verwechslung. Ins Allgemeine strapaziert, verweist dieser Brief auf die theologisch durchaus einwandfreie Möglichkeit, daß Engel in Menschengestalt unerkannt unter uns sind.
Der Teufel, so steht's in der Bibel, ist ein gefallener Engel. Es gibt auch die theologisch durchaus einwandfreie Möglichkeit, daß Teufel in Menschengestalt unerkannt unter uns sind.
Erfrischend nüchtern waren zwei Theologen im vorerwähnten »Club 2«. Getreue Söhne der Kirche, glaubten sie natürlich an En-

gel, aber sie brauchten komplizierte Worte und Sätze für diesen einfachen Sachverhalt. Es war ihnen peinlich.
Dazu sagte mir ein Briefschreiber seine Meinung in sehr schlichten Worten: »Zu mir hat einmal ein Theologe gesagt, studier ja nicht Theologie, weil sonst nehmen sie dir deinen Glauben.«
Tatsächlich hatte es jene Diskutantin viel leichter, die steil aufrecht im Fauteuil saß und erzählte, daß sie schon oft Engel gesehen hatte, und zwar in farbigen Gewändern, weiße, blaue, rote und grüne.
In jenem »Club 2« glaubten fast alle an die Existenz von Engeln, in der einen oder anderen Form. Zum Glück gab es einen Naturwissenschaftler, der skeptisch war: »Ich respektiere natürlich den Glauben an Engel, aber sie gehören nicht zur Welt der Tatsachen«.
»Psychologische Tatsachen« sind aber jene, die im Menschen am tiefsten festsitzen. Die Engel haben in der Seele des Menschen nicht weniger Tatsächlichkeit als in der »Welt der Tatsachen«.
In der heutigen Auto-, Flug- und Kriegsgesellschaft, wie viele Engel brauchen wir da? Wen anders als *meinen* Schutzengel kann der heidnische Philosoph Epiktet gemeint haben, als er ein Jahrhundert vor Christus schrieb:
»Er schläft nicht. Man täuscht ihn nicht, den edlen Schützer eines jeden. Schließ Deine Tür und mach dunkel, doch erinnere Dich, daß Du nicht allein bist.«